ESG

MARKETING

MARKETING como **ferramenta**
e **ESG** como **controle**

Entenda os limites necessários para as atividades da empresa

ESG MARKETING

RICARDO RIBEIRO ALVES
Autor de *A Força do ESG*

ALTA BOOKS
GRUPO EDITORIAL
Rio de Janeiro, 2025

ESG Marketing

ISBN: 978-85-508-2642-4

Impresso no Brasil – 1ª Edição, 2025 – Edição revisada conforme o Acordo Ortográfico da Língua Portuguesa de 2009.

Dados Internacionais de Catalogação na Publicação (CIP)
(BENITEZ Catalogação Ass. Editorial, MS, Brasil)

A474e
1.ed. Alves, Ricardo Ribeiro
ESG marketing : marketing como ferramenta e ESG como controle / Ricardo Ribeiro Alves. – 1.ed. – Rio de Janeiro : Alta Books, 2025.
256 p.; 15,7 x 23 cm.

ISBN 978-85-508-2642-4

1. Cultura organizacional. 2. Desenvolvimento social. 3. Desenvolvimento sustentável. 4. Governança corporativa. 5. Investimentos sociais. 6. Marketing – Administração. 7. Responsabilidade social das empresas. 8. Sustentabilidade social. I. Título.

03-2025/216 CDD 658.408

Índice para catálogo sistemático:
1. Responsabilidade social e sustentabilidade nos negócios : Administração de empresas 658.408
Aline Graziele Benitez – Bibliotecária – CRB-1/3129

Grupo Editorial Alta Books

Produção Editorial: Grupo Editorial Alta Books
Diretor Editorial: Anderson Vieira
Editor da Obra: J. A. Ruggeri
Vendas Governamentais: Cristiane Mutüs
Gerência Comercial: Claudio Lima

Produtora Editorial: Ana Clara Tambasco
Revisão: Leandro Menegaz e Renan Amorim
Diagramação: Rita Motta
Capa: Rita Motta

ALTA BOOKS
GRUPO EDITORIAL

Rua Viúva Cláudio, 291 – Bairro Industrial do Jacaré
CEP: 20.970-031 – Rio de Janeiro (RJ)
Tels.: (21) 3278-8069 / 3278-8419
www.altabooks.com.br – altabooks@altabooks.com.br
Ouvidoria: ouvidoria@altabooks.com.br

Editora **afiliada à:**

Sobre o Autor

RICARDO RIBEIRO ALVES é bacharel em Administração, Mestre e Doutor em Ciência Florestal pela Universidade Federal de Viçosa (UFV), com pós-doutorado pela *Universidad de Zaragoza*, Espanha. É professor do mestrado acadêmico em Administração do curso de Engenharia Florestal e do curso de Bacharelado em Gestão Ambiental da Universidade Federal do Pampa (UNIPAMPA), Rio Grande do Sul. Atua na área de sustentabilidade empresarial com foco em pesquisas relacionadas a ESG, marketing ambiental, consumo consciente, certificação florestal, logística reversa e certificação de gestão ambiental.

Obteve o primeiro lugar nacional do Prêmio "Belmiro Siqueira" (modalidade Artigo Profissional) do Conselho Federal de Administração (CFA) com o artigo intitulado "A gestão ambiental na formação do administrador".

É autor de diversos livros, incluindo:

- *A força do ESG: por que, a partir de agora, as empresas realmente serão sustentáveis?* (Editora Alta Books).
- *ESG: o presente e o futuro das empresas* (Editora Vozes).
- *Sustentabilidade empresarial e mercado verde: a transformação do mundo em que vivemos* (Editora Vozes).
- *Administração verde: o caminho sem volta da sustentabilidade ambiental nas organizações* (Editora Elsevier, atualmente no catálogo do Grupo GEN-Altas).
- *Marketing ambiental: sustentabilidade empresarial e mercado verde* (Editora Manole).
- *Consumo verde: comportamento do consumidor responsável* (2ª edição, Editora UFV).
- *Empresas verdes: estratégia e vantagem competitiva* (Editora UFV).
- *Certificação florestal: da floresta ao consumidor final* (Editora UFV).

- *Consumo responsável e sustentabilidade: pessoas, empresas, governos e organizações do terceiro setor* (Editora UFV).
- *Certificação florestal na indústria: aplicação prática da certificação de cadeia de custódia* (Editora Manole).
- *Consumo consciente: por que isso nos diz respeito?* (2ª edição, Editora Appris).

Instagram: @ricardo.escritor

LinkedIn: https://br.linkedin.com/in/ricardoribeiroalves

YouTube: youtube.com/RicardoRibeiroAlvesEscritor

Website: administracaoverde.com.br

E-mail: adm.ricardoribeiroalves@gmail.com

Dedico este livro a todas as pessoas, empresas e
governos que, de alguma forma,
adotam os temas contidos na Agenda ESG.
Precisamos disseminar essas informações
e agir de forma prática.
O tempo não está a nosso favor.

O marketing é a ferramenta
para a fabricação e venda dos produtos,
ao passo que o ESG impõe
os limites necessários às atividades da empresa.
(Ricardo Ribeiro Alves)

Se o autor soubesse exatamente
como ficaria o seu livro,
ele não teria prazer em escrevê-lo.
Isso porque escrever um livro é como a
alegria de montar um quebra-cabeças:
o escritor vai "encaixando as peças" ao construir o texto
para, ao final, mostrar a "imagem completa" de sua obra.
(Ricardo Ribeiro Alves)

O problema de procrastinar
é achar que, a qualquer momento,
você vai "tirar um coelho da cartola"
e realizar sua tarefa com êxito.
(Ricardo Ribeiro Alves)

Sumário

Prefácio

Foi com grande alegria que recebi e aceitei o convite de Ricardo Ribeiro Alves para escrever o prefácio de seu novo livro *ESG marketing*.

Conheci o autor há mais de vinte anos, ocasião em que, juntamente com outros pesquisadores e com um grupo de professores da UFV – Universidade Federal de Viçosa, iniciávamos nossa jornada para compreender as transformações que aconteciam, principalmente no setor florestal, em decorrência das certificações de sustentabilidade. Tivemos a oportunidade de publicar três livros juntos e colaborarmos em diversos artigos e capítulos de livros sobre certificação florestal, consumo verde e estratégias de empresas comprometidas com o meio ambiente.

Ricardo sempre se destacou como um profissional dedicado na área acadêmica e como um escritor incansável! Nesses anos, ele vem conciliando com maestria suas atividades como professor universitário e como escritor, motivado pelo desejo de compartilhar seus conhecimentos e experiências com diversos públicos e através de diferentes meios. Assim faz ele também com o tema do ESG (sigla do inglês *Environmental, Social and Governance*), que vem se tornando cada vez mais uma condição obrigatória para empresas responsáveis.

Não há dúvidas quanto à importância da implementação de melhores práticas sociais, ambientais e de governança por parte das organizações. Elas têm sido chamadas a demonstrar seu compromisso e posicionamento diante de temas como direitos humanos, diversidade, equidade e inclusão, mudanças climáticas, ética e transparência, entre outros, que vão muito além de apenas atender às leis ou apresentar resultados financeiros satisfatórios.

Para que possa atuar efetivamente como um indutor de mudanças nos negócios, o ESG precisa ser compreendido e interpretado para os diversos processos de uma organização. Nesta obra, o leitor encontrará uma leitura fluida que explica cada um dos fundamentos do ESG e sua relação com as estratégias de marketing. Como se estivesse em um bate-papo com o seu público, o autor aborda os temas sociais, ambientais e de governança de forma clara e sem rodeios, provocando o leitor — seja ele estudante, profissional da área ou apenas curioso sobre o assunto — a pensar criticamente sobre o ESG e a identificar exemplos práticos do seu dia a dia.

Convidamos o leitor a participar dessa "conversa" com Ricardo Ribeiro Alves e a entender melhor como deve ser o marketing em tempos de ESG — tempos estes que chegaram para ficar!

Uma ótima leitura a todos!

Áurea Maria Brandi Nardelli
Consultora e mentora na área de sustentabilidade – NUCLEUS

Apresentação

Todos nós somos consumidores, pois, desde o nascimento (o uso da primeira fralda, por exemplo), o homem consome produtos ou serviços. Comprar um pão na padaria, assistir a um filme no cinema, almoçar em um restaurante ou visitar um parque constituem exemplos de consumo. Entender os fatores que levam a um consumo específico é um desafio para as empresas que fornecem produtos e serviços, o que incentiva os pesquisadores a realizarem estudos sobre o tema.

Para que as pessoas tenham esse "poder de escolha", torna-se necessário que haja um leque disponível de produtos. Esse é o papel das organizações — notadamente as empresas privadas —, ou seja, oferecer aos consumidores, mercadorias que possam satisfazer aos seus anseios e que, ao mesmo tempo, contribuam para o sucesso empresarial, gerando lucros. Esse é o papel do marketing: planejar e otimizar os esforços da empresa para oferecer produtos e serviços aos consumidores.

Durante muito tempo, o marketing se desenvolveu à luz do chamado "capitalismo shareholder", aquele cujo objetivo principal é fazer a empresa gerar lucros para os sócios ou acionistas, custe o que custar.

No entanto, os problemas ambientais — como mudanças climáticas e aquecimento global — aliados às profundas transformações pelas quais a sociedade passou, exigem posturas das empresas mais comprometidas com a atenção social e práticas de governança, forçosamente alterando a forma de pensar das organizações. Consequentemente, isso exerce impacto sobre o marketing delas, ou seja, como os produtos e serviços são oferecidos, bem como sobre as estratégias de preço, promoção e distribuição.

Essas mudanças constituem o que chamamos de "capitalismo stakeholder" que, em oposição ao "capitalismo shareholder" — que visava apenas atender a uma das partes interessadas (os donos) —, agora visa atender aos anseios de todos demais stakeholders (fornecedores, empregados, clientes, governos, imprensa, organizações não governamentais, entre outros).

Um dos debates mais importantes, e que envolve os demais stakeholders, é o reconhecimento de que os recursos do planeta são finitos. Essa constatação obviamente passou a exercer um grande impacto no desenvolvimento do marketing, que depende de recursos naturais para a elaboração de produtos e serviços.

Assim, o marketing teve que se reinventar para poder atender às novas exigências impostas pelo capitalismo stakeholder e, para isso, surgiram diversas vertentes ou ramos do marketing. Abordaremos muitas dessas vertentes nesta obra: marketing ambiental, marketing social, marketing para causas sociais, marketing na base da pirâmide, marketing de luxo, marketing pessoal, marketing de relacionamento, endomarketing, marketing digital, entre outros.

Além disso, um novo fator gerou ainda mais pressão sobre as empresas e suas estratégias de marketing: o surgimento do ESG. A sigla, em inglês, significa *Environmental, Social and Governance*, e pode ser traduzido para o português como "ambiental, social e governança" (por isso, também é conhecido como ASG). A adoção da agenda ESG representou uma verdadeira mudança de paradigma nas relações entre as empresas e os demais stakeholders, já que as melhores práticas tradicionalmente associadas à sustentabilidade passaram a ser consideradas como parte da estratégia financeira das empresas.

Eu gosto de comparar o marketing com uma criança. No passado, as estratégias de marketing de uma empresa operavam como uma criança que nunca recebeu um "não" dos pais e que podia agir livremente, sem se preocupar com as suas atitudes. Mas o ESG surgiu e impôs limites à atuação do marketing das organizações, como se fossem pais impondo limites a uma criança.

Então, podemos dizer que, na relação entre marketing e o ESG:

- O **marketing** é a ferramenta para a **fabricação e venda dos produtos**, ao passo que o **ESG** impõe os **limites necessários** às atividades da empresa.

Mas como seriam esses limites? Nessa nova situação, o marketing não é mais plenamente livre. É preciso estar atento à procedência da matéria-prima, aos impactos ambientais negativos gerados na produção ou no serviço e também o que acontecerá quando o produto for descartado pelo consumidor. Outro limite diz respeito às transformações sociais pelas quais a sociedade passou, com atenção a questões de diversidade, inclusão, respeito, códigos de conduta, igualdade, além de toda a relação envolvendo a empresa e os demais stakeholders. Parou por aí? Não. A empresa também deve cuidar da transparência de seus atos, ética, prestação de contas, *compliance*, responsabilidades, códigos de conduta e muito mais.

Abordaremos todos esses aspectos nesta obra e mostraremos a **conexão das estratégias de marketing com o ESG**, algo vital para o sucesso empresarial nos dias de hoje.

Novos tempos exigem novas posturas no mercado.

Lembrem-se de que todos nós somos responsáveis pelas mudanças para melhorar o mundo, quer gerenciemos empresas ou governos, quer apenas atuemos como cidadãos e consumidores.

Mais uma vez, devo apenas agradecer o interesse de vocês em ler os meus livros.

Grande abraço!

Ricardo Ribeiro Alves
@ricardo.escritor

Quando pensamos em **marketing**, pensamos em **geração de valor**. Mas valor para quem?

1.1 Como uma fábula pode nos ajudar a entender mais sobre marketing?

Você já deve ter ouvido alguém dizer: "O que a empresa precisa é saber fazer o seu marketing." É bem comum ouvirmos algo do tipo, o que faz o marketing parecer tão somente com propaganda. Eu mesmo, antes de fazer a primeira das quatro disciplinas de marketing no curso de Administração da Universidade Federal de Viçosa (UFV), acreditava que marketing era o que é comumente entendido pelas pessoas, ou seja, que "marketing é propaganda".

Nessa forma de pensar, quando ouvimos que uma pessoa está fazendo o "marketing dela", entendemos que ela está se divulgando ou criando condições para que seja conhecida. É o chamado "marketing pessoal". O mesmo vale para os produtos. Fazer o marketing de um produto seria divulgá-lo. Esse entendimento é bem comum, embora seja bastante restrito a respeito do que efetivamente é o marketing.

Foi somente após o término das quatro disciplinas na graduação (Marketing I, Marketing II, Marketing Avançado e Marketing Internacional) que eu percebi que marketing vai muito além da propaganda. Na verdade, a propaganda é apenas um apêndice de "promoção" que, por sua vez, é um dos chamados 4 Ps. Hã? 4 Ps? O que é isso? Para início de conversa, precisamos entender que o marketing tem dois aspectos importantes:

1. O marketing é composto pelos chamados 4 Ps, que correspondem a **produto, preço, promoção e praça**, e que também são conhecidos como "mix de marketing", "marketing mix" ou "composto de marketing".
2. Marketing é troca.

Por enquanto, vou me ater ao primeiro aspecto, deixando o segundo para o próximo tópico. Ao escrever o presente livro, que tem como objetivo relacionar o marketing com a Agenda ESG, fiquei pensando em como apresentar ao leitor as informações básicas sobre marketing. Aqueles que já leram outros livros de minha autoria devem saber de minha predileção por literatura e história, em particular as conhecidas fábulas de Esopo, algumas das quais foram reescritas pelo francês La Fontaine e pelo brasileiro Monteiro Lobato. E por que eu gosto de usar fábulas? Porque eu acredito muito nisto:

Para auxiliar na aprendizagem de assuntos novos ou pouco divulgados, nada melhor do que utilizar temas já conhecidos pelas pessoas. Conectar o "novo" com o que é "conhecido" representa uma poderosa ferramenta na aprendizagem de qualquer assunto.

As fábulas são histórias que aprendemos desde criança e estão em nosso imaginário. Podem fornecer um "gancho" interessante para nos conectar com assuntos menos conhecidos. Evidentemente, nessa linha de raciocínio, eu poderia utilizar outras histórias que não fossem fábulas em meus livros.

A exemplo da fábula "A cigarra e a formiga", apresentada no livro *A força do ESG* (2024, Editora Alta Books), onde busquei relacionar a história com as práticas ESG, resolvi novamente ser ousado e propor uma associação com outra fábula de Esopo, mas dessa vez buscando conexões com o marketing.

Nesse contexto, a história escolhida para ilustrar o marketing também é atribuída ao escritor grego Esopo (620 a.C.–564 a.C.), que viveu na Grécia Antiga. A fábula se chama "A raposa e as uvas". Muitos de vocês provavelmente a conhecem. Para facilitar minha posterior explanação, vamos à transcrição da fábula[1]:

> *Uma raposa se aproximou de uma árvore e viu que ela estava carregada de uvas maduras e apetitosas. Com água na boca, a raposa desejou comer as uvas e, para tanto, começou a fazer esforços para subir até elas.*
>
> *No entanto, as uvas estavam em uma altura absurda, e a raposa tentou, mas não conseguiu alcançá-las. Disse, então:*
>
> *— Estas uvas estão muito azedas e podem desbotar os meus dentes; não quero colhê-las agora porque não gosto de uvas que não estão maduras.*
>
> *E dito isso, se foi.*

Como quase sempre ocorrem nas fábulas de Esopo, ao final existe uma "moral" associada à história. No caso da fábula "A raposa e as uvas", a moral é: *Por vezes, quando não conseguimos uma coisa, tendemos a desvalorizá-la para não assumir a nossa falha.*

Tecnicamente, seria melhor chamar essa "árvore" de videira ou parreira*, que é um tipo de arbusto com caule sarmentoso e hábito de crescimento trepador[2,3].

Feita essa observação e com a fábula transcrita, agora vamos ao desafio de associá-la com algo tão diferente como a teoria de marketing que estudamos nos cursos de Administração e Negócios. Aparentemente, não há conexão; por isso, vou precisar de bastante atenção (e boa vontade) do leitor para que possamos fazer essa associação.

Vamos imaginar que:

1. As uvas correspondam ao **produto**.
2. A raposa é o **cliente**.
3. No caso da fábula, não há menção a quem é o dono da "árvore" que possui as uvas. Provavelmente, a "árvore" está na floresta e não possui um dono, mas vamos mudar essa situação para fins didáticos. Imaginemos que a árvore esteja na propriedade de alguém que, logicamente, corresponda ao dono. Vamos tomar a liberdade de dizer que o elefante é o dono da "árvore" e que ele constituiu uma **empresa** para a venda de suas uvas.
4. Se a "árvore" não possuísse um "dono", poderíamos, por exemplo, deduzir que a raposa queria pegar as uvas para se alimentar e que, portanto, não as roubava. Mas, na nossa fábula modificada, há um dono, o elefante, e, nesse caso, é certo que a raposa teria que pagar por elas. Ainda considerando as mudanças que estou propondo à fábula, imaginemos que a raposa pague um valor x ao dono da propriedade para comer certa quantidade de uvas. Chamaremos isso de **preço**.
5. Ainda dentro dessas "absurdas" modificações que estou fazendo na fábula, imaginemos que o elefante, o dono da "árvore", venda suas uvas não apenas para a raposa, mas para todos os animais da floresta. Para isso, ele amplifica a sua voz utilizando-se de um

* "A uva é o fruto da videira ou parreira, uma planta da família *Vitaceae*. É originária da Ásia e uma das frutas mais antigas utilizadas na alimentação humana. Existem mais de 60 mil variedades da fruta. A cor, o sabor e o tamanho variam de acordo com cada espécie".

> potente megafone, atingindo, assim, a todos os moradores do bosque. O que o elefante está fazendo? A **promoção** de seu negócio, ao anunciar que as uvas estão disponíveis para quem deseja comprá-las, enfatizando o frescor e a doçura delas, a um preço acessível a todos.

Peço perdão a vocês e a Esopo (principalmente) pelo "sacrilégio" que é propor tais mudanças nessa fábula, mas prometo que faço isso por uma boa causa.

Fazendo um gancho com o mundo empresarial, podemos dizer que, na nossa fábula modificada, existe o empreendimento do elefante (o dono da **empresa**). Ele permite o acesso da raposa (**cliente**) às uvas (**produto**) após o pagamento (**preço**). A raposa, que é um pequeno mamífero da família *Canidae*, soube da existência das uvas por meio da divulgação feita pelo elefante em seu megafone (**promoção**), anunciando que eram as melhores uvas de toda a floresta devido à sua cor, textura, sabor e inigualável doçura. Mas para que a raposa tivesse acesso às uvas e coletasse a quantidade que lhe era permitida, seria necessário que ela subisse na "árvore", o que não foi possível devido à altura. Ter acesso a um produto é o que consideramos como o "P" chamado de **praça** ou **distribuição**. Em muitos casos, a própria empresa manda entregar o produto na casa do cliente, mas também acontece de os consumidores pegarem o produto no próprio local, como ocorre em supermercados, mercearias, feiras e comércios em geral. O cliente coloca o produto em um carrinho de supermercado ou cestinho e, após o pagamento, ele mesmo leva a mercadoria para sua casa.

Evidentemente, na fábula original, não há um final feliz para a raposa, pois ela não consegue comer as uvas e por isso diz: "Estas uvas estão muito azedas e podem desbotar os meus dentes; não quero colhê-las agora porque não gosto de uvas que não estão maduras."

A fábula original de Esopo tem a sua "moral da história", como vimos anteriormente.

E a nossa **fábula modificada** também tem uma importante lição relacionada ao marketing:

É preciso que **todos** os 4 Ps do marketing estejam acessíveis ao consumidor e lhes oferte **VALOR**!

Ou seja, mesmo que o consumidor saiba da existência (**promoção**) de um bem ou serviço que lhe agrade (**produto**) e que tenha condições de pagar

(preço) por ele, se esse produto não estiver disponível para sua aquisição **(praça)**, não haverá sucesso na implementação do marketing.

Foi o que aconteceu na fábula original quando a história menciona que “as uvas estavam em uma altura absurda, e a raposa tentou, mas não conseguiu alcançá-las”.

Na nossa **fábula modificada**, a raposa pode solicitar o dinheiro de volta sob a alegação de não alcançar as parreiras de uva e usufruir do “produto” que havia comprado. Então, o elefante terá duas alternativas: ou ele devolve o dinheiro à raposa e desfaz a negociação, ou designa alguém para alcançar as uvas e entregar a quantidade vendida à raposa.

Para termos um final feliz em nossa fábula modificada, suponhamos que a girafa trabalhe para o elefante. Assim, esse mamífero artiodátilo, do gênero *Giraffa* e da família dos girafídeos, ficará responsável por colher a quantidade de uvas compradas e fará a entrega na casa da Dona Raposa. Além disso, dias depois, a própria girafa ligará para o celular da raposa para saber se as uvas estavam na qualidade que esperava. Temos aí o chamado **pós-venda**, muito importante nas estratégias de marketing.

Tudo o que mencionamos na fábula modificada também ocorre na vida real.

Se a sede de uma empresa estiver localizada em São Paulo, por exemplo, e desejar vender para clientes do Rio Grande do Sul via comércio eletrônico, não basta ter um site amigável com todas as informações de um produto e preço atraente. É fundamental criar estratégias para que o produto possa chegar até o cliente do sul do país. Para isso, as empresas utilizam serviços de transportadoras ou até mesmo os Correios.

O mesmo raciocínio vale para os outros Ps. Não basta ter um excelente canal de vendas, com um produto atrativo para os consumidores e formas de entregas eficientes: se o preço não entregar valor ao consumidor, ele não comprará o produto.

Naturalmente, o leitor pode imaginar que também não adianta ter uma entrega eficiente, um preço competitivo e uma excelente divulgação se o produto for ruim!

Assim, os 4 Ps do marketing precisam ser trabalhados em conjunto e **oferecer valor aos clientes**. Se um dos Ps estiver aquém do esperado, as estratégias de marketing estarão comprometidas. E como se oferece valor ao cliente? Aí vem o segundo aspecto do marketing.

1.2 Marketing é troca!

Imagino que, quando precisa comprar algum produto, você vai ao supermercado, por exemplo. Pense em tudo o que faz desde o exato momento em que entra no estabelecimento. Provavelmente, pega um carrinho ou cesto e começa a circular por entre as diversas gôndolas do supermercado, geralmente subdividas de acordo com o gênero da mercadoria.

Você olha para determinada prateleira e vê diversas marcas de produtos de limpeza e, imediatamente, se lembra de que precisa comprar um produto específico. Aproxima-se e nota que existem seis marcas do tal produto de limpeza, justapostas uma ao lado da outra. Note que o supermercado é um tipo de estabelecimento comercial em que não existe um vendedor lhe oferecendo um produto. É bem diferente dos comércios do passado em que existia a figura do dono da "venda" (como se diz em Minas Gerais) ou "bolicho" (como se diz no Rio Grande do Sul) por detrás de um balcão. Essa pessoa prestava informações sobre as mercadorias e as entregava ao cliente, a exemplo do que ainda acontece com muitas farmácias e drogarias.

Voltando ao supermercado, será que vocês repararam em algo interessante? Notem que:

As seis marcas distintas de produtos de limpeza **concorrem silenciosamente** naquela gôndola de supermercado. Não há nenhum vendedor lhe dizendo para escolher o produto "A", em detrimento dos demais, por exemplo.

Então, como escolhemos a marca que compraremos?

A verdade é que fazemos muitas compras, e geralmente escolhemos as de preço menor (e que implicam em **menor envolvimento** no processo de compra) de forma automática. Já temos alguns conceitos pré-concebidos a respeito de determinadas marcas e empresas e, via de regra, fazemos a escolha com base em nosso histórico anterior de compras daquele determinado tipo de produto. É automático e, muitas vezes, não nos damos conta desse processo.

Se fôssemos totalmente racionais ao efetuar nossas compras, pararíamos em frente à prateleira e analisaríamos os atributos de cada uma das seis marcas diferentes. Atributos? O que é isso? Atributos são as características tangíveis e intangíveis de um produto, por exemplo, nome da marca, design da embalagem, cores, funcionalidade, praticidade, conforto, data de validade, informações nutricionais, desempenho, textura, procedência ambiental e social, entre outros; ah, e claro, um dos mais importantes para muitos consumidores: o preço.

É evidente que a mescla de atributos depende muito do tipo de mercadoria. Em um tênis, por exemplo, teremos marca, design, conforto, preço, mas não haverá informações nutricionais, que estão presentes nos produtos alimentícios.

Eu lhes pergunto: nós compramos de forma racional, ou seja, analisamos cada atributo de cada produto para fazermos as nossas compras? É claro que não! Geralmente, estamos com pressa e não queremos ter o esforço de parar e analisar cada marca de produto que está disponível para compra. A verdade é que queremos simplificar esse processo. Das seis marcas do nosso produto de limpeza hipotético, temos experiência com algumas delas — duas ou três, por exemplo — e já temos conceitos formados a seu respeito. Olhamos rapidamente o preço e a data de validade e optamos pela marca que nos traz maior confiança e **mais valor**.

Aí está a diferença fundamental entre preço e valor. **Preço** é o valor monetário do produto e que é cobrado pela empresa. Já o **valor** representa a percepção do consumidor a respeito dos diversos atributos de um produto. Nesse contexto, é bem possível que optemos por uma marca que não seja a mais barata, mas que nos ofereça maior valor. Em muitos casos, é aquela velha história de "o barato pode sair caro".

No momento em que escolhemos determinada marca de produto de limpeza — o produto "A", por exemplo — e o colocamos em nosso carrinho de supermercado, ali se estabeleceu o início de uma **troca**, que é a base fundamental do marketing. "Pode explicar melhor, Ricardo?" Sim, vamos lá.

Uma empresa trabalha todo o marketing em seu produto. Pensando nos 4 Ps, ela vai desenvolver um **produto** muitas vezes se utilizando dos conhecimentos de sua equipe de pesquisa e desenvolvimento. Protótipos podem ser desenvolvidos até se chegar a uma versão entendida como comercialmente viável, e isso pode demorar meses ou anos. Esse produto deve conter todos os atributos tangíveis e intangíveis esperados por seus clientes. Paralelamente, a empresa desenvolve a marca de seu produto e, posteriormente, divulga todos os benefícios dele aos seus clientes atuais ou potenciais (**promoção**), fazendo a entrega do produto aos pontos de venda, como atacados e varejos (**praça ou distribuição**), a um **preço** que considera remunerar todos os seus esforços para colocá-lo à disposição da sociedade. A esse preço, o varejista, por exemplo, acrescentará os seus diversos custos, e isso comporá o preço a ser cobrado do cliente.

Isso quer dizer que o preço cobrado pelo supermercado pelo produto de limpeza "A", por exemplo, deve cobrir os diversos custos do varejista mais o custo para se adquirir o produto do fornecedor.

Se opto, por exemplo, pelo produto de limpeza "A" e o coloco no carrinho de supermercado, faço isso porque entendo que a troca é justa. Ainda é uma troca preliminar, pois ela será efetivada somente no momento do pagamento. Na nossa ótica de consumidor, entendemos que o **preço cobrado** pelo produto corresponderá ao **valor que esperamos** (considerando todos atributos do produto) e também ao esforço que queremos evitar de fabricar esse produto sozinhos. "Como assim, Ricardo?"

Ora, eu poderia cultivar verduras e hortaliças no quintal de minha casa. Teria que escolher as sementes ou mudas, preparar o solo, adubar, regar, acompanhar o crescimento dos vegetais, ficar atento ao calor do sol, chuvas, ervas daninhas, insetos, entre outros. Tudo isso demandaria bastante trabalho e tempo. A pergunta é: estou disposto a isso ou prefiro utilizar parte do meu salário para comprar as verduras e hortaliças na feira ou no supermercado?

Pensando na famosa **divisão do trabalho** que aprendemos em Teoria Geral da Administração (TGA), eu prefiro me concentrar no que faço de melhor, que é a minha atividade profissional. Assim, "terceirizo" a aquisição de produtos e serviços que preciso para empresas que possuem maior capacidade do que eu de oferecê-los.

Parece uma visão filosófica ou poética, mas é assim que funciona. A maioria de nós prefere empregar nosso esforço e tempo naquilo que sabemos fazer de melhor e também no que nos dá maior prazer. Adquirimos os produtos e serviços que não sabemos fazer, ou que não gostaríamos de fazer, de determinadas empresas ou até de outras pessoas, como no caso dos alimentos em feiras ou de atividades prestadas por profissionais como advogados, eletricistas, marceneiros, pedreiros, entre outros.

Voltemos ao nosso exemplo. Enchemos o carrinho ou cestinha no supermercado e vamos para o caixa. **Ali ocorre efetivamente a troca.** Visualizem a situação: você coloca o produto na esteira, o caixa vai passando o código de barras da mercadoria, o preço aparece imediatamente na tela do monitor, e o mesmo se dá com os demais produtos, até a compra ser concluída. O que acontece então? Provavelmente, o caixa do supermercado o informará do total da compra e perguntará como deseja pagar. Aqui se abre um leque de possibilidades. Atualmente, você poderá pagar em dinheiro (também conhecido como pagamento em espécie)[4], boleto bancário, carnês, PIX, cartão de crédito, cartão de débito, pagamento por aproximação, transferência bancária e carteira digital[5].

Vou tomar a liberdade de acrescentar mais dois tipos de pagamento que ainda podem ser usados, principalmente em cidades de menor porte:

a emissão de duplicatas e o famoso "fiado", ou seja, quando o vendedor ou a empresa anota o débito de um cliente em uma caderneta, por exemplo, e fica estipulada uma data para que a conta seja paga. Evidentemente, com a proliferação de diversos meios de pagamento e a necessidade de maior segurança para o vendedor, essas formas estão caindo em desuso.

Voltemos, então, à cena em que você está na frente do caixa e escolhe o meio de pagamento. Independentemente de sua escolha, ocorrerá a "troca" definitiva.

Na **troca** do marketing, a empresa entrega produtos e serviços e, em contrapartida, recebe o pagamento do cliente.

Vejam que sempre haverá uma troca na relação de marketing. Seja qual for o meio de pagamento, mesmo que seja o "fiado", a empresa esperará receber o pagamento do cliente.

Evidentemente, há casos em que o cliente não pagará, cabendo à empresa recorrer aos serviços de cobradores profissionais ou mesmo acionar a pessoa na Justiça. Isso ocorre porque entende-se que houve uma "quebra" no acordo estabelecido entre a empresa e o cliente por ocasião dessa compra.

Também há situações em que não existe a troca, como nos casos de roubos de mercadorias por parte de clientes e empregados. Nesse caso, a empresa tem um prejuízo financeiro, pois o produto é levado sem a devida contrapartida. Essa "quebra" na troca que deveria acontecer também é motivo para acionar a Justiça a fim de reparar os danos ao patrimônio da empresa.

Não obstante, acontecem casos em que a contrapartida não se dá pelo pagamento tradicional, seja por dinheiro ou transações eletrônicas. Vou lhes dar dois exemplos.

Eu me recordo que, em determinada Copa do Mundo, havia uma propaganda de televisores feita por um conhecido árbitro de futebol. Anos depois, ele deu uma entrevista dizendo que a empresa não lhe pagou em dinheiro, mas com determinado número de televisores. Acredito que ele possa ter, posteriormente, revendido tais aparelhos, a fim de obter uma receita. Nesse caso, vemos que houve uma troca entre a empresa e o prestador de serviço. **Sob a ótica da empresa**, ela pagou o serviço de propaganda do árbitro com seus produtos, ou seja, com os televisores. **Sob a ótica do árbitro**, ele pagou os televisores que levou para casa com a prestação de serviço de propaganda.

Vamos a outro exemplo. Imagine que uma mercearia precise fazer determinado reparo em sua rede elétrica e contrata um eletricista. O dono da mercearia e o eletricista são amigos de longa data. Após estipularem o preço do serviço, o eletricista propõe que o pagamento seja feito em mercadorias da mercearia, até atingir o valor combinado. Pode parecer uma forma de pagamento inusitada para alguns, mas é perfeitamente viável, havendo também uma troca justa (diferentemente dos casos de roubo e não pagamento). Nesse caso, **sob a ótica do profissional**, o eletricista pagou as mercadorias com a prestação de seu serviço. **Sob a ótica da mercearia**, ela pagou o serviço do eletricista com seus produtos.

É interessante pontuar também a influência da tecnologia na mudança das formas de pagamento com o surgimento do PIX, do cartão de crédito, do cartão de débito, dos pagamentos por aproximação, da transferência bancária e da carteira digital. De alguma forma, isso repercute no cotidiano dos cidadãos.

A criação do PIX no Brasil, em novembro de 2020, em virtude das mudanças comportamentais geradas pela pandemia da covid-19 e do aumento das transações com cartões, fez com que os brasileiros usassem cada vez menos o dinheiro em espécie para fazer os pagamentos do dia a dia. A avaliação foi do estudo do Banco Central (BC) intitulado "Evolução de Meios Digitais para a Realização de Transações de Pagamento no Brasil". De acordo com o estudo, em relação ao valor médio das operações, "há uso preponderante do PIX e dos cartões, principalmente o pré-pago, nas transações de valor mais baixo. Isso indica seu papel importante na inclusão financeira, deixando as transferências tradicionais como principais opções para transações corporativas, de valores substancialmente mais altos". O estudo conclui que, nesse sentido, "é razoável supor que o PIX e os cartões representaram importante papel na digitalização de camadas mais amplas da população"[6].

Mesmo assim, segundo o Banco Central do Brasil, não há estudos que correlacionem a queda do uso de papel moeda com o aumento do uso do PIX, apesar da redução de 7,1% no dinheiro físico de outubro de 2020 a outubro de 2021, ou seja, na fase inicial de implementação do PIX[7]. A Diretora de Administração do banco afirmou na época que o "dinheiro em espécie ainda é a base das transações no Brasil". Apesar de o PIX permitir uma infinidade de possibilidades de negócios e de bancarização das pessoas, a redução no uso do papel moeda não está acontecendo na mesma velocidade, disse ela[8].

Uma consequência importante do uso do PIX como meio de pagamento é que, além de tornar as operações mais práticas, ele acabou ajudando a diminuir a circulação de dinheiro falsificado no Brasil. As movimentações financeiras com PIX no país aumentaram mais de 50% de 2022 para 2023 e representaram 36% dos pagamentos. Só 3% deles eram feitos com saques em dinheiro. Mais transações financeiras feitas com cartão ou PIX representa menos uso de volume em dinheiro. Um levantamento do Banco Central do Brasil mostrou que, em um período de seis anos, o número de notas falsas recolhidas pelo banco caiu de 677 mil para 250 mil. É menos da metade[9].

Visto que o marketing está relacionado com trocas e visto que elas acontecem principalmente por intermédio das formas de pagamento, penso que estar ciente da existência de tais movimentações é importante em nossas discussões, já que isso afeta o comportamento de compradores e vendedores.

1.3 Qual é a aplicação prática do marketing no dia a dia das empresas?

Para convencer os consumidores a comprar seus produtos e serviços, a empresa precisará criar estratégias inteligentes de marketing.

E como desenvolver essas estratégias? Quem tem formação em Administração ou na área de Negócios provavelmente cursou disciplinas de Marketing e conseguirá se lembrar de alguns aspectos importantes. Para quem não conhece nada ou muito pouco sobre marketing, essa será uma oportunidade de se apropriar de um tema que norteia a vida das organizações.

Para começar, eu lhes pergunto: por acaso vocês têm uma régua? “Régua?”, você pergunta. Sim, a mesma que usamos para traçar linhas no caderno ou para medir algum objeto de tamanho pequeno. Segurem a régua e vejam que ela é composta por traços e pontos/números. Temos aí um elemento interessante que é o **segmento de reta**, que é “definido como uma **parte da reta**, a qual está delimitada por dois pontos”[10]. A régua que tenho aqui é dividida em centímetros e, portanto, qualquer combinação de intervalo de pontos é chamada de segmento de reta.

Agora vamos fazer uma pequena abstração. Imagine que a régua, independentemente do tamanho dela ou de quantos centímetros tenha, seja o **mercado consumidor**. Esse mercado é composto pelos incontáveis agrupamentos de consumidores com características diversas e que seriam, no caso, cada intervalo de centímetros dessa mesma régua. A isso damos o nome de “segmentação de mercado”. É como se “fatiássemos” o mercado em subgrupos de consumidores com características semelhantes.

Na figura a seguir, a empresa vasculha todo o mercado e o divide em segmentos. É o mesmo que acontece quando temos uma régua de 25 centímetros, por exemplo, pois ela foi dividida em 25 partes. Então, podemos dizer que:

A **primeira etapa** na formulação das estratégias de marketing é a **segmentação de mercado**.

Podemos inferir que, embora cada pessoa tenha comportamentos e preferências particulares sobre determinados produtos, certas características de consumo podem aproximá-las de grupos de consumidores que tenham comportamentos e preferências semelhantes ao seu.

Por meio da segmentação, a empresa pode agrupar consumidores com preferências semelhantes para poder oferecer produtos que venham ao encontro de seus interesses. A segmentação deve ser feita após levantamento de características parecidas de diversos grupos de consumidores em um mercado. No caso de produtos com apelos sustentáveis, por exemplo, ganham importância os fatores relacionados ao meio ambiente que possam influenciar o comportamento do consumidor.

A segmentação de mercado pode ser feita de várias formas, utilizando-se estratégias isoladas ou combinadas, de forma a se chegar à alternativa mais apropriada para cada tipo de produto e empresa.

As principais variáveis utilizadas na segmentação de mercados consumidores são[11, 12, 13, 14]:

a. **Segmentação geográfica:** a divisão de um mercado em diferentes unidades geográficas, como países, regiões, estados, cidades e bairros. A empresa promove a regionalização de seus produtos, campanhas de propaganda, promoções e esforços de vendas de forma a atender às necessidades de cada região ou cidade específica.
b. **Segmentação demográfica:** a divisão de um mercado em grupos tendo como base variáveis como sexo, idade, tamanho da família, renda, ciclo de vida da família, ocupação, grau de instrução, religião, etnia, geração e nacionalidade. Geralmente é o critério mais utilizado para segmentar um mercado, pois as necessidades e os desejos costumam variar de acordo com os fatores demográficos, além de ser mais facilmente mensurado do que outros tipos de segmentação.
c. **Segmentação psicográfica:** a divisão de um mercado em diferentes grupos tendo como base a classe social, o estilo de vida ou as características de personalidade. Dessa forma, os consumidores classificados como de "classe baixa", "classe alta", "conscientes", "empreendedores", "inovadores" ou "compradores compulsivos" são exemplos de grupos que podem ser segmentados utilizando-se a variável psicográfica.
d. **Segmentação comportamental:** a divisão de um mercado em grupos tendo como base o conhecimento em relação a determinado produto, no uso que se faz desse produto e nas atitudes e reações que se tem para com ele. Muitos estudiosos de marketing consideram que esse tipo de segmentação deve ser o preferencial na formação de segmentos de mercado.

Geralmente, as empresas utilizam mais de um tipo de segmentação para analisar o mercado, o que auxilia na identificação de um público-alvo menor e mais caracterizado.

Segundo a sequência na figura anterior, depois de a empresa identificar os segmentos mais interessantes para ela no mercado, o que ela deve fazer? Identificar os segmentos de clientes que estão mais de acordo com o modelo de negócio dela e que tenha mais chances de atender. Para exemplificar, imaginemos que a empresa tenha descoberto vinte segmentos na área em que ela atua, mas que, dentre esses, ela acredite que possa atender apenas cinco. Tendo um olhar mais apurado, e afunilando mais ainda, ela identifica que realmente pode atender a apenas dois desses grupos, considerando seus recursos financeiros, humanos e tecnológicos.

Assim, a empresa "fatiou" o mercado em vinte grupos (segmentação de mercado) e, a partir daí, identificou cinco que potencialmente poderia atender. Refinando o processo, ela chegou à conclusão de que teria condições de atender efetivamente apenas dois. Nessa situação, dizemos que:

A **segunda etapa** na formulação das estratégias de marketing é a **identificação e seleção do público-alvo.**

Se perguntássemos aos empresários a quantos clientes eles gostariam de vender o seu produto ou serviço, certamente a maioria deles diria: "Para o máximo possível." Isso porque quanto mais clientes comprarem seus produtos, maior será o faturamento da empresa.

Aí entra em cena a famosa frase: "Os desejos são ilimitados, mas os recursos são limitados", e fica a pergunta: *"Será que a empresa tem condições de atender a todos os tipos de consumidores que gostaria?"*

Apesar do interesse das empresas em atender a todos os tipos de consumidores e em todos os lugares possíveis, o que ocorre na prática é que elas necessitam focar suas estratégias de marketing em determinados grupos de clientes, ou seja, aqueles com maior potencial de comprar o que ela oferece. Mas como avaliar os diferentes segmentos de mercado selecionados pela empresa e descobrir quais são os mais atrativos? Vou propor alguns tipos de análises possíveis.

1. Que forças competitivas os concorrentes, compradores, fornecedores, governos e entrantes potenciais* têm no mercado em que a empresa atua? Como essas forças podem influenciar, positiva ou negativamente, as ações da organização? Podemos dizer que

* "Entrantes potenciais correspondem às empresas que podem entrar em uma indústria trazendo novas capacidades, desejo de ganhar parcelas de mercado e frequentemente recursos substanciais. Como resultado, os preços podem cair ou os custos dos participantes podem ser inflacionados, reduzindo, assim, a rentabilidade".[15]

aqui existe uma análise do **macroambiente** em que a empresa está inserida.

2. A organização deve ser capaz de analisar o potencial de tamanho e crescimento do segmento e se seus recursos (financeiros, humanos, tecnológicos, físicos) serão suficientes para atendê-lo. Nesse caso, a empresa faz uma análise do seu **microambiente** e o compara com o contexto que "enxerga" no macroambiente.

Além disso, para atender os consumidores com seus produtos, a empresa pode empregar diferentes estratégias de cobertura de mercado[11, 12, 13, 14]:

a. **Marketing indiferenciado (ou marketing de massa):** nessa estratégia, a empresa decide ignorar as diferenças dos segmentos (ou grupos de consumidores com gostos e preferências semelhantes) e busca atender a totalidade do mercado com uma única oferta. Todavia, essa é uma estratégia arriscada, porque é difícil estabelecer um produto ou marca que satisfaça a todos os consumidores, além do fato de ela concorrer com empresas mais focalizadas e que satisfazem melhor às necessidades dos segmentos e nichos específicos. Essa era uma estratégia muito utilizada no passado, embora esteja em desuso atualmente.
b. **Marketing diferenciado (ou marketing de segmento):** nessa estratégia, a empresa decide atender aos diversos segmentos ou nichos de mercado e desenvolver promoções separadas para cada um deles.
c. **Marketing concentrado (ou marketing de nicho):** essa estratégia geralmente é utilizada quando a empresa possui recursos limitados. Ao invés de tentar uma participação pequena em um grande mercado, a empresa busca uma grande participação em um ou alguns segmentos ou nichos.
d. **Micromarketing (marketing customizado):** consiste na estratégia de desenvolver produtos e promoções de marketing para atender às necessidades e aos desejos de grupos de consumidores específicos ou mesmo de cada consumidor individualmente. É o caso, por exemplo, de produtos personalizados.

Dessa forma, para escolher a melhor estratégia de cobertura de mercado, a empresa deve levar em consideração os recursos de que dispõe, o tipo de produto a ser comercializado e as forças competitivas atuantes no mercado.

Definidos os segmentos de mercado que a empresa efetivamente atenderá, agora passamos para a última etapa na formulação das estratégias de marketing, como visto a seguir:

A **terceira etapa** na formulação das estratégias de marketing é a **diferenciação e o posicionamento de mercado.**

Vamos por partes, então, na explicação. Diferenciação tem a ver com "ser diferente". A **diferenciação de mercado** envolve algumas questões importantes:

1. Como fazer com que o meu **produto** seja diferente do produto dos meus concorrentes e atraia o público consumidor que eu desejo atender? Que atributos desse produto são mais desejáveis aos potenciais clientes (design, funcionalidade, cores, conforto, embalagem, data de validade, informações nutricionais, entre outros)? Vou precisar de algum tipo de certificação ou selo para endossar e fazer com que o meu produto ou serviço seja diferente do produto da concorrência? Quanto isso vai me custar?
2. Como fazer os clientes potenciais terem acesso ao meu produto? Vou vender apenas em lojas físicas ou também pela internet? Vou utilizar o serviço de transportadoras ou dos Correios ou transportarei por meio de frota própria? Em suma, como será a distribuição do meu produto e como o cliente terá acesso a ele **(praça)**?
3. Como divulgarei o meu produto? Que meios de comunicação utilizarei? Será por televisão, rádio, carros de som ou pela internet, por exemplo, usando as redes sociais? Que mais posso usar para fazer a **promoção** do meu produto? Utilizarei programas de pontos ou cashback?
4. Como contabilizarei todo o custo inerente ao meu produto, desde a sua fabricação até a sua entrega à casa do cliente? E, a partir desse custo, como formularei as minhas políticas de **preço** para que o meu produto não perca mercado para a concorrência?

Vejam que quatro palavras estão em negrito, e elas correspondem aos chamados 4 Ps sobre os quais falamos no início do presente capítulo. Todas elas têm estreita relação com a diferenciação do produto e podem significar **valor para o cliente**, que é o passo inicial para ganhar a preferência dele pela nossa empresa.

Fazer apenas a diferenciação seria muito pouco. Por isso, é preciso que a empresa saiba fazer o correto **posicionamento de mercado** e, nesse caso, especificamente o "P" de promoção tem grande importância. Vou tentar deixar mais claro o que isso significa. Sabem aquelas perguntas de pesquisa de mercado, tipo "Qual é a primeira marca para lavar roupas que vem à sua mente?" ou "Quando você pensa em refrigerantes, qual é a primeira marca de que você se lembra?".

Mesmo que você não tome refrigerantes, certamente vai pensar em uma conhecida marca mundial de refrigerantes e que faz costumeiras propagandas na época do Natal com ursos polares e o Papai Noel, além de mostrar um caminhão vermelho repleto de luzes. Uma marca desse tipo é a chamada *Top of Mind*.

Como o próprio termo em inglês já indica, o *Top of Mind* significa o que vem em primeiro lugar na sua mente. Seu conceito, então, está ligado a marcas e empresas que são as primeiras de que os consumidores se lembram quando questionados. O posicionamento tem por finalidade criar uma conexão bem construída e um forte relacionamento com os clientes. O principal objetivo de todos os diretores de marketing é alcançar um alto nível de lealdade à marca, passando pela satisfação do consumidor e criando um forte vínculo emocional entre a marca e o cliente[16].

Dessa forma, ser *Top of Mind* é o tipo de posicionamento de mercado por excelência e, certamente, o objetivo da maioria das empresas. Afinal, qual empresa não gostaria de ser a mais lembrada pelos consumidores? É evidente que ser a "mais lembrada" não quer dizer que o consumidor vai comprar o produto, mas que a construção do patrimônio da marca *(brand equity)* foi bem feita.

A pessoa que respondeu a pesquisa sobre a marca de refrigerante, por exemplo, pode ser adepta de uma alimentação mais saudável e repudiar os refrigerantes, optando por sucos naturais ou apenas por água. Mesmo assim, ela é capaz de reconhecer que determinada marca ocupa o primeiro lugar em sua mente.

Para estabelecer relacionamentos duradouros e lucrativos com o público-alvo, a empresa deve entender as necessidades dos clientes melhor do que os concorrentes e **entregar mais valor**. Na medida em que a empresa consegue se diferenciar e se posicionar, oferecendo valor superior aos consumidores, ela consegue uma **vantagem competitiva**. Uma empresa possui vantagem competitiva quando executa suas atividades com mais eficiência e a um custo acessível aos consumidores em relação a seus concorrentes[17].

O posicionamento do produto representa a maneira como o produto é definido pelos consumidores em relação a seus atributos mais importantes, ou seja, representa o lugar que o produto ocupa na mente dos consumidores em relação aos produtos concorrentes. Fazendo isso, a empresa está declarando o que o produto significa e como ele se diferencia dos produtos concorrentes[11, 12, 13, 14].

Foi isso que aconteceu na nossa fábula modificada, no início do capítulo: o elefante fazia a divulgação de suas uvas, *"anunciando que eram as melhores uvas de toda a floresta devido à sua cor, textura, sabor e inigualável doçura"*. Na prática, ele destacava a diferença nas características de suas uvas em relação às demais existentes na floresta — cor, textura e sabor **(diferenciação)**. E, mais do que isso, que eram as *"melhores uvas da floresta"* **(posicionamento)**.

No próximo capítulo, vamos abordar como o marketing tem se aproximado cada vez mais das práticas ESG.

REFERÊNCIAS DO CAPÍTULO

1 MARCELLO, C. As 18 fábulas mais conhecidas de Esopo (com moral). *Pensador*, [202-?]. Disponível em: https://www.pensador.com/fabulas_mais_conhecidas_de_esopo_com_moral/. Acesso em: 20 ago. 2023.

2 DANTAS, P.L. Uva. *Mundo Educação*, [202-?] Disponível em: https://mundoeducacao.uol.com.br/biologia/uva.htm#:~:text=A%20uva%20%C3%A9%20o%20fruto,de%20acordo%20com%20cada%20esp%C3%A9cie. Acesso em: 20 ago. 2023.

3 LEÃO, P. C. S. Uva de mesa: planta. *Embrapa*, 23 mar. 2022. Disponível em: https://www.embrapa.br/agencia-de-informacao-tecnologica/cultivos/uva-de-mesa/pre-producao/caracteristicas-da-especie-e-relacoes-com-o-ambiente/planta#:~:text=A%20videira%20%C3%A9%20um%20arbusto,%2C%20folhas%2C%20frutos%20e%20sementes. Acesso em: 10 jan. 2024.

4 NUCALIS, E. Pagamento em moeda corrente nacional e pagamento em espécie. *Mundo Notarial*, [2024?]. Disponível em: http://mundonotarial.org/blog/?p=4205. Acesso em: 10 jan. 2024.

5 FERREIRA, V. Meios de pagamento: conheça e escolha o seu. *Serasa*, 29 maio 2023. Disponível em: https://www.serasa.com.br/carteira-digital/blog/formas-de-pagamento-conheca-as-opcoes-e-como-escolher-a-melhor/. Acesso em: 10 jan. 2024.

6 OLIVEIRA, K. Brasileiros usam cada vez menos dinheiro em espécie, diz BC. *Agência Brasil*, 31 maio 2023. Disponível em: https://agenciabrasil.ebc.com.br/economia/noticia/2023-05/brasileiros-usam-cada-vez-menos-dinheiro-em-especie-segundo-o-bc. Acesso em: 10 jan. 2024.

7 Circulação de dinheiro em espécie cai 10,5% neste ano; uso de Pix salta. *Poder 360*, 14 nov. 2021. Disponível em: https://www.poder360.com.br/brasil/circulacao-de-dinheiro-em-especie-cai-105-neste-ano-uso-de-pix-salta/. Acesso em: 10 jan. 2024.

8 TEMÓTEO, A. "Dinheiro em espécie ainda é a base das transações no Brasil", diz diretora de Administração do BC. *Exame*, 29 nov. 2023. Disponível em: https://exame.com/economia/dinheiro-em-especie-ainda-e-a-base-das-transacoes-no-brasil-diz-diretora-de-administracao-do-bc/. Acesso em: 10 jan. 2024.

9 Transações financeiras digitais derrubam a circulação de dinheiro falsificado no Brasil. *G1*, 4 jan. 2024. Disponível em: https://g1.globo.com/jornal-nacional/noticia/2024/01/04/transacoes-financeiras-digitais-derrubam-a-circulacao-de-dinheiro-falsificado-no-brasil.ghtml. Acesso em: 10 jan. 2024.

10 ASTH, R. C. Segmento de reta. *Toda Matéria*, [202-?]. Disponível em: https://www.todamateria.com.br/segmento-de-reta/. Acesso em: 11 jan. 2024.

11 SIMPSON, P. M. Segmentação de mercado e mercados-alvo. *In*: CZINKOTA, M. R.; DICKSON, P. R.; DUNNE, P. *et al. Marketing*: as melhores práticas. Porto Alegre: Bookman, 2003. p. 194-223.

12 EVANS, M. Segmentação de mercado. *In*: BAKER, M. J. (org.) *Administração de marketing.* Rio de Janeiro: Elsevier, 2005. p. 174-200.

13 KOTLER, P.; KELLER, K. L. *Administração de marketing.* 15. ed. São Paulo: Pearson, 2018. 896p.

14 KOTLER, P.; ARMSTRONG, G. *Princípios de marketing.* 18. ed. Porto Alegre: Bookman, 2023. 736p.

15 PORTER, M. *Estratégia competitiva:* técnicas para análise de indústrias e da concorrência. 2. ed. Rio de Janeiro: Elsevier Campus, 2004. 409 p.

16 D'ANGELO, P. O que é Top of Mind e como usar para medir a popularidade da marca. *Opinion Box*, 6 dez. 2023. Disponível em: https://blog.opinionbox.com/top-of-mind/. Acesso em: 11 jan. 2024.

17 ALVES, R. R.. *Marketing ambiental:* sustentabilidade empresarial e mercado verde. Barueri: Manole, 2017. 257 p.

Quando pensamos em **ESG**, não pensamos apenas em **sustentabilidade ambiental**

2.1 Por que se fala tanto em ESG, e o que significa essa sigla?

O objetivo do Capítulo 1 foi passar para vocês um pouco das características principais do marketing. Agora quero falar sobre o ESG e por que essas práticas se tornaram muito importantes, principalmente da pandemia da covid-19 para cá, ou seja, desde 2020. Ao final do capítulo, a ideia será mostrar os pontos de convergência entre o marketing e as práticas ESG a partir da mudança da relação bilateral para multilateral, quando pensamos na venda dos produtos e serviços de uma empresa.

De antemão, já vou adiantar que ESG não tem a ver apenas com sustentabilidade ambiental, mas também com outros aspectos. Entre os antecedentes históricos para o surgimento dessa sigla estão as diversas conferências mundiais do meio ambiente e, posteriormente, algumas iniciativas que, aos poucos, também englobaram os outros elementos do ESG que são o "social" e a "governança".

A primeira conferência mundial do meio ambiente ocorreu em 1972 em Estocolmo, capital da Suécia. A título de curiosidade, a abertura dessa conferência foi em 5 de junho daquele ano e, por isso, nessa data se comemora o Dia Mundial do Meio Ambiente. Entre as conclusões tiradas pelos participantes houve o reconhecimento de que os **recursos do planeta são finitos**. Essa constatação obviamente passou a exercer um **grande impacto no desenvolvimento do marketing**, pois ele depende desses recursos para a elaboração de produtos e serviços.

Vinte anos depois, em junho de 1992, ocorreu, na cidade do Rio de Janeiro, Brasil, a Conferência das Nações Unidas sobre o Meio Ambiente e o Desenvolvimento, também conhecida como Eco-92 ou Rio-92. Era a segunda vez que chefes de estado se reuniam para debater problemas ambientais mundiais.

No intervalo entre as duas conferências, um importante documento foi criado em 1987 pelas Organizações das Nações Unidas (ONU): o Relatório Brundtland ou "Nosso Futuro Comum". Esse relatório apresentou a definição de desenvolvimento sustentável, ganhando destaque na Rio-92: "Desenvolvimento sustentável é aquele que atende às necessidades do presente sem comprometer a possibilidade de as gerações futuras atenderem às suas necessidades."[1]

Um dos principais documentos elaborados na Rio-92 foi a Agenda 21. Com esse documento buscava-se repensar o planejamento, politicamente construindo as bases de um plano de ação e de um planejamento participativo em âmbito global, nacional e local, de forma gradual e negociada. Sua meta era criar um novo paradigma econômico e civilizatório. Nos anos posteriores, foram feitos ajustes e revisões no documento. Primeiro, com a conferência Rio +5, realizada em junho de 1997 em Nova York, na sede da ONU. Em seguida, em 2000, com a adoção de uma agenda complementária intitulada "metas do desenvolvimento do milênio", dando ênfase maior a políticas de globalização e erradicação da pobreza e da fome. E, por fim, outras revisões foram efetuadas na Cúpula de Johannesburgo, África do Sul, em 2002[2].

Paralelamente aos eventos da área ambiental, o mundo corporativo também precisou se reinventar e discutir a sustentabilidade tanto a nível interno como externo. A intensificação das discussões a nível global das questões ambientais na década de 1980, e que culminou com a Rio-92, em 1992, contribuiu para o desenvolvimento de diversas teorias na área de meio ambiente. Uma das mais conhecidas, e largamente aceita na área, é o **tripé da sustentabilidade**. Um pouco antes da Rio-92, a sustentabilidade ambiental já era um tema abordado no mundo corporativo. O consultor britânico John Elkington foi um dos precursores do estudo da responsabilidade social e ambiental nas grandes empresas. No entanto, John Elkington provavelmente é mais conhecido mundialmente pelo seu livro *Cannibals with Forks: The Triple Bottom Line of 21st Century Business* publicado originalmente em 1997. Em português a obra recebeu o nome de *Sustentabilidade: canibais com garfo e faca*[2].

Nessa época, Elkington buscava ferramentas para fazer "medições" sobre sustentabilidade. No livro, o autor britânico criou uma nova estrutura para medir o desempenho das empresas e demais organizações, chamando-a de "*Triple Bottom Line*" (TBL) ou "Tripé da Sustentabilidade". O TBL se diferencia de outros modelos de gestão, pois inclui as dimensões ambientais e sociais, além das medidas já tradicionais de lucro. Nesse modelo é importante reconhecer os impactos negativos causados pela atividade da empresa e trabalhar para que eles sejam mitigados, sempre levando em consideração os aspectos econômicos, sociais e ambientais. Esses três pilares também são conhecidos como os 3 Ps: *People, Planet and Profit* (pessoas, planeta e lucro). A analogia do tripé facilita bastante o entendimento do modelo. Assim como o tripé convencional precisa de três pilares para se manter em pé, o "tripé da sustentabilidade" só funciona se seus três alicerces estiverem em equilíbrio. O TBL pode ser visto, de certa maneira, como um dos precursores do ESG[2].

Seguindo a nossa linha do tempo, em setembro de 2015, 193 países participantes da Assembleia Geral das Nações Unidas acordaram uma coleção de 17 metas globais intituladas **Objetivos de Desenvolvimento Sustentável (ODS)**. Os ODS são parte da Resolução 70/1 nomeada "Transformando o nosso mundo: a Agenda 2030 para o Desenvolvimento Sustentável", que depois foi encurtada para Agenda 2030[2].

Os ODS representam um esforço conjunto de países, empresas, instituições e a sociedade civil. Eles buscam assegurar os direitos humanos, acabar com a pobreza, lutar contra a desigualdade e a injustiça, alcançar a igualdade de gênero e o empoderamento de mulheres e meninas, agir contra as mudanças climáticas, bem como enfrentar os demais desafios do tempo atual. Nesse sentido, o setor privado tem um papel essencial nesse processo como grande detentor do poder econômico, propulsor de inovações e tecnologias, influenciador e engajador dos mais diversos públicos — governos, fornecedores, colaboradores e consumidores[3].

Um dos países signatários dos Objetivos de Desenvolvimento Sustentável (ODS) é o Brasil. Os 17 objetivos (traduzidos para o português) que fazem parte da Agenda 2030 brasileira são[4]:

1. Erradicação da pobreza
2. Fome zero e agricultura sustentável
3. Saúde e bem-estar
4. Educação de qualidade
5. Igualdade de gênero

6. Água potável e saneamento
7. Energia limpa e acessível
8. Trabalho decente e crescimento econômico
9. Indústria, inovação e infraestrutura
10. Redução das desigualdades
11. Cidades e comunidades sustentáveis
12. Consumo e produção responsáveis
13. Ação contra a mudança global do clima
14. Vida na água
15. Vida terrestre
16. Paz, justiça e instituições eficazes
17. Parcerias e meios de implementação

Pode-se observar que temos ODS relacionados a aspectos ambientais, sociais e também de governança, ou seja, eles são bem alinhados com os temas da Agenda ESG.

Mas, então, **o que é ESG?** O termo ESG tem sido usado para se referir a práticas empresariais e de investimento que se preocupam com critérios de sustentabilidade, não apenas com o lucro no mercado financeiro. A sigla ESG, em inglês, significa *Environmental, Social and Governance* e pode ser traduzida para o português como "ambiental, social e governança" (por esse motivo, também é conhecida como ASG). A adoção da agenda ESG representa uma verdadeira mudança de paradigma nas relações entre as empresas e seus investidores, já que as melhores práticas tradicionalmente associadas à sustentabilidade passaram a ser consideradas como parte da estratégia financeira das empresas[2].

Adicionalmente, ESG é uma abordagem para avaliar até que ponto uma organização trabalha em prol de objetivos sociais que vão além do papel de uma corporação de maximizar os lucros em nome de seus acionistas. Geralmente, esses objetivos, na perspectiva ESG, incluem trabalhar para atingir determinado conjunto de metas ambientais, bem como um conjunto de temas relacionados ao apoio a certos movimentos sociais. Por fim, há um terceiro conjunto de metas que dizem respeito ao fato de a corporação ser governada de forma consistente com os objetivos do movimento de diversidade, equidade e inclusão[5].

O termo foi cunhado em 2004 em uma publicação pioneira do Banco Mundial em parceria com o Pacto Global da Organização das Nações Unidas

(ONU) e instituições financeiras de 9 países chamada "*Who Cares Wins*" ("Ganha quem se importa", em tradução livre). Apesar disso, o ESG somente ganhou notoriedade anos depois de sua criação.

Curiosamente, o documento advém de uma provocação do então secretário-geral da ONU, Kofi Annan, a cinquenta CEOs* de grandes instituições financeiras do mundo. A proposta era obter respostas dos bancos sobre como integrar os fatores ESG ao mercado de capitais[7]. Se o tripé da sustentabilidade proposto por John Elkington preconizava o alicerce composto de "ambiental, social e econômico", no ESG a variável "econômico" foi substituída pela "governança". Mais que a simples troca de uma palavra, o ESG representa uma mudança de postura das empresas para enfrentar os desafios sociais e ambientais apresentados em um mundo em constantes transformações[2].

O ESG é usado como uma espécie de métrica para nortear boas práticas de negócios. Alguns aspectos observados quando se fala em ESG são os impactos ambientais e sociais da cadeia de negócios e as emissões de carbono. Também são objeto de atenção a gestão dos resíduos e rejeitos oriundos de determinada atividade, as questões trabalhistas e de inclusão das pessoas nas empresas, bem como a metodologia de contabilidade, dentre outras[2].

Além disso, é importante saber que o ESG exerce um grande impacto positivo em como uma organização é vista, independente de seus resultados financeiros, em um cenário em que o propósito de uma empresa e seus valores têm sido muito apreciados por investidores e também pelo consumidor final. Assim, existe um novo paradigma de negócios em implementação nas empresas, sobretudo as de capital aberto, nas quais o desempenho nos critérios de ESG pode fazer toda a diferença na cotação de mercado da empresa, além de influenciar na votação dos acionistas[8].

Se não bastasse tudo o que foi apresentado, outros benefícios são que as práticas de *Environmental, Social and Governance* (ESG) trazem oportunidades para as empresas. Além de mitigar riscos e gerar valor no longo prazo, é possível integrar o ESG com estratégias corporativas, resultando em melhor governança e maior comunicação entre os acionistas e partes interessadas. Estabelecer práticas de ESG exige a adaptação das empresas a processos mais sustentáveis e a práticas tradicionalmente ligadas à economia circular,

* CEO significa *Chief Executive Officer* ou diretor-executivo ou diretora-executiva. É o termo utilizado para definir a pessoa por trás da direção geral ou presidência da empresa, estando no topo da hierarquia empresarial. O trabalho do CEO envolve tomar decisões sobre todos os níveis da organização.[6]

o que pode ser uma boa forma de atrair o público crescente interessado no consumo consciente[2].

2.2 Vamos acrescentar um "tempero" nessa discussão? É preciso dizer que ESG também se pauta pela "relação de confiança" e "geração de valor", que são dois temas muito caros ao marketing!

Para iniciarmos o assunto, eu gostaria de saber: o que você entende por "relação de confiança"? Certamente, muitos de vocês dirão que ela tem a ver com "confiar em alguém", e é isso mesmo. Por exemplo, se eu saio para viajar por um mês e deixo a chave do meu apartamento com uma amiga, faço isso porque acredito que ela cuidará do meu imóvel e que nada desaparecerá. Se a incumbi de contratar alguém para fazer uma limpeza semanal no apartamento, também vou acreditar que, ao chegar, tudo estará limpo. Da parte dela, ela esperará que eu mande o dinheiro correspondente ao pagamento da pessoa que fará a limpeza. Em caso de algum imprevisto, espera-se que uma parte comunique à outra, fortalecendo assim a relação de confiança. Veja que existem direitos e deveres nessa relação.

Pode-se concluir o mesmo no caso do relacionamento entre a empresa e o fornecedor. A empresa compra diversos produtos e espera que eles chegarem até determinada data, visto que seus estoques podem estar terminando. E o fornecedor espera receber o pagamento pela mercadoria. Há uma relação de confiança que, em muitos casos, é o resultado de anos. Mas e se o fornecedor atrasar sistematicamente a entrega das mercadorias? E se a empresa começa a atrasar os pagamentos ao fornecedor? Essas são situações que podem minar a relação de confiança entre dois ou mais agentes.

Podemos empregar o mesmo raciocínio para a relação entre a empresa e os clientes; e para contemplar uma gama maior de situações, entre a empresa e os stakeholders.

E onde há a conexão entre a "relação de confiança" e o ESG? Exatamente nesse último ponto comentado: na relação dela com os stakeholders. Daí voltamos a um tema que discutimos com muita ênfase no livro *A força do ESG* (2024, Editora Alta Books): o **capitalismo stakeholder**. Vamos recordar a definição do termo.

O capitalismo stakeholder pode ser entendido como um tipo de capitalismo em que as organizações procuram **criar valor** a longo prazo, considerando as necessidades de todas as **partes interessadas** e a promoção do **bem-estar social**[9].

A relação da empresa com os stakeholders deve ser a melhor possível, sempre pautada na transparência, confiança e idoneidade. Devemos lembrar que os stakeholders são todos os atores que influenciam ou são influenciados por uma organização. Em geral, eles correspondem a governos, empregados, clientes atuais e potenciais, fornecedores, credores, a comunidade em geral, sindicatos, investidores, acionistas, sócios, organizações não governamentais (ONGs), concorrentes, a imprensa, entre outros.

Considerando que o capitalismo stakeholder tem a ver com a busca das organizações em criar valor a longo prazo, atender às necessidades das partes interessadas e promover o bem-estar social, é papel do Gestor de ESG (o profissional que trabalha com ESG) entender como funciona essa grande arena em que todos os stakeholders estão situados[10].

Essa grande arena representa o contexto que, externamente, envolve a organização ou o sistema, ou seja, é a situação na qual uma organização está inserida. Como a empresa é um sistema aberto, ela realiza transações e intercâmbios com o seu ambiente. Com isso, tudo o que ocorre externamente no ambiente passa a influenciar a organização internamente[11].

Para que as relações entre um ou mais atores no mercado funcionem adequadamente, é vital que haja confiança entre as partes. A confiança é a mola propulsora que faz as interações gerarem resultados do tipo **"ganha-ganha"**, na qual todos saem satisfeitos e felizes. Mas apenas a relação de confiança não é suficiente. É necessário algo mais: a **criação de valor**, que corresponde a algo que é esperado e valorizado pelas partes.

Assim, não adianta o fornecedor entregar uma mercadoria no prazo estipulado pela empresa. É necessário que essa mercadoria tenha qualidade, por exemplo. E, mais além, precisa atender plenamente a todos os atributos esperados pela organização. Para a empresa, cumprir esse aspecto significará ter condições de atender as expectativas de seus próprios clientes mais à frente.

Para entendermos isso, basta nos lembrarmos de que nós também somos consumidores. Por exemplo, podemos ir a um supermercado que nos remete à lembrança de quando íamos nesse local ainda crianças com os nossos avós. Confiamos que esse estabelecimento sempre foi importante para a nossa família, pois nossos avós e pais conheciam seus donos desde a sua inauguração. No início, talvez nem houvesse sistemas eletrônicos de pagamento, como cartão de crédito e transferência bancária. As compras provavelmente eram "penduradas" em uma caderneta de papel. Isso representava a relação de confiança que existia entre as partes. Mas a confiança isolada não resiste ao tempo. Se os produtos do supermercado não tiverem qualidade, se não estiverem dentro da data de validade e disponíveis aos clientes, de nada servirá a confiança. É necessário que haja **valor percebido** pelo cliente. É isso o que as empresas buscam.

Nesse contexto, precisamos entender que a **criação de valor** é um termo bastante utilizado nas **estratégias de marketing** e serve para **diferenciar os produtos da empresa** em um mercado competitivo. Ser uma aliada de seu público e, acima disso, poder ofertar aquilo que ele tem como necessidade e desejo, e até mesmo superar as expectativas dos clientes, é uma grande etapa para posicionar uma marca como solução de seus anseios. Além disso, podemos dizer que gerar valor para seu público é a chave que faz com que a empresa passe a prospectar um maior número de clientes e, principalmente, fidelizar os já existentes com maior eficácia[10].

Uma ferramenta interessante para gerenciar os processos que oferecem valor aos clientes e demais stakeholders é a **cadeia de valor**, formulada em 1985 por Michael Porter, professor e teórico de negócios da *Harvard Business School* com interesse nas áreas de Administração e Economia e autor de diversos livros sobre estratégias de competitividade.

Por meio da cadeia de valor, é possível destacar todas as atividades que a organização faz para **gerar valor** aos clientes por meio dos elos que há entre eles. Ao fortalecer as ligações entre essas atividades é possível criar uma vantagem competitiva para a organização, favorecendo o crescimento da empresa e consequentemente de seus lucros. É preciso entender que cada empresa possui uma **proposta de valor**, ou seja, as vantagens que os produtos e serviços essa empresa tem em relação à concorrência, os problemas que ela visa resolver para seus clientes e como ela se diferencia das demais. Esse é o **valor percebido pelo cliente**. Assim, podemos entender que a "cadeia de valor" é uma série de processos interligados (elos) que são necessários para viabilizar uma percepção positiva dos clientes a respeito dos produtos/serviços (valor) de uma organização[12].

Nós, consumidores, percebemos valor em um produto ou serviço quando a empresa consegue **reduzir seu custo** ou então quando consegue **elevar seu desempenho**. Assim, se for um produto sustentável, o "diferencial verde" exigirá que uma empresa seja capaz de criar, de maneira particular, uma vantagem competitiva para seu comprador que esteja relacionada com práticas ambientalmente responsáveis. Por exemplo, para um consumidor individual, optar por um eletrodoméstico que apresente um consumo menor de energia pode ser preferível, mesmo que seu custo seja maior. A escolha será baseada na economia possível a médio e longo prazo, mas para o consumidor verde a questão ecológica também será importante na sua decisão[13].

Sobre a geração de valor, uma das perguntas-chave que podemos fazer é: o que sua empresa está fazendo que seus concorrentes não fazem? Se existem fatores de diferenciação, você acredita que eles poderão ser cruciais para a decisão de compra do consumidor? Existem alguns pontos simples, mas fundamentais, para gerar valor para o cliente que muitas vezes deveriam ser de praxe para todas as empresas, como[14]:

- Qualidade de produto ou serviço
- Qualidade de atendimento
- Condições de seu ponto de venda
- Preço ofertado
- Relacionamento com o cliente pós-venda

Uma boa estratégia seria alinhar esses pontos. Isso colocará a empresa em um patamar mais elevado na mente de seu público, conquistando o chamado *share of mind* do Marketing. Esse conceito relaciona-se com a retenção da marca que os clientes têm em mente, e ocupar esse espaço na mente do público é o que as grandes empresas almejam, pois, quando bem posicionadas, partem com grandes vantagens competitivas[14].

Até aqui, comentei dois aspectos que complementam o ESG: a relação de confiança pautada no capitalismo stakeholder e a criação de valor para os mesmos stakeholders. Todavia, se você leu o meu o livro, *A força do ESG* (2024, Editora Alta Books), certamente sabe que ainda falta um aspecto importante da construção do ESG. Sim, estou falando da **gestão de riscos**.

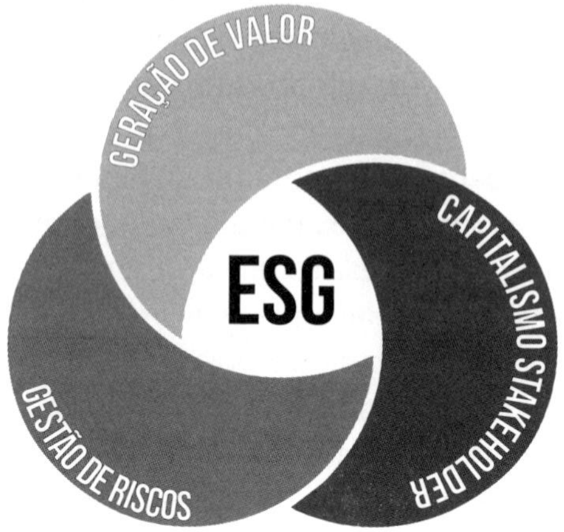

Todos nós conhecemos bem o significado da palavra **risco**. Procurando a definição dessa palavra no dicionário Michaelis, vemos que risco é a "possibilidade de perigo, que ameaça as pessoas ou o meio ambiente. Pode ser, também, a probabilidade de prejuízo ou de insucesso em determinado empreendimento, projeto, coisa etc. em razão de acontecimento incerto, que independe da vontade dos envolvidos"[15]. Vemos então que a definição de risco se aplica muito bem no mercado em que as empresas atuam.

Já a **gestão de risco**, ou gerenciamento de risco, é o conjunto de atividades coordenadas que têm o objetivo de gerenciar e controlar uma organização em relação a **potenciais ameaças**, independentemente de sua manifestação. Isso implica o planejamento e uso de **recursos humanos e materiais para minimizar os riscos ou então tratá-los. É uma estratégia que envolve** o trabalho **preventivo de se antecipar** a possíveis situações e considerar a prática como parte dos processos da empresa[16].

Mas inclui também atuar de maneira **prescritiva**, isto é, quando o risco se manifesta sem ter sido previsto. Nesse caso, a gestão de risco busca estimular um comportamento dinâmico na empresa para que ela responda com rapidez aos eventos, incertezas e mudanças de cenário. Para que tudo isso seja possível, é fundamental um bom **sistema de monitoramento** de todos os números e acontecimentos relevantes que envolvam a organização. O objetivo final sempre será a melhoria constante nos processos da empresa[16].

Assim, ao passo que o "risco" corresponde ao perigo ou ameaça real, a "gestão do risco" diz respeito ao gerenciamento e controle do mesmo, bem como ao trabalho de prevenção e monitoramento a fim de estar preparado caso eles surjam. Em outras palavras, se o "risco" representa um perigo ou uma ameaça, ele poderia ser descrito como uma grande fenda aberta no chão que, se não for observada pelas pessoas, poderá fazê-las cair em um grande precipício. E qual seria então a missão do Gestor de ESG? Justamente de criar condições para atravessar essa "fenda" aberta no chão com segurança e conseguir atravessar para o outro lado do terreno[10].

Agora que incluímos a gestão de riscos ao capitalismo stakeholder e à geração de valor, qual seria a relação desses três aspectos com as três letrinhas mágicas do ESG? Para isso, vamos formular uma pergunta importante[10]:

A empresa que tem ações de "sustentabilidade ambiental", que se preocupa com o "social" e que exerce a "governança" está sempre praticando o ESG?

Não necessariamente — essa seria a melhor resposta. E agora vamos "amarrar" os três aspectos listados com as três letras do ESG[10]:

ESG não é sustentabilidade ambiental, mas ela pode fazer parte do ESG se o seu **NÃO cumprimento** significar **risco** para o negócio.

É a mesma coisa de quando dizemos que "marketing não é propaganda, embora a propaganda faça parte do marketing". Assim, **ESG é muito mais do que sustentabilidade ambiental**, da mesma forma que o marketing é muito mais do que a propaganda[10]!

É importante destacar que eu não disse que a sustentabilidade ambiental não é importante para o ESG, mas que **o ESG vai muito além dela**[10]!

O mesmo raciocínio vale para o "social" e a "governança" do ESG. O **não cumprimento** deles representa **risco** para o negócio da empresa? Se a resposta for "sim", pode ter certeza de que deveria fazer parte da Agenda ESG da empresa! Adicionalmente, há preocupação da empresa com o "capitalismo stakeholder" e a geração de valor para eles? Se não houver, e isso puder representar risco para o negócio da organização, teremos um problema relacionado ao ESG que deve ser solucionado[10].

Dessa forma, somente haverá sentido falarmos de ESG se os três aspectos do ESG forem considerados: a gestão de riscos, o capitalismo stakeholder e a geração de valor.

Podemos concluir algo muito importante com tudo o que foi dito até aqui[10]:

Se a condução da Agenda ESG não considerar a gestão de riscos, o capitalismo stakeholder e a gestão de valor, ela será apenas uma nova "roupagem" do tripé da sustentabilidade, provavelmente sem os efeitos práticos que a sociedade espera.

Temos que ter em mente que o profissional de ESG, também chamado Gestor de ESG ou Gestor ESG, é aquele que faz a gestão de riscos do negócio e trabalha para gerar valor para os stakeholders considerando as dimensões ambiental, social e de governança. Logicamente, em todas as situações possíveis, o profissional de ESG nunca tomará a decisão sozinho. Ele basicamente é um identificador de riscos e um gerador de valor para os stakeholders, considerando as dimensões do ESG[10].

Feito isso, ele deve repassar o problema aos **tomadores de decisão** na empresa e que geralmente constituem a Alta Administração, que pode ser composta pelos donos, sócios, acionistas, investidores, gerentes etc. Em uma reunião hipotética, o profissional de ESG deve munir esses tomadores de decisão de informações convincentes a respeito do risco que a empresa corre caso não adote as práticas ESG. Por mais que o profissional de ESG alerte para o risco, caberá única e exclusivamente aos tomadores de decisão a escolha a ser seguida, já que ela representará custos para a organização. Certamente, alguns deles podem colocar em uma balança os eventuais **riscos** apresentados pelo profissional de ESG e os **custos** envolvidos em uma mudança de embalagem, por exemplo. Qualquer que seja a decisão, somente o tempo dirá se estavam certos[10].

Caso se opte por alguma mudança, no curto ou no longo prazo, o profissional de ESG deverá fazer diretamente um planejamento em conjunto com os setores envolvidos, que tirarão futuramente a novidade do papel. Isso caberá fundamentalmente ao setor de pesquisa e desenvolvimento, caso envolva o uso de uma nova matéria-prima ou embalagem, por exemplo. Normalmente, sempre se conta com o apoio de outros setores, como o de marketing, recursos humanos, produção e finanças. Não obstante, precisamos estar cientes de que "perceber um risco" é como visualizar a fumaça que sai de determinado lugar. A fumaça nos ajuda sinalizando que talvez haja fogo, o qual, se não controlado a tempo, poderá atingir proporções incalculáveis. E isso ocorreu, de certa maneira, com muitas empresas ao longo da história[10].

Podemos fazer um RESUMO de alguns aspectos que o futuro (e/ou atual) profissional de ESG deverá se atentar[10]:

1. É necessário **gerenciar o risco do negócio** em relação a aspectos ambientais, sociais e de governança, ou seja, as dimensões que compõem as práticas ESG.

2. As ações para minimizar (ou eliminar) os riscos do negócio devem estar em sintonia com as **expectativas** dos stakeholders e lhes proporcionar **valor.**
3. É importante ter uma **visão holística** e estar atento a tudo que possa impactar o negócio da empresa, principalmente os elementos que tiverem relação com a Agenda ESG.
4. Deve-se buscar sempre o **conhecimento**, a fim de ter aguçada a **criatividade** e propor soluções **inovadoras.**
5. Se o Gestor de ESG não tiver o conhecimento necessário para fazer a mudança proposta, ele deve ser capaz de encontrar o **profissional adequado** para tal tarefa.

Todos os aspectos sobre ESG listados até aqui têm relação direta no **desenvolvimento das estratégias de marketing** de uma empresa. O raciocínio desenvolvido nos ajudará a compreender a mudança de orientação do marketing de uma relação eminentemente bilateral, que envolve a empresa e o cliente, para uma relação multilateral, na qual a empresa deve estar sempre atenta às expectativas dos stakeholders, **e não apenas dos clientes, como era no passado.**

2.3 Repararam que o marketing passou de uma relação bilateral (empresa e cliente) para uma relação multilateral (empresa e stakeholders)? E, mais ainda, vocês notaram que essa mudança aproxima o marketing das práticas ESG?

No início do Capítulo 1, comentei com vocês que eu fiz quatro disciplinas de marketing no curso de Administração da Universidade Federal de Viçosa (UFV). Naquela época, no início dos anos 2000, as disciplinas formadoras do curso giravam em torno da seguinte máxima: *"O objetivo principal de uma empresa é gerar lucros para os seus sócios ou acionistas."* Tanto nas aulas como nos livros que líamos, essa espécie de mantra vinha à tona e, para nós, era uma argumentação perfeitamente natural.

Parecia não haver discussão de que uma empresa deveria vender a maior quantidade possível de produtos para o maior número possível de clientes a fim de obter o maior lucro que conseguissem. Entendia-se que, no universo empresarial, era somente lógico que os donos fossem remunerados por todo o investimento feito em suas instituições. O lucro era o objetivo principal, devendo ser perseguido a qualquer custo.

Em sala de aula não havia nenhum comentário contraditório a respeito — por exemplo, de produtos que não fizessem bem à saúde dos consumidores ou que promovessem a poluição na comunidade, o que, via de regra, significaria custos que seriam pagos indiretamente pelos próprios consumidores. E não me refiro aqui a apenas custos financeiros, mas também à própria saúde, como no caso ocorrido na cidade de Cubatão e que foi abordado em meu livro *A força do ESG* (2024, Alta Books).

Essa forma discutível na qual agia o mundo corporativo também foi descrita no excelente livro intitulado *Capitalismo stakeholder* (2023, Alta Cult), de Klaus Schwab. O autor é, nada mais, nada menos, do que o fundador do Fórum Econômico Mundial, tendo escrito o livro em parceria com Peter Vanham.

Schwab e Vanham afirmaram que o capitalismo shareholder (ou seja, aquele que pregava que o objetivo principal deveria ser o lucro dos sócios e acionistas) ganhou importância nos Estados Unidos no início da década de 1970. Posteriormente, eles comentaram que essa forma de pensar foi expandida em todo o mundo. De forma bem assertiva, os autores destacaram que:

> "Os defensores do capitalismo shareholder, incluindo Milton Friedman e a Escola de Chicago [de economistas], negligenciaram o fato de que corporações publicamente listadas não são apenas entidades em busca de lucro, mas também organismos sociais."[17]

E, para arrematar, concluíram que:

> "... com pressões financeiras e industriais para impulsionar resultados em curto prazo, o foco único nos lucros fez com que o capitalismo shareholder se tornasse cada vez mais desconectado da economia real."[17]

Podemos ver, então, como foi disseminada a versão de que o objetivo principal das empresas era tão somente o lucro para os acionistas. Por outro lado, o "capitalismo stakeholder" ia em sentido contrário. Nesse modelo, considera-se que "outras cartas" estão sobre a mesa e devem ser consideradas. Entendia-se que a responsabilidade da empresa ia além de sua relação com o cliente e deveria ser estendida a todas as partes interessadas.

No entanto, era muito difícil competir com a visão de objetivo primordial ser o "lucro para os donos ou acionistas" como princípio organizador global para empresas. Schwab e Vanham destacaram que o *"conceito stakeholder competiu de frente com a ideia de Friedman de que 'o negócio de um negócio é o negócio' e, por fim, perdeu"*. A forma reinante de pensar vinculada ao capitalismo shareholder se tornou a norma em todo mundo ocidental enquanto as empresas se globalizavam, desconsiderando as demandas das comunidades locais e dos governos nacionais[17].

Na cabeça das empresas da época, o mais importante era a sua sobrevivência, independentemente do custo social envolvido. Sobre essa questão, vemos que os autores do livro *Capitalismo stakeholder* compartilham essa visão ao destacarem que:

As empresas objetivavam "maximizar lucros no curto prazo para shareholders em mercados globais competitivos. Ao mesmo tempo, sindicatos trabalhistas, governos e outros stakeholders da sociedade civil perderam muito poder e influência, enfraquecendo ainda mais o tecido no qual o modelo stakeholder poderia prosperar"[17].

Nesse contexto, não é de se admirar que as escolas de Administração e Negócios — não apenas do Brasil, mas do todo o mundo — enfatizassem a importância do capitalismo shareholder como o grande objetivo das organizações. E foi exatamente isso o que acorreu no início dos anos 2000, quando eu era aluno do curso de Administração. Naquela época, um estudante teria poucas razões para contestar essa afirmação, visto que o grande volume de informações sobre o meio corporativo era proveniente dos livros e revistas físicas, das aulas ministradas pelos professores e das palestras presenciais realizadas por renomados administradores e empresários.

O surgimento da internet, o avanço da tecnologia e as modificações sociais e ambientais pelos quais o planeta passou a partir da virada do milênio fizeram com que a busca de informações ganhasse maior impulso, "furando a bolha" inicial na qual o conhecimento estava reservado a apenas poucas pessoas e em poucos lugares. Isso levou a diversos questionamentos, incluindo o próprio capitalismo shareholder.

Com a democratização no acesso à informação, os consumidores ganharam um poder nunca visto antes. Isso é conhecido como "empoderamento do consumidor" (*consumer empowerment*, em inglês). Em um primeiro momento, o acesso à informação se dava apenas por meio da televisão, do rádio, do jornal impresso e dos sites que as empresas possuíam na internet, gerando notícias e informações que eram "absorvidas" pelos consumidores. Agora a situação mudou drasticamente, pois esses mesmos consumidores são os responsáveis pela formulação e direcionamento de muitas das notícias e informações que circulam no planeta por meio de mídias sociais expressivas, como blogs, X (antigo Twitter), Instagram, YouTube, Facebook, Flickr, LinkedIn, entre outros, e das mídias sociais colaborativas, como a Wikipédia[18].

Evidentemente, esse "empoderamento" não é privilégio apenas dos consumidores, mas se estende a todos os demais stakeholders. As informações circulam na internet praticamente em tempo real, principalmente nas redes sociais, o que representa um grande desafio para as empresas em caso de situações negativas.

Vou apresentar um exemplo que teve grande repercussão no Brasil e no mundo, ocupando espaço nos noticiários. Um homem negro havia sido espancado até à morte por dois seguranças em um supermercado de uma grande rede internacional em Porto Alegre, no Rio Grande do Sul. Apesar de a empresa terceirizada ser a responsável pela segurança do estabelecimento, os efeitos negativos do crime respingaram na imagem do supermercado[19].

Na época do ocorrido, entrei no Instagram oficial da matriz do supermercado, localizada na França. Qual não foi a minha surpresa ao notar que havia milhares de comentários exigindo um posicionamento da empresa a respeito do crime, bem como que assumisse as suas responsabilidades. E eram comentários de pessoas de vários países do mundo, feitos em diversos idiomas. Eu me lembro que, na época, fiquei espantado com o poder da rede social, principalmente no caso de repercussões negativas.

É importante destacar que a companhia informou, em nota, que lamentava profundamente o caso e que havia iniciado uma rigorosa apuração interna, com providências para que os responsáveis fossem punidos legalmente. A rede, que atribuiu a agressão a seguranças, também chamou o ato de criminoso e anunciou o rompimento do contrato com a empresa terceirizada[19].

Apesar de o crime ter sido condenado pela rede de supermercados, os danos à sua imagem foram claros e fizeram com que ela precisasse dar uma resposta aos stakeholders. Em setembro de 2021, a companhia terminou a implementação nacional de um novo sistema de segurança. Uma das medidas adotadas foi o **fim da terceirização**. Além disso, os profissionais de segurança passaram a ser treinados, e o uniforme teve a incorporação de câmeras de segurança. Outro ponto importante na nova política foi a contratação de seguranças seguindo **critérios de diversidade**. No Brasil, o grupo contratou 1.013 profissionais de segurança, sendo que "desses, 68,81% eram negros ou pessoas que se autodeclaravam negras ou pardas; e 35,93% eram mulheres", disse o diretor de segurança[20].

A nova política da empresa fez parte dos compromissos assumidos quando firmou o Termo de Ajuste de Conduta (TAC), em junho de 2021. O custo do programa, segundo a companhia, foi de R$5 milhões, e o projeto teve como teste uma mudança anterior nas lojas de Porto Alegre, onde aconteceu a morte. Adicionalmente, a rede de supermercados se comprometeu a aplicar R$115 milhões em políticas de reparação e **promoção de igualdade racial**[20]. Isso sem contar os desdobramentos judiciais e o que foi pago à família da vítima.

Embora muitas dessas medidas sejam parte do Termo de Ajuste de Conduta (TAC) à qual a empresa se submeteu após a investigação policial e a determinação judicial, também precisamos contabilizar as diversas pressões que a companhia sofreu dos mais variados stakeholders.

Isso faz com que a antiga relação preconizada apenas pela empresa e seus clientes agora se estenda a todas as partes interessadas. Os stakeholders não querem saber apenas do impacto gerado pelos produtos ou serviços da empresa, mas também se suas ações são condizentes com o que a sociedade espera dela.

REFERÊNCIAS DO CAPÍTULO

1. Entenda a Rio +10. *Ana – Agência Nacional de Águas e Saneamento Básico*, [202-?]. Disponível em: https://www.ana.gov.br/acoesadministrativas/relatoriogestao/rio10/riomaisdez/index.php.35.html. Acesso em: 13 jan. 2024.

2. ALVES, R R. *ESG:* o presente e o futuro das empresas. Petrópolis: Vozes, 2023. 276p.

3. Entenda melhor os ODS. *Pacto Global*, [202-?]. Disponível em: https://www.pactoglobal.org.br/ods. Acesso em: 13 jan. 2024.

4. Os Objetivos de Desenvolvimento Sustentável no Brasil. *ONU – Organizações das Nações Unidas*, [202-?]. Disponível em: https://brasil.un.org/pt-br/sdgs. Acesso em: 13 jan. 2024.

5 PETERDY, K. What is ESG (Environmental, Social, and Governance)? *Corporate Finance Institute*, [202-?]. Disponível em: https://corporatefinanceinstitute.com/resources/esg/esg-environmental-social-governance/. Acesso em: 13 jan. 2024.

6 OLIVEIRA, V. CEO, CFO, CTO e outros: saiba o significado de siglas de executivos. *Uol – Universo On-Line*, 5 jan. 2024. Disponível em: https://economia.uol.com.br/guia-de-economia/ceo-cfo-cto-e-outros-saiba-significado-de-siglas-de-executivos.htm. Acesso em: 13 jan. 2024.

7 De onde surgiu o ESG? *Exame*, [202-?]. Disponível em: https://exame.com/esg/de-onde-surgiu-o-esg/. Acesso em: 13 jan. 2024.

8 Entenda o que é ESG e qual sua importância. *eCycle*, [202-?]. Disponível em: https://www.ecycle.com.br/esg/. Acesso em: 13 jan. 2024.

9 Capitalismo de Stakeholders: conceitos, princípios e pilares. *Amcham Brasil – Câmara Americana de Comércio para o Brasil*, 1 ago. 2023. Disponível em: https://www.amcham.com.br/noticias/sustentabilidade/capitalismo-de-stakeholders-conceito-principios-e-pilares#:~:text=O%20que%20%C3%A9%20capitalismo%20de,promo%C3%A7%C3%A3o%20do%20bem%2Destar%20social. Acesso em: 13 jan. 2024.

10 ALVES, R. R. *A força do ESG:* por que, a partir de agora, as empresas serão realmente sustentáveis? Rio de Janeiro: Alta Books, 2024. 208p.

11 CHIAVENATO, I. *Introdução à Teoria Geral da Administração:* uma visão abrangente da moderna administração das organizações. 5. ed. São Paulo: Atlas, 2021. 432 p.

12 *Prada*, C. Cadeia de valor: o que é, para que serve e exemplo de aplicação na gestão de processos. *Euax Consulting*, 11 out. 2019. Disponível em: https://www.euax.com.br/2019/10/cadeia-de-valor/. Acesso em: 13 jan. 2024.

13 ALVES, R. R.; JACOVINE, L. A. G.; NARDELLI, Á. M. B. *Empresas verdes:* estratégia e vantagem competitiva. Viçosa, MG: Editora UFV, 2011. 194 p.

14 BARADI, V. A importância de se criar valor para o cliente. *Marketing Júnior USP*, 12 out. 2021. Disponível em: https://www.marketingjr.com.br/o-que-e-gerar-valor-e-por-que-investir-nisso/. Acesso em: 13 jan. 2024.

15 RISCO[2]. *In*: *Michaelis*, [202-?]. Disponível em: https://michaelis.uol.com.br/palavra/V4j7A/risco-2/. Acesso em: 13 jan. 2024.

16 O que é gestão de risco? *FIA Business School*, 11 jul. 2018. Disponível em: https://fia.com.br/blog/o-que-e-gestao-de-risco/. Acesso em: 13 jan. 2024.

17 SCHWAB, K.; VANHAM, P. *Capitalismo stakeholder:* uma economia global que trabalha para o progresso, as pessoas e o planeta. Rio de Janeiro: Alta Cult Editora, 2023. 278p.

18 ALVES, R. R. *Consumo consciente:* por que isso nos diz respeito? 2. ed. Curitiba, PR: Appris, 2022. 248p.

[19] Homem negro é espancado até a morte em supermercado do grupo Carrefour em Porto Alegre. *G1*, 20 nov. 2020. Disponível em: https://g1.globo.com/rs/rio-grande-do-sul/noticia/2020/11/20/homem-negro-e-espancado-ate-a-morte-em-supermercado-do-grupo-carrefour-em-porto-alegre.ghtml. Acesso em: 23 fev. 2024.

[20] Caso João Alberto: Carrefour implanta novo sistema de segurança no país. *Poder 360*, 23 set. 2021. Disponível em: https://www.poder360.com.br/brasil/caso-joao-alberto-carrefour-implanta-novo-sistema-de-seguranca-no-pais/. Acesso em: 23 fev. 2024.

O **marketing** é a ferramenta para a fabricação e venda dos produtos, ao passo que o **ESG** impõe os limites necessários às atividades da empresa

3.1 A empresa quer divulgar e vender os seus produtos, mas a sociedade exige que ela faça isso de forma ética e socioambientalmente responsável. Eis o limite imposto pelo ESG

É inegável que, para sobreviverem, as empresas necessitam comprar matéria-prima, elaborar produtos, vendê-los e, principalmente, receber o pagamento por todo esse esforço. É esse ciclo que vai garantir a perenidade das organizações. Os administradores são preparados para atuar em todas essas frentes, o que também significa gerenciarem todos os tipos de recursos internos (pessoas, finanças, tecnologias, insumos, entre outros) e serem hábeis nas relações com os atores externos (fornecedores, clientes, governos, concorrentes e imprensa, por exemplo). Agir dessa forma é algo estratégico para a empresa, e é por isso que profissionais com esse perfil são tão desejáveis.

O problema não é querer ganhar dinheiro. O problema é querer ganhar dinheiro a todo custo, sem enxergar fronteiras ou limites. É aí que entram em cena as dimensões do ESG: ambiental, social e governança.

Como visto no Capítulo 1, as estratégias de marketing seguem determinado percurso:

- Segmentação de mercado;
- identificação e seleção do público-alvo;
- diferenciação e posicionamento de mercado; e
- elaboração dos chamados 4 Ps (produto, preço, promoção e praça/distribuição).

Ao passo que nas três primeiras etapas a empresa ainda está no campo do planejamento e organização de suas atividades, na elaboração dos 4 Ps podemos dizer que ela passa para a prática.

Para confeccionar o produto é necessário matéria-prima. Ela também é necessária para a fabricação da embalagem. Em adição a ela, o setor de produção provavelmente utilizará água e energia, que também são insumos, além de pessoas para executarem essa tarefa. Nesse momento, temos a conexão das **atividades iniciais de marketing** (busca por matérias-primas e a fabricação do produto) da empresa com as **dimensões do ESG:**

- **Dimensão E (ambiental):** A busca por matérias-primas e a fabricação do produto pressupõe o uso de recursos naturais, bem como gera uma gama de impactos ambientais, grande parte deles sendo negativos.
- **Dimensão S (social):** A busca por matérias-primas e a fabricação do produto pressupõe a utilização de mão de obra, necessitando de cumprimento de obrigações legais e trabalhistas, além de ser necessária uma eficiente gestão de pessoas a fim de organizar o trabalho e mediar os conflitos.
- **Dimensão G (governança):** A busca por matérias-primas e a fabricação do produto pressupõe planejamento e organização por parte da empresa, devendo se pautar por práticas legais, transparentes, éticas e responsáveis na condução de seus processos, controles e procedimentos.

Alguém provavelmente deve estar se perguntando: "Mas, Ricardo, até pouco tempo atrás as empresas desenvolviam as suas estratégias de marketing sem se preocuparem com aspectos ambientais, sociais e de governança, sendo que muitas delas tiveram sucesso e cresceram. **Por que agora tem que ser diferente?**"

Logicamente, a minha resposta será concordar com a afirmação inicial do interlocutor. Realmente, as empresas tiveram sucesso na onda do "capitalismo shareholder", que comentamos no capítulo anterior e que tinha por base o "o lucro como o objetivo principal". A exploração desenfreada dos recursos naturais, o entendimento de que a poluição significava desenvolvimento e progresso (foi citado o exemplo da cidade de Cubatão no livro *A força do ESG*, [2024, Alta Books]), a falta de um comprometimento maior com as questões sociais e a pouca transparência em suas ações eram características de muitas dessas "empresas do passado". Soma-se a isso as inúmeras dificuldades de saber exatamente quais eram as atividades realizadas pelas organizações. Em um mundo de tecnologias de comunicação mais modestas era difícil provar e compartilhar os erros cometidos pelas organizações.

Mas como dito no capítulo anterior, tudo isso mudou com o advento da internet, o avanço da tecnologia, a melhoria dos canais de comunicação, o surgimento das redes sociais e, por fim, mas não menos importante, as modificações sociais e ambientais pelas quais o planeta passou nas últimas décadas.

"Por que agora tem que ser diferente?", foi a pergunta. A resposta não poderia deixar de ser mais precisa:

> "Porque o mundo mudou. Porque agora as pessoas e os governos possuem mais informações. Porque agora é mais fácil ter instrumentos para cobrar, juntar provas e coibir as ações negativas realizadas pelas organizações, seja elas do tipo que forem."

Dessa forma, **as "empresas do presente" não conseguirão mais atuar como operavam as "empresas do passado"**, mesmo que a maioria delas ainda faça parte desse "passado". As mudanças que o mundo sofreu, principalmente a partir dos anos 2000, obrigam as empresas a adotar uma nova postura e é um caminho sem volta.

E o ESG? Bem, o ESG nada mais é do que limites que a sociedade impõe à atuação das organizações tanto em termos ambientais, como em questões sociais e de governança. Sobreviver ao mundo dos negócios de agora em diante pressupõe ser transparente, ético e atender aos critérios ESG.

Por isso, ao falar de marketing e ESG, podemos dizer que:

> O marketing é a ferramenta para a **fabricação e venda** dos produtos, ao passo que o ESG impõe os **limites necessários** às atividades da empresa.

Notem que mencionei "fabricação e venda dos produtos". Mas o que exatamente é um produto? É apenas aquele bem físico que compramos em um supermercado, por exemplo? Em um sentido mais amplo, o produto é muito mais do que isso.

Kotler e Armstrong, no excelente livro *Princípios de marketing*, destacam que um produto pode ser definido como algo que pode ser oferecido a um mercado para apreciação, aquisição, uso ou consumo e que pode satisfazer as necessidades e os desejos de pessoas ou organizações. De forma mais ampla, ele inclui não somente bens tangíveis, mas também serviços, eventos, pessoas, lugares, organizações, ideias ou uma mescla de todas essas entidades. Representa o elemento-chave da oferta ao mercado[1].

Dessa forma, quando eu me refiro à "fabricação e venda dos produtos", vocês podem subentender que nessa frase também há a prestação dos diversos tipos de serviços que deverão se atentar igualmente às necessidades das práticas ESG.

3.2 Por que as empresas não podem mais atuar sem os limites estabelecidos pelo ESG? Já ouviram falar do "contrato social"?

Para iniciar este tópico, vou me permitir a fazer uma comparação. As crianças e os adolescentes gostam de brincar, de ter liberdade e podem extrapolar suas atitudes se não houver a imposição de limites por parte dos pais ou de algum adulto responsável.

Imaginemos que uma senhora esteja passando na rua, e uma criança de 10 anos jogue água nela. Essa senhora procura os pais da criança e lhes conta o que ocorreu. **É de se esperar que** os pais chamem a atenção do filho. Mas longe de isso representar apenas uma repreensão da criança, a medida tem **efeitos educativos**, pois o menor vai compreender que não pode fazer tudo o que quer. Ele aprenderá que existem coisas que pode fazer e outras que não pode fazer. E uma delas é jogar água nas pessoas, por exemplo.

Se não forem impostos limites a essa criança, a sociedade decerto acabará lhe impondo limites, seja na escola, na universidade, no trabalho ou em grupos em que ela venha a participar. Eu me lembro de que, quando estudava no ensino fundamental, na Escola Polivalente, na cidade de Ubá, Minas Gerais, uma professora sempre dizia:

O seu direito termina quando começa o direito dos outros.

Fica bem claro que estabelecer limites não significa privar ninguém de sua liberdade, mas sim definir regras para que as pessoas possam conviver em sociedade. Quando alguém deixa de cumprir com essas regras, faz-se necessário chamar a atenção ou punir o infrator, o que exercerá um importante efeito pedagógico.

Nesse contexto, chegamos a um ponto interessante: a explicação do que é um **contrato social**. Esse é um termo que possui dois entendimentos, ambos válidos e, de certa forma, conectados.

Na primeira interpretação, a nossa discussão se aterá a uma explicação que tem um componente, digamos, mais "filosófico". Tem a ver com um nome pouco conhecido pelas pessoas e empresas: **contratualismo**.

O contratualismo, defendido por diversos filósofos, foi uma das teorias que marcaram o surgimento da sociedade e o do contrato social. É uma teoria filosófica e política que está relacionada a uma **espécie de pacto entre as pessoas**. A partir dessa teoria surgiu o nome "contrato social". Dessa forma, o contrato social estabelece as leis, a moral, os costumes e um conjunto de instituições para que a convivência em sociedade seja mais harmônica. Sendo assim, o contratualismo é uma escola do pensamento que parte do princípio de que é **preciso impor limites e estabelecer regras para o bom convívio social**[2].

A teoria contratualista surgiu no século XVII na Inglaterra e foi escrita pelo teórico político inglês Thomas Hobbes. No entanto, cada filósofo da época defendia concepções e ideias diferentes em relação a essa teoria e ao surgimento do pacto social ou contrato social. De acordo com Hobbes, ela foi criada para determinar a **transição entre o estado de natureza e o pacto civil**. Dessa forma, ela tenta explicar os motivos pelos quais a humanidade deixou de viver livremente e aderiu ao Estado social. Os principais filósofos que defendiam a teoria que deu origem **à** sociedade, ou seja, o contratualismo, foram Thomas Hobbes, John Locke e Jean-Jacques Rousseau[2].

Como muitas outras teorias, o contratualismo sofreu inúmeras críticas que não serão objeto de nossa discussão. Se me permitem, gostaria de destacar um aspecto mais importante, no meu entendimento, a respeito do contratualismo:

> "O contratualismo é uma escola do pensamento que parte do princípio de que é **preciso impor limites e estabelecer regras para o bom convívio social".**

Isso vem bem ao encontro do que dissemos sobre o 'ESG impor os **limites necessários** às atividades da empresa'. Nesse contexto, agora precisamos falar da outra interpretação de contrato social, que está mais relacionada com as organizações.

O Contrato Social é um **documento jurídico, como a certidão de nascimento de uma empresa**. Nesse documento constarão todos os dados básicos do negócio: quem são os sócios, qual é o endereço da sede, quais são os deveres de cada sócio com o empreendimento, qual é o ramo de atuação, entre outros aspectos. No caso do Brasil, toda empresa necessita de um contrato social para poder operar e se registrar nos órgãos públicos, exceto os microempreendedores individuais (MEIs), que não precisam de contrato social[3].

Considerem um aspecto bem interessante quando comparamos pessoas e organizações:

Ao passo que as **pessoas físicas** nascem e automaticamente passam a existir (sei que é bem filosófico e estranho pensar assim), as **pessoas jurídicas são AUTORIZADAS a existir pela sociedade, por meio de um documento ou registro. É algo bem diferente.**

Assim, dizemos que, além das pessoas físicas ou naturais, passou-se a reconhecer, como sujeito de direito, **entidades abstratas**, **criadas pelo homem**, às quais se atribui personalidade. São as denominadas pessoas jurídicas, que, assim como as pessoas físicas, são criações do direito[4].

Sobre as pessoas jurídicas, que incluem as empresas, fiz questão de destacar, na frase anterior, as expressões "entidades abstratas" e "criadas pelo homem". Isso porque é importante sempre nos lembrarmos de que as pessoas jurídicas somente existem devido ao homem e para o homem. Dessa forma, podemos dizer que:

Quando há rearranjos e reorganizações na sociedade em que vivem as pessoas físicas, as pessoas jurídicas, que são criadas pelas pessoas físicas, forçosamente deverão acompanhar essas mudanças e se adequar.

E foi o que aconteceu com as grandes mudanças pelas quais a sociedade passou nos últimos tempos, com o surgimento da internet, o avanço da tecnologia, a melhoria dos canais de comunicação, a proliferação das redes sociais e, principalmente, as modificações sociais e ambientais em curso na Terra.

Se as pessoas físicas passaram a ser impactadas por essas mudanças e precisam se readequar, por que as pessoas jurídicas não haveriam de se adaptar?

E isso se traduz pelas medidas que a sociedade impõe às organizações para frear as alterações indesejadas, sobretudo aquelas relacionadas às mudanças climáticas. Uma dessas medidas são os limites impostos pelo ESG. Não é clichê, mas a grande verdade é que:

ESG não é tendência de mercado. ESG é sobrevivência no mercado!

Algumas organizações podem não concordar com isso e apontar as possíveis falhas do ESG. Falaremos sobre isso no final deste livro. Mas a questão é que algo precisa ser feito urgentemente para manter as condições de habitabilidade do planeta. Mesmo que tenha alguns pontos a melhorar, o ESG é uma dessas alternativas.

3.3 Que impactos o ESG exerce sobre as estratégias de marketing das organizações?

Entendendo as dimensões do ESG (ambiental, social e governança) como certos limites impostos às atividades da empresa — que incluem as estratégias de marketing —, podemos analisar seus impactos no dia a dia das organizações.

Quando as empresas são verdadeiramente comprometidas com o ESG, elas podem explorar o tema de maneiras variadas para aumentar o engajamento dos clientes e atrair investimentos. Afinal, a percepção de valor da organização aumenta à medida que a comunicação institucional repercute valores alinhados com o que se espera de empresas preocupadas com um futuro melhor. Assim, isso vale tanto para o segmento business-to-consumer (B2C), no contato com consumidores finais, quanto para o business-to-business (B2B), no qual o rigor para a seleção de fornecedores que tenham boas práticas de mercado tem crescido nos últimos anos[5].

Muitas vezes, a oportunidade de entrar nessa área vem por meio do aporte de investidores e de fundos que passaram a aplicar capital em empresas comprometidas com critérios ambientais, sociais e de governança. Há muito dinheiro nesse mercado, inclusive. Segundo a Associação Brasileira das Entidades dos Mercados Financeiro e de Capitais (Anbima), o número de fundos de ações enquadrados nessa temática aumentou 74% na comparação entre 2008 e 2022. Desse modo, o patrimônio investido nessa classe de ativos dobrou, passando de R$1,03 bilhão para R$2 bilhões. Encorpando a tendência, a quantidade de brasileiros interessados em investir em empresas ESG cresceu segundo um estudo conduzido pela consultoria EY. Para eles, diversidade, propósito social e compromisso ambiental são fatores considerados na hora de escolher empresas a serem investidas[5].

Uma das primeiras medidas para melhorar a visibilidade do negócio com base no ESG é conhecer a fundo os consumidores. É fundamental entender os assuntos que são importantes para eles, suas as preocupações em relação ao tema e o que esperam do posicionamento da empresa. Uma marca voltada ao público feminino, por exemplo, tende a dar mais destaque a questões relacionadas ao S (o lado social do ESG), a defender programas de combate à violência doméstica ou então a fomentar ações de equidade no mercado de trabalho[5].

Toda estratégia de divulgação pode ser alimentada por temas ESG, desde a comunicação de resultados internos obtidos a partir da mudança de hábitos, como a diminuição de emissões de gases poluentes e a economia no uso da água, até a divulgação de entrevistas sobre o tema. Então, é recomendável que os conteúdos abordem toda a jornada de ações que possa valorizar o desempenho da organização. Nesse sentido, não pode faltar a divulgação de relatórios e a prestação de contas públicas para atestar o compromisso estratégico com o tema. Mas a regra de ouro deve ser comunicar apenas o que efetivamente faz parte das iniciativas da empresa[5].

Como o ESG é um movimento de dentro para fora, as ações direcionadas aos colaboradores também importam. Seguindo o mesmo exemplo de uma empresa voltada para o público feminino, a estratégia de marketing interno pode impulsionar campanhas de desenvolvimento de mulheres, além de estimular ações de diversidade. Para isso, é importante que o exemplo seja dado e que haja espaço para uma maior participação de mulheres na liderança. Nesse caso, elas próprias podem ajudar a propagar a preocupação com o tema[5].

Alinhar as estratégias das empresas com as questões ambientais, sociais e de governança é um dos grandes desafios do mundo dos negócios. Para superar essa barreira, é preciso que as empresas mudem a perspectiva sobre o marketing e passem a utilizar essa área dos negócios de uma forma positiva[6].

Alguns autores chamam a relação entre o ESG e o marketing de **ESG Marketing**, que pode ser caracterizado como um dos passos para uma estratégia de marketing, sendo também um conceito mais amplo para a gestão corporativa dos negócios. As estratégias de ESG Marketing se tornam mais comuns entre as empresas a cada ano. No entanto, os clientes conseguem reparar facilmente em marcas que usam o ESG apenas como marketing, diferenciando-as daquelas que realmente aplicam esse conceito na prática[7].

Podemos elencar três benefícios em divulgar seu propósito com ESG Marketing[7]:

1. **Fortalece a imagem da marca:** Se o seu cliente se preocupa com questões relacionadas ao ESG, faz sentido que a sua marca interaja com esses assuntos — claro, de forma verdadeira e natural. Assim, você estará investindo em fortalecer a imagem da marca de forma positiva, não só para os clientes, mas também para o mercado como um todo. Afinal, ações inovadoras e sustentáveis atraem investidores além de tudo.
2. **Impacta a sociedade:** Preocupar-se genuinamente com a responsabilidade social pode ter um impacto positivo na comunidade ao redor, ainda mais oferecendo ações, eventos e outras opções para gerar oportunidades, educação, saúde e mais benefícios. Afinal, apesar de você usar o ESG dentro da estratégia de marketing para se aproximar de clientes, esse conceito é, antes de tudo, relacionado à preocupação com o mundo em que vivemos, com a nossa sociedade e com o meio ambiente.
3. **Atrai e fideliza clientes:** Além de engajar com o público-alvo, o ESG Marketing lhe permite atrair clientes que se identificam com esses valores de responsabilidade social. Por criar estratégias ao longo da jornada desse cliente, também será possível fazer com que ele estabeleça um relacionamento duradouro com a marca, levando à fidelização.

O marketing passa a ter um novo papel quando pensamos nas práticas ESG. Em empresas que não incorporaram ESG ao propósito do negócio, ocorre um fenômeno que pode ser identificado claramente. Nesses casos, a área de Marketing das empresas é chamada a "**dourar a pílula**", posicionando a companhia de uma forma mais favorável junto aos stakeholders. Isso é particularmente (e infelizmente) real em negócios com um histórico complicado em ESG. São empresas que, ao longo do tempo, deram pouca ou nenhuma atenção a casos de racismo, problemas com fornecedores, má qualidade de produtos, processos produtivos altamente tóxicos e práticas contábeis questionáveis. Tradicionalmente, essas empresas utilizam as práticas de Marketing como uma forma de **encobrir problemas** ou de fazer com que eles pareçam menos graves do que realmente são[6].

Esse tipo de postura é aceito cada vez menos, o que, sem sombra de dúvidas, é positivo. Seja pelas manifestações nas redes sociais ou pelo boicote à compra de produtos da marca, os negócios têm percebido mais claramente os efeitos negativos de deixarem de dar atenção aos aspectos ESG do negócio. Com isso, abre-se uma oportunidade para reposicionar o Marketing e fazer com que ele contribua para disseminar boas práticas ESG, dentro e fora das empresas. Internamente, o endomarketing pode ajudar a **comunicar o propósito** e o DNA do negócio aos colaboradores. Externamente, a comunicação tempestiva com o mercado, com a imprensa e com os consumidores e a transparência na divulgação de metas, processos e práticas criam um círculo virtuoso que leva a empresa a acumular "capital social" para ultrapassar períodos mais delicados[6].

Perceba que o marketing aliado ao ESG não se dispõe a jogar os problemas para debaixo do tapete, como acontecia antes. O objetivo é criar um loop de comunicação constante, transparência e informação para que os problemas sejam identificados rapidamente e, logicamente, corrigidos assim que possível[6].

Quando o marketing está efetivamente alinhado com as práticas ESG, servindo para comunicar o propósito da empresa e seu comprometimento socioambiental, o ESG acaba se tornando um importante instrumento de divulgação do próprio marketing da companhia, como podemos ver na figura a seguir. O ESG se torna a bandeira principal da empresa, o que certamente contribuirá para atrair novos investidores e reter os que já estão na organização.

Assim, podemos dizer que o ESG Marketing consiste em promover as iniciativas de sustentabilidade, esforços de responsabilidade social e práticas comerciais éticas de uma empresa como parte da sua identidade de marca e das campanhas de marketing. Isso pode incluir destacar condutas ecologicamente responsáveis, iniciativas com impacto social, esforços para promover a diversidade e inclusão, gerenciamento responsável da cadeia de suprimentos, práticas transparentes de governança corporativa, entre outros[8].

Ao posicionar uma empresa como uma companhia responsável e sustentável, o ESG marketing tem o objetivo de atrair consumidores cada vez mais conscientes das questões ambientais e sociais, os quais podem preferir apoiar organizações alinhadas aos seus valores. Ele também pode auxiliar na atração de investidores socialmente responsáveis e no fortalecimento dos

relacionamentos com outros stakeholders, como funcionários, comunidades e órgãos reguladores. No entanto, é fundamental que as empresas envolvidas no ESG marketing assegurem que suas comunicações ESG sejam precisas e respaldadas por evidências confiáveis, pois práticas de *greenwashing*, ou declarações ESG falsas ou exageradas, podem acarretar riscos jurídicos e de reputação. As companhias também devem integrar os princípios ESG em suas estratégias e operações gerais de negócio, em vez de utilizá-los apenas para fins de marketing, para garantir que estejam genuinamente comprometidas com a sustentabilidade e práticas responsáveis[8].

Um bom exemplo de como o marketing pode ajudar uma empresa a construir capital ESG de forma sincera é uma companhia que divulga suas metas socioambientais para o mercado e cria um canal de comunicação para receber feedback. Evidente que esse feedback deve ser efetivamente ouvido e aplicado em melhorias. Nesse caso, o ciclo se fechará com a comunicação do que a sociedade cobrou ou sugeriu do negócio e o que está sendo feito para atender essas demandas[6].

Torna-se necessário superar barreiras culturais para que isso aconteça. Os negócios não podem mais ser vistos como donos de si mesmos, pois eles são plataformas através das quais os consumidores podem expressar sua personalidade e visão de mundo. Dessa forma, as marcas precisam buscar melhorias constantes em processos, práticas e comunicação para continuarem alinhadas aos consumidores. Geralmente, esse alinhamento gera resultados, pois os clientes tendem a interagir mais com a marca, ir mais às lojas, comprar mais do seu produto e ter mais tolerância a eventuais erros. E é **função do Marketing fazer essa conexão entre as práticas ESG da empresa e a sociedade** — em prol do bem de todos, sim, mas também gerando resultados de crescimento para os negócios[6].

Esse "novo marketing" não diz respeito apenas a vendas. A empresa precisa ter um olhar e posicionamento para o mundo. Precisa estar inserida, respeitar e ajudar a sociedade a evoluir. Nos últimos anos, o ESG se tornou o foco no mundo dos negócios. A sustentabilidade deixou de ser um ponto relevante apenas para os investidores. A proteção ambiental, a justiça social e o gerenciamento ético cresceram em importância e significado para consumidores. E isso ocorre principalmente entre a nova geração, pois à medida que se tornam empregadores, empregados, investidores e compradores, as empresas que têm engajamento social, respeito ao meio ambiente e funcionários engajados acabam se tornando ainda mais relevantes. Embora a ideia de sustentabilidade não seja recente, as empresas que apostam em projetos de ESG, como responsabilidade ambiental, gerenciamento ético e tratamento justo aos trabalhadores, podem ampliar e muito a lealdade dos consumidores e o valor da marca[9].

Com compradores cada vez mais exigentes, a preocupação com ESG pode fazer a diferença nos dividendos. Por exemplo, um relatório da BoF & McKinsey estima que 60% dos millennials (nascidos após o início da década de 1980 até aproximadamente a primeira metade de 1990), gastam mais em marcas com responsabilidade e comprometimento social. Inserir esforços, estratégias e relatórios de ESG nas estratégias de negócios e comunicá-las através do marketing pode garantir a longevidade para o negócio. Para Breno Barros, "não dá mais para descartar em qualquer ação de marketing a inclusão, a diversidade, a preocupação com o meio ambiente, a preocupação com o ecossistema". O conceito de "vender por vender" torna-se cada vez mais repreensível, principalmente para uma geração que condena o consumismo descontrolado e a degradação ambiental[9].

Em longo prazo, apostar em comunicar as ações de ESG tem tudo para fazer a sua marca se tornar socialmente relevante, além de gerar uma vantagem competitiva sobre outras empresas. Melhorias no ambiente de trabalho, diversidade no corpo técnico, posicionamentos sobre meio ambiente e justiça também podem gerar resultados interessantes em números. Para isso, porém, é necessário que o ESG seja inserido na cultura da empresa. O foco deve ser em valores que tenham relação com a sua empresa. O trabalho de ESG deve ser contínuo e real. Em um mundo onde todos nós estamos conectados o dia todo, é importante que a história que a sua companhia está contando seja verdadeira, não apenas "relações públicas criativas". Afirmar ter valores socioambientais e usá-los apenas como estratégia de marketing é uma prática de *greenwashing*. A transparência é muito importante quando se trata de processos de ESG. Maquiar uma verdade pode facilmente fazer sua empresa se tornar o alvo de uma crise de imagem. Escolha projetos que tenham relação com sua organização e comunique-os com verdade. Valorize a proatividade, destaque os esforços, o cumprimento de metas estratégicas e as histórias que entregam valores relevantes para seu público[9].

Também é importante que a narrativa seja simples e clara, de fácil compreensão para acionistas, empregados e consumidores. Pense sobre o que torna a sua empresa única, na sua missão, valores e metas. É importante ser informativo ao relatar ações de ESG. De acordo com o *Journal of Advertising Research*, **os consumidores valorizarão sua mensagem de ESG apenas se eles não a reconhecerem como promocional.** Dessa forma, trabalhar o marketing como um setor estratégico é entender quais insights dessa área poderão expandir os resultados. Usar o direcionamento de líderes da área que, com empatia e criatividade, observam mudanças no mercado, pode criar soluções para negócios mais sustentáveis, tanto do lado financeiro, como do socioambiental[9].

Considerando que toda marca reflete o relacionamento entre empresas e consumidores, é preciso levar em conta a **percepção de valor** alcançada pela marca no mercado, uma vez que ela está ligada às crenças e aos valores do público. E isso é válido para qualquer tipo de relação, seja B2B ou B2C. Quando notamos as boas práticas da marca, especialmente quando elas estão alinhadas aos princípios de ESG, esses valores são rapidamente percebidos e experimentados mais profundamente. Considerando, então, que o consumo consciente figura como um dos pilares desse novo conceito de capitalismo, a consequência para as marcas será um olhar para seus serviços, experiências e produtos apoiados por ações reais pensadas no equilíbrio entre a sociedade, o planeta e os resultados alcançados pelas empresas[10].

Por isso, uma das alternativas possíveis para as empresas que ainda não ocuparam "lugares de fala" no mercado, ou que não alcançaram visibilidade em determinados movimentos, é participarem e se envolverem em debates e causas relacionadas ao tema. As empresas que ficaram atentas para a necessidade de agir nesse processo de transformação ESG entenderam a **estratégia poderosa de realização de parcerias com startups** capazes de resolver cada questão a ser abordada, em vez de elaborar soluções internas para cada aspecto do negócio. Essa é uma forma mais eficaz e financeiramente vantajosa, uma vez que não há necessidade de investir em testes a fim de encontrar os processos mais adequados. A solução usada já foi testada e comprovada por essas startups de ESG, que já são conhecidas como ESG *Enablers* (facilitadoras). O interesse nessas soluções é fazer a transição para a economia circular, diminuindo a pegada de carbono e tornando-se socialmente inclusiva[10].

É possível realizar um planejamento de ESG Marketing aplicando-o em sua empresa para melhorar seu posicionamento e a reputação da marca. Entendemos que a realização de um desejo é um importante diferencial competitivo para as empresas e passa por uma estruturação de governança. Assim, o cuidado com a imagem da marca e com o que está sendo comunicado faz parte do processo para transformar culturas. A reputação de uma empresa é algo valioso, e as companhias perdem posições importantíssimas pelo fato de não manterem uma governança consciente em relação às práticas de ESG. Para que essas ações sejam visíveis, é preciso mais do que simplesmente "levantar a bandeira", é preciso demonstrar claramente como e por que a sua empresa faz o que faz[10].

Nesse contexto, um dos pilares da Governança Corporativa é a transparência, que integra o conceito de ESG. Com isso, as marcas não focam somente em propaganda, mas começam a estruturar uma reputação ajustada aos apelos da sustentabilidade. Primeiramente, é necessário reconhecer, conscientizar-se e perceber que a sua marca faz parte de um todo e, assim, entender como e quando a mudança será possível. Em seguida, é preciso envolver todos os integrantes da empresa, de todos os níveis, em um esforço conjunto. Afinal, ninguém promove mudanças tão impactantes sozinho. Depois desse primeiro movimento em direção às mudanças, a empresa deve avaliar suas condições materiais para começar sua jornada rumo às práticas ESG Marketing[10].

Deve-se entender claramente que essas práticas não constituem um fim em si mesmas, mas podem contribuir com uma enorme **geração de valor**. A simples estruturação de uma iniciativa como essa pode representar uma grande força para a **inovação**, fortalecendo novas maneiras de entregar serviços e produtos. Por exemplo, a empresa pode repensar o ciclo de vida de um produto, levando-se em conta a economia circular. No entanto, um mercado tão competitivo exige atuações cada vez mais certeiras dos profissionais da área de marketing para produzir bons resultados. Do mesmo modo, esses planos devem ser resilientes e fortemente embasados em inovação e tecnologia. Ao lado das atividades próprias das funções dos líderes, há outra classe de responsabilidade crescendo o tempo todo. Trata-se da liderança da cultura *growth hacker* (marketing orientado a experimentos) e da inovação, que analisa não apenas como vender algo, mas também como levar sustentabilidade ao negócio[10].

Diante das novas necessidades de mercado, voltadas à proteção ao meio ambiente, bem como às transformações socioculturais, o ESG Marketing é fundamental nas ações de divulgação. Já sabemos que não basta vender; é preciso pensar nas consequências dessa venda como um todo. Só assim poderemos ser mais racionais em nossas práticas de consumo[10].

É perceptível que as marcas estão se comprometendo cada vez mais com a esfera ambiental e social. O ESG vem se tornando cada vez mais forte ao redor do mundo nos últimos anos, e tem tudo a ver com marketing. Várias áreas estão sendo criadas dentro das empresas e precisam estar interligadas com o marketing. Em março de 2021, a Unilever, a gigante global de bens de consumo, apresentou um plano global de práticas ESG. Entre os principais compromissos anunciados pela marca está o de zerar as emissões de todos os seus produtos até 2039. A empresa também quer ter uma cadeia livre de desmatamento para ingredientes como óleo de palma. Além disso, usará embalagens 100% reutilizáveis, recicláveis ou compostáveis e utilizará apenas ingredientes biodegradáveis até 2030[11].

Mas não é só o meio ambiente que receberá uma atenção maior da Unilever. O compromisso social da marca será colocado em prática através de diversidade, inclusão, aumento do padrão de vida e perspectiva de futuro. Como exemplo disso, a empresa garantiu que 70% de seu portfólio estará alinhado aos padrões nutricionais da Organização Mundial da Saúde (OMS). Segundo Fabian Garcia, presidente da Unilever da América do Norte, as medidas adotadas até agora geraram um resultado positivo. "**Estas práticas fizeram com que economizássemos dinheiro.** Desde 2008, evitamos um custo de €1,2 bilhão como resultado de medidas de sustentabilidade e eficiência", explicou Garcia[11].

Outro exemplo interessante de uma empresa nacional que alinha a estratégia da marca com as estratégias ESG é a Natura. O grupo, que é o quarto maior no ranking mundial de empresas de beleza, alcançou o maior valor de mercado de sua história em 2021. "O nosso modelo de negócio foi desenvolvido para a geração de impacto social e ambiental", explicou João Paulo Ferreira, CEO da Natura & Co. Em agosto de 2020, a Natura teve uma alta de 6,7% nas ações após a campanha de dia dos pais. A propaganda gerou polêmica por ter o ator transexual Thammy Miranda como protagonista. Mesmo recebendo ataques transfóbicos como resultado da campanha, a Natura ganhou outros inúmeros fãs alinhados com o seu propósito inclusivo. A marca obteve mais de 20 mil seguidores no Instagram em um único dia, um número maior que a média habitual[11].

É certo que um dos objetivos do marketing com foco em ESG é comunicar aos clientes que a empresa está comprometida com a sustentabilidade e a responsabilidade social. Isso pode ser feito por meio de ações de marketing, tais como campanhas publicitárias, eventos e patrocínios e também por meio da incorporação de práticas ESG nas atividades cotidianas da empresa. Dessa forma, uma das principais vantagens do marketing com foco em ESG é que ele pode ajudar a empresa a se **diferenciar da concorrência**. Isso é particularmente importante em setores altamente competitivos, onde os produtos e serviços são muito semelhantes entre si. Ao se destacar como uma empresa que se preocupa com o meio ambiente e com a comunidade, a empresa pode conquistar novos clientes e fidelizar os já existentes[12].

Também podemos destacar que outra vantagem do marketing com foco em ESG é que ele pode atrair investidores que buscam empresas socialmente responsáveis e sustentáveis. Os investidores estão cada vez mais preocupados com as questões ESG e procuram empresas que possuem um compromisso com esses critérios. Ao comunicar suas práticas ESG por meio do marketing, a empresa pode atrair investidores e aumentar seu valor de mercado[12].

A consciência sobre o impacto das empresas no planeta está moldando o comportamento do consumidor brasileiro. No país, 67% das pessoas afirmam possuir o hábito de se informarem sobre as práticas ESG de uma empresa antes de adquirirem um produto. Ao descobrirem que uma marca sustenta práticas que prejudicam o meio-ambiente, 57% já desistiram de fechar uma compra, conforme aponta o Relatório ESG e Sustentabilidade, realizado pela Opinion Box. No Brasil, o tema ganhou força durante a pandemia. Em 2021, as buscas pela sigla ESG atingiram o nível mais alto em dezesseis anos, segundo a plataforma Google Trends. O interesse se mantém crescente e já foi incorporado por algumas empresas como uma **estratégia**

de posicionamento de marca em um mercado cada vez mais competitivo e atento a essas questões[13].

É importante destacar que as ações em prol de um futuro mais sustentável não afetam apenas a percepção dos consumidores. Como dito anteriormente, esse compromisso exerce um impacto direto nos investimentos que uma empresa pode receber. Estima-se que a agenda ESG atrairá US$53 trilhões em investimentos nos próximos anos, segundo a Bloomberg. Isso significa que a observação das diretrizes sustentáveis se tornará cada vez mais um diferencial para a competitividade. O crescimento da popularidade do tema pode levar marcas e empresas a pecar com o *greenwashing*. O termo descreve a má utilização da pauta social, ambiental e ética como mera ferramenta de Marketing, sem o compromisso autêntico com mudanças reais — um pecado que, naturalmente, impacta negativamente a reputação de qualquer negócio[13].

Além disso, a adoção de artifícios para mascarar a falta de compromisso real com a agenda ESG denuncia ainda a falta de visão dos gestores e de compromissos éticos sérios com preocupações globais por parte de algumas empresas. Nesse sentido, evitar a mudança e a adequação aos novos tempos significa o atraso do próprio crescimento. Em resumo, a adoção do ESG descreve, além de uma decisão ética, uma estratégia de fortalecimento institucional, de retenção e aquisição de talentos. A partir desse posicionamento, as empresas vêm se alinhando aos valores que atualmente encantam e conquistam tanto os consumidores quanto os investidores[13].

O ESG tem um papel fundamental na **geração de valor** para as organizações. Segundo a consultoria McKinsey, existem pelo menos cinco formas pelas quais uma estratégia ESG bem desenvolvida cria valor para as empresas[6]:

1. **Crescimento do faturamento:** Produtos mais sustentáveis tendem a atrair mais clientes, tanto no B2C quanto no B2B, além de desenvolver melhores relações com fornecedores e com governos.
2. **Redução de custos:** A redução no consumo de energia e o menor desperdício de materiais leva, no médio/longo prazo, a uma diminuição das despesas operacionais.
3. **Intervenções legais e regulatórias:** Negócios com boas práticas ESG têm uma possibilidade maior de obter apoio governamental e subsídios, além de atuar em mercados com menos regulação.

4. **Aumento de produtividade:** A busca por melhores práticas ESG aumenta a motivação das equipes e atrai talentos que querem atuar em empresas que compartilhem seu propósito.
5. **Otimização de ativos e investimentos:** A melhor alocação de recursos de longo prazo em equipamentos mais sustentáveis faz com que as empresas evitem investimentos ruins, que não se pagarão ao longo do tempo.

Em um ambiente mais instável, em que crises se econômicas, políticas e climáticas se sucedem (e muitas vezes ocorrem ao mesmo tempo), ter uma estratégia ESG sólida, bem estruturada e bem comunicada reforça a "licença social" para o negócio operar. E é aqui que o Marketing pode deixar de ser parte do problema e se tornar parte da solução[6].

Falamos sobre essa "licença social" ao comentarmos sobre o "contratualismo" e o "contrato social" no tópico anterior.

Uma pergunta natural que todos se fazem é como transmitir as práticas ESG no marketing. Em longo prazo, apostar em ESG tornará sua marca mais socialmente relevante e gerará uma vantagem em relação aos seus concorrentes. Porém, é necessário que o ESG seja inserido na cultura da empresa e que os executivos compreendam que existe uma relação direta com o marketing. Portanto, o foco da estratégia deve estar alinhado com valores que tenham afinidade com o seu negócio[11].

A transparência é um fator essencial na hora de comunicar os processos ESG. Se você optar por "maquiar" alguma coisa, uma crise de imagem poderá acabar acontecendo em resultado disso. Afinal, **o mundo de hoje está conectado 24h por dia**. Afirmar ter valores socioambientais apenas como estratégia de marketing, sem aplicá-los na prática, é errado e resultará em um grande risco futuro para a companhia. Na hora de transmitir a narrativa, é preciso ser claro e objetivo. Sua campanha precisa ser facilmente entendida por acionistas, empregados e consumidores. Em outras palavras, ao relatar ações de ESG, **o foco é a informação, não a promoção**[11].

3.4 Existem vários tipos de marketing ou o marketing é apenas um?

Quem trabalha com marketing nunca fica parado. Tem sempre um conteúdo novo para ler, um conceito novo para estudar, uma estratégia nova para aplicar. Sabem por quê? Porque o marketing acompanha as mudanças de comportamento da sociedade e precisa estar sempre se adaptando. É por isso que existem tantos tipos de marketing, que servem para diferentes situações, necessidades, canais, empresas e consumidores[14].

São mais de 80 **vertentes** para conhecer, analisar e aplicar nas suas estratégias. Listarei apenas algumas para conhecermos: marketing digital, marketing offline, outbound marketing, inbound marketing, marketing de conteúdo, marketing de performance, e-mail marketing, marketing de redes sociais, marketing de busca, mobile marketing, SMS marketing, marketing direto, marketing indireto, marketing estratégico, marketing reativo, marketing proativo, marketing de relacionamento, marketing de precisão, marketing de eventos, marketing promocional, endomarketing, marketing comercial, marketing B2C, marketing B2B, marketing institucional, marketing social, marketing de causa, marketing de produto, marketing de serviços, marketing de massa, marketing de segmento, marketing de nicho, marketing pessoal, marketing esportivo, marketing rural, marketing de luxo, marketing político, marketing internacional, marketing verde, marketing local, dentre outros[14].

Vocês devem ter reparado que a lista é enorme e, para não ficar extensa, coloquei apenas alguns dos ramos que considerei mais importantes. Fiz questão de deixar em negrito a palavra "vertentes", porque é isso mesmo. Não são novos tipos de marketing, mas sim vertentes ou ramos do "marketing original", aquele mesmo que aprendemos nos cursos de Administração e de Negócios.

Tenho visto algumas publicações apresentando diferentes tipos de marketing, algumas delas parecendo que "reinventaram a roda", com pretensas soluções mágicas e inovadoras sobre o tema. Falam, por exemplo, do marketing ambiental como um tipo diferente de marketing, o que dá a impressão de serem teorias diferentes e, até certo ponto, distintas.

Evidentemente, o estudo de diversos temas científicos sempre oferecerá a oportunidade de visões e interpretações diferentes das pessoas, o que, de certa forma, é salutar. Gosto de dizer que elas são perspectivas diferentes. Imagine um objeto no meio de uma mesa com várias pessoas ao redor. Dependendo do ângulo que cada pessoa estiver, a sua visão será diferente sobre o objeto. Ela poderá ver detalhes específicos do objeto que a pessoa que está na posição oposta a ela não pode ver. E isso é enriquecedor para o processo de geração de conhecimento.

Mas no caso específico do marketing, acho ser um exagero sugerir a criação de diferentes tipos de marketing, pois a teoria está bem solidificada depois de décadas de aplicação no meio empresarial.

Ao escrever este livro, imaginei que seria importante falar sobre o assunto até para poder desmistificar essa questão. Em meu entendimento, não são tipos diferentes de marketing, mas sim "vertentes" ou "ramos" do marketing original ou tradicional.

Uma boa forma de visualizarmos isso é pensarmos no "marketing tradicional" como as raízes e o tronco de uma árvore e nas diversas vertentes desse marketing como se fossem os seus ramos.

Assim, quando pensamos no marketing ambiental, por exemplo, não estamos "reinventando a roda". Utilizaremos toda a base do marketing tradicional; por exemplo, a segmentação de mercado, a identificação e a seleção do público-alvo, a diferenciação e o posicionamento de mercado e a elaboração dos 4 Ps (produto, preço, promoção e praça/distribuição). E o que muda no marketing ambiental em relação ao marketing tradicional? A atenção nas questões ambientais, que são importantes na elaboração do produto, bem como nos impactos ambientais da produção, entre outros.

Da mesma forma, no marketing digital, vamos pensar em toda a estrutura do marketing tradicional (o tronco que é a base do marketing) e em sua aplicação na internet e em outras ferramentas tecnológicas.

De maneira análoga, temos a teoria de comportamento do consumidor, que explica como nós, pessoas que compramos produtos e serviços, agimos e influenciamos o marketing das empresas. A teoria de comportamento do consumidor é a base para novas vertentes, como consumo sustentável, consumo privado e público, consumo final e intermediário, consumo conspícuo, dentre outros.

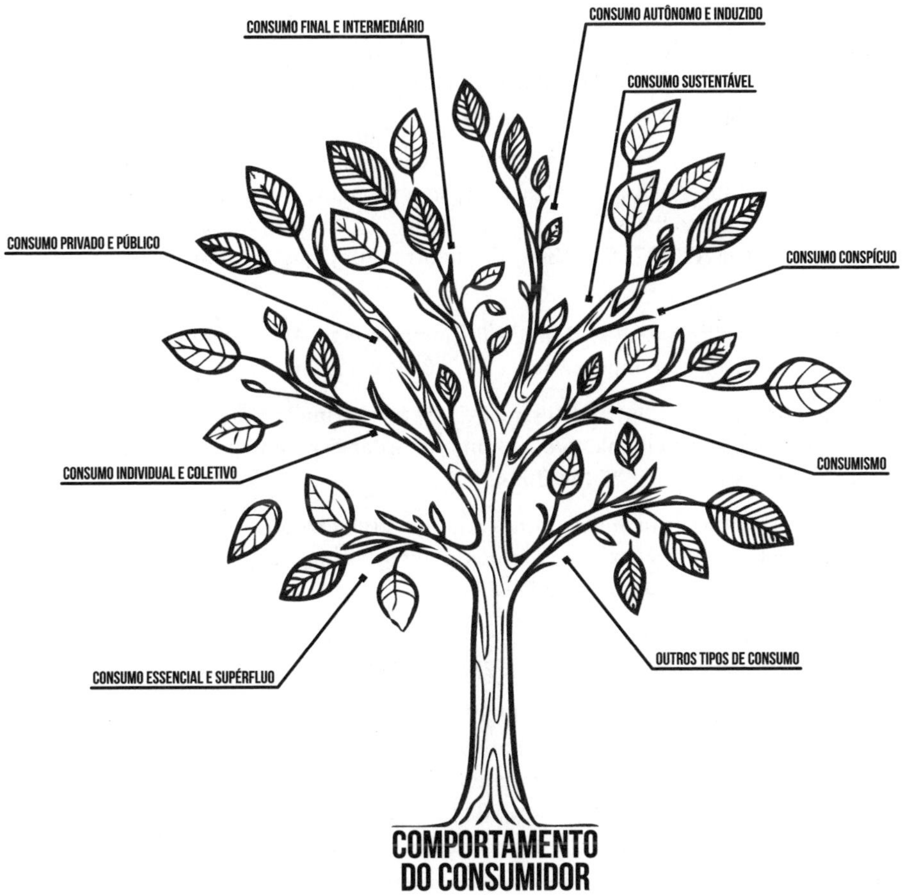

Algumas dessas vertentes do marketing e do comportamento do consumidor serão abordadas nos próximos capítulos. A ideia é que seja possível relacionar esses ramos com cada uma das letrinhas do ESG. Por exemplo, quando pensamos na dimensão E (ambiental), logo vem à nossa mente as estratégias de marketing ambiental da empresa. No caso da dimensão S (social), poderíamos pensar no marketing social, no marketing para causas sociais, no marketing pessoal, entre outros. E, por fim, em relação à dimensão G (governança), uma das possibilidades de análise é o endomarketing (ou marketing interno), o marketing digital e o marketing de relacionamento.

REFERÊNCIAS DO CAPÍTULO

1 KOTLER, P.; ARMSTRONG, G. *Princípios de marketing*. 18. ed. Porto Alegre: Bookman, 2023. 736p.

2 REIS, T. Contratualismo: como surgiu a teoria que deu origem ao contrato social. *Suno*, 6 abr. 2023. Disponível em: https://www.suno.com.br/artigos/contratualismo/. Acesso em: 24 fev. 2024.

3 GULARTE, C. O que é o Contrato Social e como obter um para sua empresa. *Contabilizei*, [202-?]. Disponível em: https://www.contabilizei.com.br/contabilidade-online/contrato-social/#:~:text=O%20Contrato%20Social%20%C3%A9%20um,de%20atua%C3%A7%C3%A3o%2C%20entre%20outras%20pontos. Acesso em: 24 fev. 2024.

4 PONTES DE MIRANDA, F.C. *Tratado de Direito Privado*. Atualizado por Vilson Rodrigues Alves. Campinas: Bookseller, 2001. v. 15, 443p.

5 Como abordar ESG dentro da estratégia de marketing? *Divibank*, [202-?]. Disponível em: https://www.divibank.co/blog/como-abordar-esg-dentro-da-estrategia-de-marketing. Acesso em: 25 fev. 2024.

6 PRIANTI, D. Marketing e ESG: como criar uma relação positiva. *Exame*, 6 jul. 2023. Disponível em: https://exame.com/bussola/marketing-e-esg-como-criar-uma-relacao-positiva/. Acesso em: 25 fev. 2024.

7 CURVELO, R. Entenda o impacto das práticas ESG no marketing da sua empresa. *Hubspot*, 12 maio 2023. Acesso em: 25 fev. 2024.

8 JULIO, E. Conheça os impactos do ESG Marketing para empresas e consumidores. *Avanti Marketing*, 16 jun. 2023. Disponível em: https://avantimarketing.com.br/tendencias/conheca-os-impactos-do-esg-marketing-para-empresas-e-consumidores/. Acesso em: 25 fev. 2024.

9 HANSEL, G. Marketing e ESG: mais lealdade e valor para sua marca. *Tabula*, [202-?]. Disponível em: https://www.tabula.com.br/blog/post/marketing-e-esg-mais-lealdade-e-valor-para-sua-marca. Acesso em: 25 fev. 2024.

10 ESG Marketing: como ir além da propaganda e atrair uma visibilidade real para sua agenda de propósito. *Amcham*, 1 ago. 2023. Disponível em: https://www.amcham.com.br/blog/esg-marketing. Acesso em: 25 fev. 2024.

11 ESG: o que tem a ver com marketing? *Lefil*, [202-?]. Disponível em: https://www.lefil.com.br/blog/esg-entenda-uma-das-principais-tendencias-do-mercado-e-o-que-tem-a-ver-com-marketing/. Acesso em: 25 fev. 2024.

12 Marketing e ESG: descubra como o ESG se conecta ao marketing das empresas. *PD News*, 2 mar. 2023. Disponível em: https://pt.linkedin.com/pulse/marketing-e-esg-descubra-como-o-se-conecta-ao-das-empresas. Acesso em: 25 fev. 2024.

13 MELLO, B. ESG torna-se cada vez mais crucial para o posicionamento das empresas. *Mundo do Marketing*, 11 ago. 2023. Disponível em: https://www.mundodomarketing.com.br/esg-torna-se-cada-vez-mais-crucial-para-o-posicionamento-das-empresas/. Acesso em: 25 fev. 2024.

14 CASAROTTO, C. Os 83 tipos de marketing principais, explicados e com exemplos visuais para você. *Rock Content*, 11 out. 2023. Disponível em: https://rockcontent.com/br/blog/tipos-de-marketing/. Acesso em: 25 fev. 2024.

Marketing e a letra **“E”** de **ESG** (aspectos ambientais)

4.1 As questões ambientais como fator a ser considerado pelo marketing

Impulsionados pela visão do capitalismo shareholder, na qual o objetivo principal de uma empresa deve ser sempre o lucro a todo custo, se perguntássemos aos empresários qual seria o fator principal de sucesso de suas organizações, muitos deles provavelmente diriam que é aumentar a produtividade e vender o máximo que pudessem. Logicamente, a consequência disso seria obter maiores lucros no negócio.

Parece muito lógico do ponto de vista empresarial. E parece ser algo que favoreceria a todos: a empresa, os fornecedores, os clientes, os empregados e o governo. Mas analisando friamente, isso é possível? Imagine se todas as empresas do planeta tivessem essa ambição. A Terra daria conta de oferecer seus recursos para atender a esses anseios empresariais?

Chegamos então a um conhecido problema econômico:

Os desejos do ser humano são ilimitados, mas os **recursos são limitados.**

Assim, fica a pergunta: "Como satisfazer os desejos ilimitados das empresas e das pessoas com recursos limitados?" Temos que os desejos humanos são constantes e infinitos devido à demanda em constante mudança da população. No entanto, os recursos para satisfazer os desejos humanos, muitas vezes atendidos por meio dos produtos fabricados pelas empresas, são sempre limitados pela quantidade de recursos naturais ou humanos disponíveis. Evidentemente, em certa medida, a tecnologia nos permite fabricar mais usando menos recursos, mas ainda assim existe um limite para isso.

Ao escrever estas linhas, lembrei-me do prefácio que o professor Afonso Augusto Lima gentilmente fez para o meu livro *Marketing ambiental* (2017, Editora Manole). Afonso foi professor no curso de Administração na

Universidade Federal de Viçosa (UFV) e o revisor técnico de livros de marketing de Philip Kotler e Nancy Lee publicados no Brasil.

A seguir, reproduzo parte do prefácio feito pelo professor Afonso e que está bem relacionado com as discussões que faremos neste capítulo[1]:

> *"Anos atrás, um velho e sábio professor meu da pós-graduação apresentou, como de hábito, uma parábola para ilustrar o que dissertava. Recordo-me bem da essência, embora não possa apontar com certeza o integrante da tríade Sócrates, Aristóteles ou Platão, que a teria proposto.*
>
> *"Um cervo pastava tranquilamente em campo aberto quando surgiu uma matilha de cães selvagens, que o elegeram como cardápio para o almoço. Incontinenti, partiu em desabalada carreira, logrando boa dianteira sobre seus pretensos algozes. A certa altura, deparou-se com um arbusto bastante frondoso, com tamanho suficiente para abrigá-lo da vista dos cães. O cervo entrou na moita e, pouco depois, a matilha passou em tenaz perseguição, julgando quase alcançá-lo.*
>
> *"Aliviado, pôs-se a avaliar as alternativas: sair poderia ser perigoso, melhor ficar quieto por um tempo. Sem nada a fazer, tinha à sua disposição suculentas folhas, verdinhas e tenras, e passou a mastigá-las relaxadamente enquanto esperava a hora certa para ir embora. Passou-se um tempo, e os cães retornaram de sua frustrada caçada pelo mesmo caminho. Eis que se deparam com o cervo acabando de comer o arbusto, que já não mais podia protegê-lo, devastado que estava pela ação de seu protegido. Inexoravelmente, o cervo acabou cumprindo sua sina na cadeia alimentar."*

É inevitável fazermos a comparação do cervo e do arbusto com o ser humano e as questões ambientais, respectivamente. A impressão que temos é de que o ser humano está, aos poucos, **destruindo as condições propícias para a vida** que o planeta Terra lhe oferece, a exemplo do que fazia o arbusto na história do cervo. As consequências disso saltam aos olhos de todos. Basta ver os sucessivos recordes de aumento das temperaturas globais, de degelo em regiões do Ártico e da Antártica com elevação do nível dos oceanos e as inúmeras secas e inundações em proporções nunca antes vistas.

Sei que muitos não querem pensar nessa situação, mas a pergunta que todos nós nos fazemos no íntimo quando pensamos em mudanças climáticas é:

Será que teremos tempo hábil para evitar a destruição do "arbusto" que nos protege?

Ah, Ricardo, mas ainda temos tempo, e a ciência está acompanhando o que vem acontecendo no planeta Terra e tem o controle da situação.

Toda vez que ouço isso, ou seja, "que temos o controle da situação", eu me recordo da pandemia do novo coronavírus. Vocês bem devem se lembrar que em 11 de março de 2020, a Covid-19 foi caracterizada pela Organização Mundial da Saúde (OMS) como uma pandemia. O termo "pandemia" se refere à distribuição geográfica de uma doença, não à sua gravidade. A designação reconhece que existem surtos de Covid-19 em vários países e regiões do mundo[2].

Devemos recordar que, em pouquíssimo tempo — em semanas e meses — os efeitos devastadores da Covid-19 atingiram todos os recantos da Terra, deixando os governos e a população apreensivos e perplexos. E a ciência também. É bem provável que, nunca na história, ela tenha sido tão desafiada a buscar a solução para um mal no menor tempo possível, haja vista as milhares de mortes e hospitalizações que ocorreram no período.

Tínhamos o controle da situação na Covid-19? Não, não tínhamos.

A ciência correu para criar uma vacina contra a doença, e os primeiros imunizantes ficaram prontos ainda em meados de 2020. Até então, demorava mais de dez anos para uma vacina ficar pronta, ao passo que a que combate a Covid-19 chegou aos braços das pessoas em meses. Quando o SARS-CoV-2 surgiu, a tecnologia para enfrentar o coronavírus já existia. O que os cientistas precisaram fazer foi adaptar a vacina para combater o novo vírus — ele possui uma proteína chamada Spike (proteína S), diferentemente dos coronavírus anteriores. "Na verdade, tivemos sorte que a pandemia tenha sido causada por um coronavírus, e a resposta imune contra apenas uma proteína foi suficiente para proteger do vírus", comenta Viviane Maimoni Gonçalves, pesquisadora científica e diretora do Laboratório de Desenvolvimento de Vacinas do Butantan[3].

Fiz um comentário comparando a proliferação da Covid-19 em todo o mundo, em 2020, com os possíveis eventos adversos que podemos sofrer em relação às mudanças climáticas em uma entrevista que concedi à revista *Forbes*. A revista elaborou um Especial ESG em sua edição de julho de 2024[4].

O objetivo aqui, caros leitores, não é ser alarmista e pessimista, mas ser racional. Se eventos climáticos desastrosos e rápidos acontecerem, a exemplo de como foi no caso da Covid-19, nós estamos preparados para responder?

Vejam o que aconteceu no Estado do Rio Grande do Sul em setembro de 2023.

Um ciclone extratropical formado no sul do país matou 21 pessoas no Rio Grande do Sul e mais uma em Santa Catarina. No Rio Grande do Sul, 15 dos 21 óbitos confirmados ocorreram em uma casa em Muçum, no centro do estado, e seis na região mais ao norte gaúcho, nos municípios de Mato Castelhano, Passo Fundo, Ibiraiaras e Estrela. O rio Taquari ficou acima da cota de inundação nas estações Muçum, Encantado e Estrela. Já o rio Caí ultrapassou esse nível nas cidades de São Sebastião do Caí e Montenegro. No Rio Grande do Sul, a Defesa Civil alertou para a inundação do rio Caí, que continuava em elevação a partir do município de São Sebastião do Caí. Havia risco de deslizamentos de terra, pois o solo continuava úmido. Em quase todos esses municípios, as famílias foram sendo retiradas de suas casas de forma preventiva[5].

O estado registrou também queda de granizo, ventos fortes e tempestades, com os chamados transtornos associados (como enxurradas e inundações). Os estragos ocorreram principalmente na região dos Vales, no Norte e na Serra Gaúcha. Em alguns municípios, havia pontes submersas ou interditadas. As enxurradas provocaram também a ruptura da ponte que liga Farroupilha a Nova Roma, com a queda de uma das cabeceiras. Em um dos balanços, a Defesa Civil gaúcha registrou 62 municípios afetados pelas consequências do ciclone extratropical dos últimos dias e estimou em 25.734 o número de pessoas afetadas em todo o estado. A Defesa Civil contabilizou também 309 casas destelhadas e três destruídas[5].

Alguém aí poderia pensar que as enchentes na Região Sul em 2023 e que também aconteceram no mesmo ano em São Sebastião, no litoral paulista, são fatos isolados e desconectados das mudanças climáticas. Embora elas não sejam a única causa, as mudanças climáticas têm grande “responsabilidade” nos eventos que ocorrem nessas localidades.

O segundo semestre de 2023 foi marcado por registros de enchentes históricas no Rio Grande do Sul. O Estado sofreu com a chuva forte em todas as regiões, o que causou a elevação dos principais rios. Ciclones extratropicais, granizo e vendavais foram outros fenômenos comuns no cenário de mortes e prejuízos materiais. Em junho do mesmo ano, uma das consequências da atuação de um ciclone já havia causado dezesseis óbitos e destruição em diversos pontos do Rio Grande do Sul. No início de setembro, devido à forte chuva, mais cinquenta mortes foram contabilizadas em municípios atingidos pela cheia de rios, em especial do Vale do Taquari. No episódio mais recente de temporais no Estado, em novembro, cinco pessoas morreram. Para especialistas, a situação pode ser explicada pela **soma de**

múltiplos fatores: o ciclo natural do clima gaúcho, o El Niño e as mudanças climáticas estão entre elas[6].

As mudanças climáticas são, em parte, causadoras da situação vivida no Rio Grande do Sul e em outras partes do mundo, segundo Francisco Eliseu Aquino, professor de climatologia do Departamento de Geografia da Universidade Federal do Rio Grande do Sul (UFRGS). "O clima mudou, por isso observamos todos os tipos de eventos extremos mais intensos e frequentes em ambos os hemisférios. Como o planeta está mais quente, o aumento da precipitação não ocorre ao longo de vários dias: é intenso em poucos dias ou em poucas horas. A **mudança climática favorece eventos extremos** e o El Niño os alavanca", comentou o professor[6].

Estudiosos têm cautela ao relacionar episódios severos como consequências apenas das mudanças climáticas. No entanto, isso não significa que haja discordância sobre as alterações por conta da ação humana no clima do planeta, afirma Lincoln Alves, climatologista e pesquisador do Instituto Nacional de Pesquisas Espaciais (Inpe). "Já temos alguns estudos de atribuição que comprovam que, **sem a mudança do clima, a intensidade dos eventos não teria a mesma magnitude**. Temos exemplos disso envolvendo situações recentes em Pernambuco, Minas Gerais e enchentes na bacia do rio Uruguai, no Rio Grande do Sul. Cerca de 90% das análises chegam a essa mesma conclusão", apontou o pesquisador[6].

Alguns profissionais da área de Administração e Negócios talvez estejam um pouco distantes das discussões sobre as mudanças climáticas. Quem aí lê este texto e se encontra nessa situação, de estar alheio à sustentabilidade ambiental, já adianto que é bom rever seus conceitos e começar a aprender mais sobre o tema, pois esse é um dos maiores riscos relacionados ao ESG que as empresas podem sofrer.

Mas, afinal de contas, que relação as mudanças climáticas têm com o dia a dia empresarial e, principalmente, com o marketing?

Fui buscar a "fonte das fontes" para lhes apresentar informações a respeito, conforme informações da Organização das Nações Unidas (ONU).

As emissões de gases do efeito estufa recobrem a Terra, retendo o calor do Sol. Isso leva ao aquecimento global e às mudanças climáticas. O mundo agora está aquecendo mais rapidamente do que em qualquer outro momento registrado na história[7].

As **principais CAUSAS** para o aquecimento global e as mudanças climáticas são[7]:

- **Geração de energia**
A geração de eletricidade e calor pela queima de combustíveis fósseis é responsável por uma boa parcela das emissões globais. A maior parte da eletricidade ainda é gerada pela queima de carvão, petróleo ou gás, o que produz dióxido de carbono e óxido nitroso, poderosos gases do efeito estufa que recobrem o planeta e retêm o calor do Sol. No mundo todo, apenas cerca de um quarto da eletricidade é gerada por vento, sol e outros recursos renováveis que, ao contrário dos combustíveis fósseis, emitem pouco ou nenhum gás do efeito estufa ou poluentes do ar.

- **Fabricação de produtos**
A manufatura e a indústria produzem emissões, principalmente pela queima de combustíveis fósseis, para gerar energia para fabricar cimento, ferro, aço, eletrônicos, plástico, roupas e outros produtos. A mineração e outros processos industriais também liberam gases, assim como a indústria da construção civil. Máquinas usadas no processo de fabricação muitas vezes funcionam com carvão, petróleo ou gás, e alguns materiais, como o plástico, são fabricados com produtos químicos extraídos dos combustíveis fósseis. A indústria de manufatura é uma das maiores contribuintes para as emissões de gases do efeito estufa no mundo.

- **Desmatamento florestal**
O desmatamento de florestas para criar fazendas ou pastos, ou por outros motivos, gera emissões. Isso acontece porque, ao serem cortadas, as árvores liberam o carbono que estavam armazenando. Cerca de 12 milhões de hectares de florestas são destruídos por ano. Como elas absorvem o dióxido de carbono, sua destruição também limita a capacidade da natureza de manter as emissões fora da atmosfera. O desmatamento, assim como a agricultura e outras mudanças no uso da terra, é responsável por cerca de um quarto das emissões globais de gases do efeito estufa.

- **Uso de transporte**
A maioria dos carros, caminhões, navios e aviões funciona com combustíveis fósseis. Isso faz com que o transporte seja um dos grandes responsáveis pelos gases do efeito estufa, especialmente

as emissões de dióxido de carbono. Os veículos rodoviários representam a maior parte, causada pela combustão de produtos derivados de petróleo, como a gasolina, em motores de combustão interna. No entanto, as emissões de navios e aviões continuam a crescer. O transporte é responsável por quase um quarto das emissões globais de dióxido de carbono relacionadas à energia. E as tendências apontam para um aumento significativo no uso de energia para o transporte nos próximos anos.

- **Produção de alimentos**
A produção de alimentos gera emissões de dióxido de carbono, metano e outros gases do efeito estufa de várias maneiras, inclusive pelo desmatamento e pela limpeza de terras para agricultura e pastagem, consumo por gado e ovelhas, produção e uso de fertilizantes e esterco para a agricultura e uso de energia para o funcionamento de equipamentos agrícolas ou barcos de pesca, geralmente com combustíveis fósseis. Tudo isso torna a produção de alimentos um dos principais contribuintes para as mudanças climáticas. E as emissões de gases do efeito estufa também ocorrem na embalagem e distribuição dos alimentos.

- **Energia nos edifícios**
No mundo todo, prédios residenciais e comerciais consomem mais de metade de toda a eletricidade. Como continuam a usar carvão, petróleo e gás natural para o aquecimento e resfriamento, eles emitem quantidades significativas de gases do efeito estufa. A crescente demanda de energia para o aquecimento e resfriamento, com o maior uso de aparelhos de ar-condicionado, bem como o aumento do consumo de eletricidade para iluminação, eletrodomésticos e dispositivos conectados, têm contribuído para um aumento nas emissões de dióxido de carbono pelos edifícios nos últimos anos.

- **Excesso de consumo**
Sua casa e seu uso de energia, a forma como se locomove, o que come e quanto lixo produz contribuem para as emissões de gases do efeito estufa. Além, é claro, do consumo de produtos como roupas, eletrônicos e plásticos. Grande parte das emissões globais

de gases do efeito estufa está vinculada a residências particulares. Nosso estilo de vida tem um profundo impacto no nosso planeta. Os mais ricos têm a maior responsabilidade: a parcela 1% mais rica da população global combinada responde por mais emissões de gases do efeito estufa do que os 50% mais pobres.

O aumento das temperaturas ao longo do tempo está mudando os padrões climáticos e perturbando o equilíbrio da natureza. Isso representa muitos riscos para os seres humanos e todas as outras formas de vida na Terra. Em relação aos **principais EFEITOS** do aquecimento global e das mudanças climáticas, podemos elencar[7]:

- **Temperaturas mais altas**
  À medida que a concentração dos gases do efeito estufa aumenta, o mesmo acontece com a temperatura da superfície global. A última década (2011–2020) foi a mais quente já registrada. Desde os anos 1980, cada década tem sido mais quente do que a anterior. Quase todas as áreas têm tido mais dias quentes e ondas de calor. Temperaturas mais elevadas aumentam o número de doenças relacionadas ao calor e dificultam o trabalho ao ar livre. Incêndios começam com mais facilidade e se espalham mais rapidamente quando as condições estão mais quentes. As temperaturas no Ártico aumentaram pelo menos duas vezes mais rápido do que a média global.

- **Tempestades mais severas**
  Tempestades destrutivas têm se tornado mais intensas e frequentes em muitas regiões. Conforme as temperaturas aumentam, mais umidade evapora, agravando as chuvas e inundações extremas e causando tempestades mais destrutivas. A frequência e a dimensão das tempestades tropicais também são afetadas pelo aquecimento do oceano. Ciclones, furacões e tufões se alimentam da água quente na superfície do oceano. Com frequência, essas tempestades destroem casas e comunidades, causando mortes e enormes perdas econômicas.

- **Aumento da seca**
  As mudanças climáticas afetam a disponibilidade de água, tornando-a mais escassa em mais regiões. O aquecimento global agrava

os períodos de seca em regiões onde a falta de água já é comum e leva a um risco maior de secas agrícolas, que afetam as plantações, e secas ecológicas, aumentando a vulnerabilidade dos ecossistemas. Os períodos de seca também podem causar destrutivas tempestades de areia e poeira, que podem mover bilhões de toneladas de areia entre continentes. Os desertos estão crescendo, reduzindo a área cultivável. Muitas pessoas agora enfrentam a ameaça de não ter água suficiente regularmente.

- **Um oceano cada vez mais quente e maior**
  O oceano absorve a maior parte do calor gerado pelo aquecimento global. A taxa de aquecimento do oceano aumentou muito nas duas últimas décadas, em todas as profundidades. À medida que essa temperatura sobe, o volume dele aumenta, já que a água se expande quando aquecida. O derretimento de placas de gelo também provoca o aumento do nível do mar, ameaçando comunidades litorâneas e insulares. Além disso, o oceano absorve dióxido de carbono, evitando que ele se concentre na atmosfera. No entanto, mais dióxido de carbono deixa a água mais ácida, ameaçando a vida marinha e recifes de corais.

- **Perda de espécies**
  As mudanças climáticas representam riscos para a sobrevivência de espécies na terra e no oceano. Esses riscos aumentam com a elevação das temperaturas. Agravado pelas mudanças climáticas, o mundo está perdendo espécies a uma taxa mil vezes maior do que em qualquer outro momento na história da humanidade. Um milhão de espécies estarão em risco de extinção nas próximas décadas. Incêndios florestais, um clima extremo, além de doenças e pragas invasoras, estão entre as várias ameaças relacionadas às mudanças climáticas. Algumas espécies conseguirão se deslocar e sobreviver, mas outras não.

- **Não há comida suficiente**
  As mudanças no clima e o aumento dos eventos climáticos extremos estão entre as razões por trás do aumento global da fome e da subnutrição. A pesca, a agricultura e a criação de gado podem ser destruídas ou se tornarem menos produtivas. Com o oceano se tornando mais ácido, os recursos marinhos que alimentam

bilhões de pessoas estão em risco. As mudanças na cobertura de neve e gelo em várias regiões árticas prejudicam o abastecimento de alimentos provenientes do pastoreio, da caça e da pesca. O estresse térmico pode diminuir a quantidade de água e as áreas de pastagem, causando o declínio da produção agrícola e afetando o gado.

- **Mais riscos para a saúde**
  As mudanças climáticas são a maior ameaça à saúde que a humanidade vem enfrentando. Os impactos climáticos já estão prejudicando a saúde, com poluição do ar, doenças, eventos climáticos extremos, deslocamento forçado, pressões sobre a saúde mental e aumento da fome e subnutrição em locais onde as pessoas não conseguem cultivar ou encontrar alimentos suficientes. A cada ano, fatores ambientais tiram a vida de cerca de 13 milhões de pessoas. A mudança dos padrões climáticos está elevando o número de doenças, e os eventos climáticos extremos aumentam as mortes e dificultam a manutenção dos sistemas de saúde.

- **Pobreza e deslocamento**
  As mudanças climáticas aumentam os fatores que levam as pessoas à pobreza e as mantêm nessa situação. Inundações podem assolar favelas urbanas, destruindo casas e meios de subsistência. O calor pode dificultar o trabalho ao ar livre. A escassez de água pode afetar a agricultura. Na última década (2010–2019), eventos relacionados ao clima provocaram o deslocamento estimado de uma média de 23,1 milhões de pessoas por ano, deixando muitas mais vulneráveis à pobreza. A maioria dos refugiados vem de países mais vulneráveis e menos preparados para se adaptar aos impactos das mudanças climáticas.

Diante de tudo o que foi exposto anteriormente, creio que fica bem clara a relação que há entre o desenvolvimento de diversas atividades realizadas pelo ser humano, **grande parte delas com o consumo impulsionado pelas estratégias de marketing**, e o aquecimento global e as mudanças climáticas.

Ah, então vamos deixar de fabricar nossos produtos e de realizar as diversas atividades que são necessárias para o conforto do ser humano? Não, gente, claro que não.

A questão é que **precisamos ser mais inteligentes no uso dos recursos humanos** e optar pelo uso de energias limpas, entre outras ações urgentes que devem ser realizadas. Um pouco disso será auxiliado pelo marketing ambiental.

4.2 O marketing ambiental e suas contribuições para a agenda ESG das organizações

Se recordarmos a nossa frase do Capítulo 3: "O marketing é a ferramenta para a **fabricação e venda** dos produtos, ao passo que o ESG impõe os **limites necessários** às atividades da empresa", podemos pensar que as questões ambientais, por tudo o que já foi dito, impõem uma série de limitantes à atuação da empresa, seja pela dificuldades de obtenção de matéria-prima, seja pela pressão que será cada vez mais exercida por parte da legislação e também por investidores, governos e pela sociedade como um todo.

Façamos uma analogia, que acho que virá bem a calhar em nossas discussões, sobre o E de ESG e que também valerá para as outras dimensões. Imagine que você esteja dirigindo em uma grande cidade. Nessa situação, há regras que limitam a sua atuação. Você deve estar atento às normas do trânsito; **há um limite de velocidade permitido**; se um pedestre atravessar a faixa, você deverá parar; entre outros. Podemos dizer que você não pode fazer o que quiser. Existem **restrições impostas pelas leis de trânsito** quando você está no volante.

Particularmente, uma delas é que você deve parar na frente de um semáforo (aqui no Rio Grande do Sul chamamos de sinaleira) quando ele está fechado, ou seja, está na cor vermelha. É obrigatório esperar o sinal mudar para o verde para que continuar a viagem. É fácil perceber que o sinal em vermelho constitui um **fator limitante** para o motorista, pois o obrigará a esperar. De forma similar, vamos utilizar cada letra do ESG como se fosse uma das cores do semáforo, simbolizando também o aspecto de ser um "fator limitante", nesse caso, um que restringe a atuação do marketing, como proposta em nossa definição inicial.

Assim, o marketing, a exemplo do motorista, precisa esperar o momento certo. Quando as condições estiverem propícias, ele poderá seguir a viagem.

De forma análoga, **as estratégias de marketing deverão estar atentas à necessidade de seguir as práticas ESG que estão relacionadas às questões ambientais** para então poder seguir adiante. E muito disso será auxiliado por uma eficiente utilização do marketing ambiental.

Entendam a palavra "limitador" como um **bem necessário** para o funcionamento das organizações.

Sob a ótica das pessoas, consumir representa um ato de escolha de bens e serviços que tornará sua vida mais agradável, menos dispendiosa e que fará com que elas se sintam melhor consigo mesmas. Para que o consumidor tenha esse "poder de escolha", faz-se necessário que haja um leque disponível de produtos. Esse é o papel das organizações, notadamente das empresas privadas, ou seja, oferecer aos consumidores mercadorias que possam satisfazer os seus anseios e que, ao mesmo tempo, contribuam para o sucesso empresarial, gerando lucros. Se produzir e consumir bens e serviços são atividades humanas que estão presentes desde as épocas mais remotas, o mesmo não se pode dizer sobre produzir e consumir bens e serviços de **forma ilimitada**[1].

A explosão de consumo caracterizada pela compra de produtos, muitas vezes desnecessários, e pelo desperdício, gerando descarte de sobras e embalagens, fizeram com que, em determinado ponto da história, as pessoas deixassem de ser chamadas de cidadãos e passassem a ser chamadas de **consumidores**[8].

Além da tecnologia que proporcionou maior produção às empresas e da intensificação do consumo graças ao crescimento da população vinda de um período pós-guerra mundial e que cada vez mais se concentrava em cidades, um fator preponderante para o **surgimento do consumismo*** foi a consolidação da aplicação prática das teorias de marketing nas organizações.

Se, por um lado, o modelo de desenvolvimento econômico alicerçado no consumismo representou maior conforto na vida das pessoas por meio da criação de produtos e serviços, por outro lado, implicou maior demanda por recursos naturais e a geração de resíduos e poluição advindos da produção e do descarte dos produtos e de suas embalagens. O uso irracional dos recursos naturais, particularmente após a Revolução Industrial, era feito com base na premissa de que tais recursos se constituíam em fontes inesgotáveis e que estariam sempre disponíveis para o uso humano. Todavia, a aceleração da produção e do consumo após a primeira metade do século XX demonstrou que tal premissa não era verdadeira, ocasionando diversos impactos ambientais negativos ao planeta[1].

Em relação à utilização dos recursos naturais, duas importantes situações devem ocorrer[10]:

1. Os recursos naturais devem ser usados a uma taxa em que o meio ambiente possa repô-los ou a uma taxa em que permita a substituição por novas alternativas.
2. Os poluentes e resíduos devem ser produzidos a uma taxa em que possam ser assimilados pelo meio ambiente, com o mínimo impacto negativo possível.

Falamos sobre os limites impostos pelo ESG nas estratégias de marketing de uma organização, mas **a ideia da necessidade de ter que haver limites não é nova.**

Em 1972 foi publicado o livro *Os limites do crescimento*, também conhecido como "Relatório de Roma", que tratava essencialmente de problemas cruciais para o futuro desenvolvimento da humanidade, tais como energia, poluição, saneamento, saúde, meio ambiente, tecnologia, crescimento populacional, entre outros. Trinta anos depois, uma nova edição do livro foi publicada, acrescentando novas análises e atualizando dados e cenários para aprofundar as discussões sobre os limites ao crescimento. Constatou-se que os "limites" estão cada vez mais próximos, e os seus primeiros impactos já excedidos aumentaram consideravelmente o prejuízo ambiental, econômico

* "Consumismo é uma situação própria de países altamente industrializados, caracterizada pela produção e consumo ilimitados de bens duráveis, sobretudo artigos supérfluos."[9]

e social, provocando situações de tragédia humana justamente nas áreas mais empobrecidas e vulneráveis do planeta[11].

As raízes da problemática ambiental estão na produção e no consumo de produtos e serviços que geram poluição e resíduos em uma taxa maior do que a capacidade de assimilação pelo meio ambiente. Se o desenvolvimento das estratégias de marketing nas empresas foi parcialmente responsável pelo maior estímulo à produção e ao consumo de bens e serviços, agravando a problemática ambiental, **o mesmo marketing poderá ser um elemento importante em sua minimização**, por meio da adoção de estratégias de marketing ambiental[1].

MARKETING AMBIENTAL é uma mudança na forma de as empresas fazerem negócios, exigindo que elas tenham responsabilidade e compromisso ambiental. Adicionalmente, representa o conjunto de informações enviado ao consumidor sobre o produto e o sistema produtivo, indo desde as ações da empresa junto ao meio ambiente durante a produção até orientações às pessoas sobre como utilizar o produto de forma mais eficiente e sobre sua reutilização, reparação, reciclagem e rejeição, se for o caso. Por fim, pode-se entender marketing ambiental como um conceito de marketing no qual a minimização dos impactos ambientais negativos tem importância fundamental na satisfação das necessidades dos consumidores, bem como na realização dos objetivos da empresa[12, 13, 14].

O marketing ambiental assume parte tanto da característica inerente ao marketing social quanto do marketing comercial. No primeiro caso, o marketing ambiental adota os novos valores da sociedade como preocupação em relação à preservação do meio ambiente, à otimização dos recursos naturais, ao consumo consciente e à preocupação com as gerações futuras. Do ponto de vista comercial, o marketing ambiental insere mais especificamente a variável "meio ambiente" como requisito de competitividade para as empresas, ampliando o conceito de atendimento às necessidades e aos desejos dos consumidores ao incorporar suas demandas pelos chamados produtos ambientalmente responsáveis ou simplesmente produtos verdes ou sustentáveis[1].

Os consumidores são os grandes incentivadores para que as empresas implementem a filosofia do marketing ambiental.

No passado, os profissionais de marketing ambiental acreditavam que as pessoas se preocupavam com as questões ambientais porque pensavam que o planeta estava sendo prejudicado; agora, contudo, esses profissionais perceberam que os consumidores temem que o planeta esteja perdendo sua capacidade de manter a vida humana, o que faz com que eles se preocupem com sua saúde e a de seus filhos[15].

Essa preocupação emergente com o meio ambiente faz com que os consumidores e as organizações que os representem comecem a agir em favor da causa, o que muitas vezes significa boicotar determinado produto, marca ou empresa. Isso provoca um aumento do "consumerismo verde", definido como um movimento de consumidores que visa questionar a produção, a comunicação em massa, as técnicas de marketing, os perigos advindos de alguns produtos colocados no mercado, a qualidade de certas mercadorias e das informações fornecidas pelas empresas, entre outros aspectos das relações de consumo[16]. Além de questionar, muitos consumidores passam a dar preferência apenas produtos que consideram "verdes", deixando os produtos "não verdes" nas prateleiras[17].

O impacto que as pressões vindas de consumidores e outros stakeholders têm sobre as empresas promovem ações que naturalmente farão com que surjam modificações no próprio marketing tradicional, **reconhecendo a existência de restrições no mercado.** Para manter a perenidade dos negócios, as organizações devem reconhecer a existência desse tipo de restrição, que muitas vezes é feita por órgãos governamentais, através de legislações específicas, e reformular suas estratégias de marketing, adicionando-se que a preocupação com os critérios ambientais na produção, comercialização e descarte de seus produtos é questão de sobrevivência[1].

Deixar um legado e gerar um impacto positivo — no planeta e na sociedade — é uma demanda que tem se tornado prioritária para as marcas nos últimos anos. Por isso, integrar os princípios ESG nas estratégias de *business* e de marketing é algo cada vez mais relevante para as empresas. Ao mesmo tempo, **há um movimento crescente entre os consumidores em relação ao que estão adquirindo.** Eles querem saber qual é o posicionamento e a reputação das marcas que consomem, o que muitas vezes envolve ter acesso a informações mais detalhadas de como as empresas se relacionam com o meio ambiente, lidam com questões sociais e garantem uma administração responsável. Ou seja, o ESG tem se tornado fundamental para criar e manter essas conexões, não só de consumidores, mas também de investidores[18].

Para contribuir com os desafios dessa demanda, o Google fez uma parceria com a MindMiners, empresa de tecnologia especializada em pesquisa digital, e com o Sistema B, que promove o Movimento B no Brasil por meio do engajamento de negócios que se comprometem com a adoção de padrões para a medição de impacto positivo. Juntos, eles elaboraram uma metodologia para oferecer um panorama do contexto ESG no Brasil com uma pesquisa quantitativa online realizada por meio da plataforma de *human analytics* da MindMiners. O estudo foi feito com 3 mil respondentes, todos integrantes do MeSeems, painel proprietário também da MindMiners[18].

Os dois principais resultados dessa pesquisa são apresentados a seguir[18]:

- Na prática, apenas um a cada cinco brasileiros já ouviu falar sobre a sigla ESG.
- Em contramão, quatro em cada cinco classificaram como importante a atuação de empresas e marcas em ações relacionadas ao meio ambiente, panorama social e governança.

A maior parte das pessoas acredita que uma postura engajada é relevante. Para 87% dos entrevistados na pesquisa, a atuação de empresas e marcas em relação ao ESG é importante. E para os brasileiros, esses temas são de responsabilidade de todos os setores da sociedade: governos, marcas, mídias, ONGs e até do próprio indivíduo. Um olhar mais atento sobre a pesquisa, no entanto, mostra algumas particularidades. As pessoas ainda não sabem o que é ESG — apenas 21% já ouviu falar sobre a sigla. E quando se trata de colocar algumas ações sustentáveis em prática, o engajamento é maior com atitudes que não demandam muito esforço, além de estar mais ligado a motivações econômicas e que tragam benefícios financeiros. O bem-estar pessoal está à frente do coletivo[18].

Por isso, quanto mais perto do dia a dia, da rotina e das necessidades de uma pessoa, mais relevante se torna o relacionamento com a marca. E esse é um aprendizado que pode ser aplicado nos outros pilares: mostrar o impacto deles na vida das pessoas. E para isso, a comunicação é essencial.

O consumidor quer uma atitude ativa das marcas. Na visão deles, elas têm o papel de ampliar o debate e de serem portadoras de informações[18].

A pesquisa também quis averiguar como o consumidor acredita que as marcas devem atuar em relação aos temas ESG[18]:

1º. Serem transparentes sobre o impacto de suas ações nos canais de comunicação.
2º. Apoiarem ONGs e movimentos que atuam em questões relevantes.
3º. Desenvolverem campanhas de mídia que gerem conscientização e renda para projetos ou fundos de assistência social.

As pessoas sabem que não é papel das empresas resolver todos os problemas do planeta, sendo esse um esforço compartilhado, que envolve muitos atores. Mas ser um agente ativo nessas mudanças é, sem dúvida, um **comportamento valorizado pelo público.** O que os consumidores estão pedindo é transparência, conscientização, debate, informação e comunicação. Como diz a expressão *Walk the Talk*, as pessoas querem garantias de que as marcas estão "agindo de acordo com o que falam"[18].

No livro *Marketing ambiental* (2017, Editora Manole), de minha autoria, usei uma frase que acho interessante compartilhar para que possamos refletir sobre ela[1]:

> O consumidor não compra um produto somente porque ele é "verde", mas sim porque tem funcionalidade, desempenho, design, preço adequado e todos os demais atributos que ele espera!

A frase anterior reflete bem o que ocorre na prática. O atributo "verde" é apenas mais um fator e, dependendo do consumidor, será o de menor peso em sua tomada de decisão ao adquirir determinado produto ou serviço. Adicionalmente, não se deve esperar que as empresas concentrem todos os seus esforços de marketing no sentido de desenvolver e promover um produto verde e se esqueçam dos demais atributos que são importantes para os consumidores. Agir dessa forma seria fatal para as empresas verdes e elas certamente perderiam mercado para os concorrentes não verdes[1].

Aumentar e manter sua fatia de mercado constitui apenas um dos inúmeros benefícios da implementação do marketing ambiental pelas empresas. Introduzir boas práticas ambientais na organização, além de ser a forma correta de trabalhar, também ajuda a melhorar a imagem institucional e de suas marcas, além de economizar dinheiro, principalmente quando se otimiza o uso de matérias-primas e os recursos são reaproveitados[1].

Considerando-se que todos os atributos de dois ou mais produtos de marcas concorrentes sejam semelhantes, pode-se dizer que a empresa que possuir o atributo ou qualidade "ambiental" mais perceptível ao consumidor terá boas chances de ganhar sua preferência. Dessa forma, a **qualidade ambiental** de um produto pode muitas vezes **servir como fator de desempate** no processo de tomada de decisão de compra dos consumidores. Além disso, as empresas não querem que o consumidor associe a sua imagem institucional com produtos que causam grandes impactos negativos ao meio ambiente, o que certamente provocará perda de competitividade em alguns mercados[1].

A origem etimológica dos termos "ecologia" e "economia" é a mesma. Ambos os termos vieram da palavra grega *oikos* que significa "casa" e, em um sentido mais amplo, o planeta (a casa dos seres vivos). A "ecologia" pode ser entendida como o estudo das interações entre os organismos e seu ambiente, ou seja, o "estudo da casa" (*oikos* = casa; *logos* = estudo), ou de forma mais ampla, o "estudo do lugar onde se vive". Já a "economia" representa a análise da produção, distribuição e consumo de bens e serviços, isto é, a "gestão ou administração da casa" (*oikos* = casa; *nomos* = gestão, administração). De forma mais ampliada, representaria a "gestão do lugar onde se vive"[1].

Sempre que o produto verde conseguir unir os aspectos ambientais e econômicos em sua produção, comercialização e descarte, a empresa terá vantagens competitivas no mercado. É compreensível que os consumidores tenham **maior motivação** em relação ao meio ambiente quando o **desenvolvimento dos produtos vem acompanhado de ganhos econômicos**. Mesmo que o consumidor venha a pagar um preço a mais (sobrepreço) pelo produto verde, ele terá uma expectativa de recuperar o investimento a médio prazo com a melhor eficiência do mesmo[1].

Um exemplo claro é no momento de escolher um eletrodoméstico quando, ao se optar por um modelo classificado com menor consumo (por exemplo, a classificação "A" no selo Procel*), **se consome menos energia** (aspecto ambiental) e, ao mesmo tempo, **paga-se menos energia** (aspecto econômico). O consumidor terá condições de optar por produtos que consomem menos energia e que, portanto, serão mais econômicos e "verdes". Dessa forma, embora o atributo ambiental seja importante, o maior motivador para muitos consumidores sem dúvidas será o atributo econômico[1].

Diversos tipos de empresas se apoiam na utilização de tecnologias mais modernas de modo a otimizar o uso de matérias-primas para obter ganhos

* "O selo Procel foi desenvolvido no Brasil pelo Programa Nacional de Conservação de Energia Elétrica, para identificar as classes de consumo de eletricidade de cada marca e modelo de aparelho eletrônico ou eletrodoméstico. Esse selo estimula as empresas a fabricarem e comercializarem produtos mais eficientes em seu consumo de energia, contribuindo para o desenvolvimento tecnológico e a conservação do meio ambiente. Para um produto ser contemplado com esse selo, deve ser submetido a ensaios específicos em laboratórios idôneos, indicados pelo Procel. A adesão das empresas a este selo é voluntária."[19]

econômicos. Na indústria moveleira, por exemplo, máquinas computadorizadas fazem cortes precisos e otimizados de chapas de madeira, bastando, para isso, que sejam informadas as medidas das peças que se deseja cortar. Para a empresa, isso representa o uso mais racional do recurso natural, refletindo em ganhos econômicos e ambientais[1].

Considerando que o marketing ambiental é uma vertente do marketing tradicional, como apresentado na figura em formato de árvore do capítulo anterior, foi possível elaborar um modelo de marketing ambiental a partir dos modelos já usados no marketing tradicional empregados em Administração, principalmente os adotados por Kotler e Keller[20] e Kotler e Armstrong[21], referências mundiais na área de marketing. O modelo proposto é apresentado a seguir[1]:

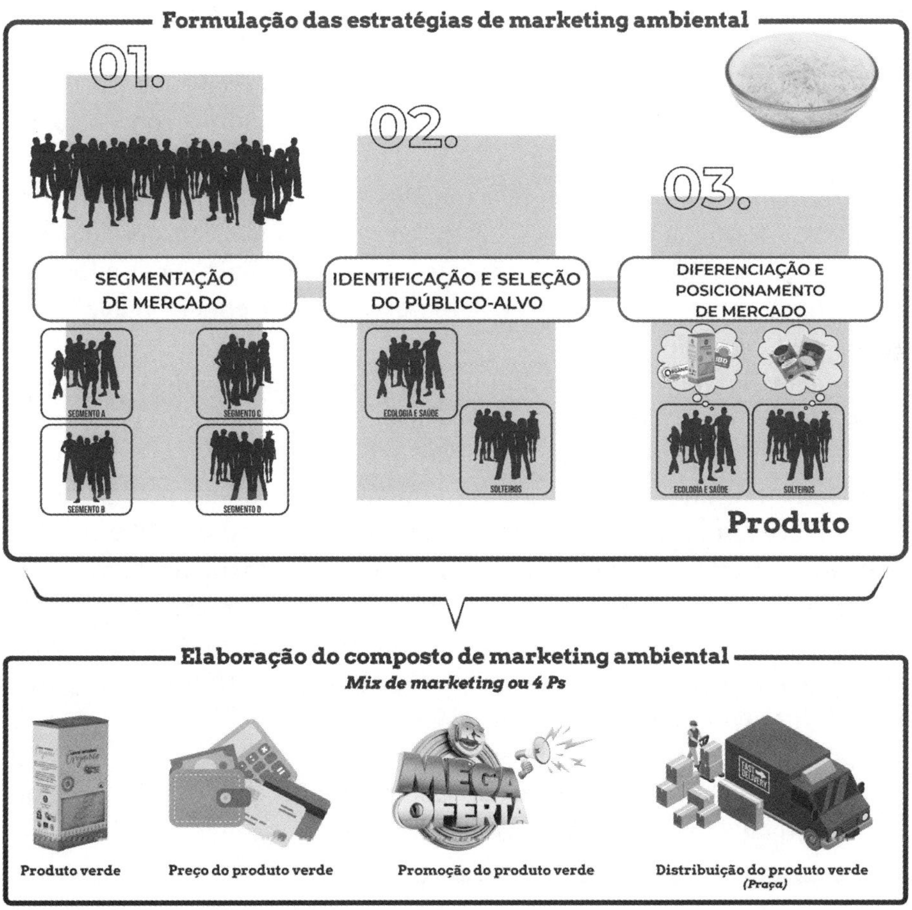

Como sempre ocorre quando se propõe um modelo, esse não tem a pretensão de cercar todas as possibilidades inerentes ao marketing ambiental; antes, seu objetivo é fornecer ao observador o maior número possível de elementos para sua compreensão.

Vejam que ele é uma adaptação do modelo apresentado no Capítulo 1. E não poderia ser diferente, pois o marketing ambiental é uma vertente do marketing tradicional. Sua sequência é a mesma do marketing tradicional, mas adaptada à luz das questões ambientais:

- Segmentação de mercado no marketing ambiental;
- identificação e seleção do público-alvo no marketing ambiental;
- diferenciação e posicionamento de mercado no marketing ambiental; e
- elaboração dos chamados 4 Ps (produto, preço, promoção e praça/distribuição no marketing ambiental).

A estratégia utilizada para a **segmentação de mercado** para produtos verdes não difere na prática da utilizada para produtos convencionais. Todavia, para os produtos sustentáveis, são levados em consideração os aspectos mais intrinsecamente relacionados à qualidade ambiental do produto. Dessa forma, a empresa escolherá as variáveis mais apropriadas para definir os grupos de consumidores que serão potenciais compradores de seu produto verde e, para ajudar nessa escolha, ela poderá realizar uma pesquisa de mercado[1].

Na **identificação e seleção do público-alvo**, a empresa deve considerar a situação do mercado em que deseja inserir o seu produto sustentável. O ritmo da mudança em cada mercado dependerá do grau das pressões exercidas sobre ele e também da disponibilidade dos insumos existentes para se efetuar a mudança necessária. Em alguns mercados, talvez não haja disponibilidade de matérias-primas para a criação de um mercado totalmente sustentável; assim, esse mercado desaparecerá com o esgotamento das fontes naturais. O serviço ou produto oferecido por esse mercado terá que ser fornecido posteriormente por algum produto substituto viável para o consumidor no atendimento de suas necessidades[19].

Após identificar e selecionar o público potencial para o seu produto sustentável, costuma surgir uma dúvida: "Como oferecer um produto verde que tenha sua qualidade ambiental reconhecida pelos consumidores?"

Não basta apenas identificar e selecionar o grupo de consumidores no qual a empresa deseja concentrar seus esforços de marketing ambiental. Também é preciso criar estratégias para tornar esse produto diferente e "posicioná-lo" na mente do consumidor como algo que tenha a qualidade ambiental esperada por ele. A empresa deve ser capaz de **criar valor diferenciado** para o público-alvo e definir que posições deseja ocupar nesses segmentos[1].

Uma empresa diferencia-se quando é capaz de oferecer algo valioso aos compradores e o faz de forma exclusiva ou minoritária no mercado, construindo um pacote único de benefícios direcionados a determinados grupos de consumidores ou segmentos específicos de mercado[1].

Os consumidores são sobrecarregados de informações sobre produtos e serviços e, muitas vezes, têm dificuldades de reavaliar os produtos toda vez que tomam uma decisão de compra. Para simplificar o processo de compra, os consumidores organizam os produtos em categorias e os "posicionam" em sua mente. Dessa forma, o posicionamento do produto é um conjunto complexo de percepções, impressões e sensações que as pessoas têm a respeito de um produto quando comparado com o do concorrente[21].

Quando o consumidor precisa de um produto, ele identifica o conjunto de produtos que conhece, se recorda dele e o classifica em três categorias: conjunto evocado, conjunto inerte e conjunto inepto[22].

O conjunto evocado é formado pelos produtos que são aceitáveis pelo consumidor em um processo de tomada de decisão no ato da compra. São as marcas que ele conhece, admira e considera que são dignas de sua atenção. Já o conjunto inerte é composto pelos produtos aos quais o consumidor é essencialmente indiferente. Apesar de ter consciência da existência desses produtos, ele não os compraria. Geralmente, esses produtos apenas são aceitos quando as marcas preferidas não se encontram disponíveis. Por fim, o conjunto inepto é formado pelos produtos considerados inaceitáveis pelo consumidor em uma eventual compra. Nenhuma empresa gostaria que seus produtos estivessem posicionados no conjunto inepto do consumidor, e sim que estivessem posicionados em seu conjunto evocado[1].

Para escolher entre as marcas do conjunto evocado, o consumidor as compara de acordo com os critérios de avaliação que ele considera relevantes. Esse processo exige que o consumidor colete informações sobre cada marca para cada critério de avaliação que ele julga pertinente. Muitos produtos sustentáveis ainda permanecem desconhecidos pelos consumidores.

No caso das empresas que praticam o marketing ambiental, o maior desafio é concorrer com os produtos convencionais, uma vez que já estão estabelecidos no mercado. Para vencer essa concorrência, é fundamental conhecer bem seu mercado-alvo e traçar estratégias eficientes de marketing ambiental que façam com que seus produtos entrem no conjunto evocado do consumidor[1].

Sobre os 4 Ps utilizados no marketing ambiental, e que não diferem do marketing tradicional, podemos fazer algumas considerações sobre eles[1]:

1. O **produto no marketing ambiental** não difere do produto convencional abordado no marketing tradicional, a não ser pelo fato de incluir a qualidade ambiental em sua produção, consumo e descarte. Contudo, essa qualidade ambiental pode não ser o principal atributo (e geralmente não é) que convencerá o consumidor a adquirir o produto verde. As pessoas precisam ser atraídas pelos mesmos motivos que as fazem comprar um produto convencional, ou seja, pelo desempenho, funcionalidade, design, preço, entre outros, sendo que a qualidade ambiental é apenas mais um atributo.
2. Em relação ao **preço do produto no marketing ambiental**, uma boa estratégia é conseguir unir os aspectos ambientais e econômicos em sua produção, comercialização e descarte, como foi dito anteriormente no exemplo do selo Procel tipo A. Isso ocorre porque, de maneira geral, os consumidores estão mais preocupados em comprar produtos que lhes façam economizar dinheiro ou que lhes ajudem a proteger sua saúde; em um segundo momento, os benefícios ambientais ganham importância. Na maioria das vezes, o consumidor não está disposto a pagar mais por um produto verde. No entanto, é preciso ter em mente que o preço é o único elemento do composto de marketing que gera receita; todos os outros três elementos (produto, promoção e distribuição) desencadeiam custos para a empresa, mas são necessários para criar valor para o consumidor. A determinação do preço de um produto não é uma tarefa fácil. Geralmente, em empresas de porte menor, essa incumbência é do proprietário e/ou da alta administração. Em empresas maiores, em que existem divisões e subdivisões, essa tarefa pode ficar a cargo de gerentes de produto. No entanto,

mesmo nessas, os objetivos e políticas gerais são traçados pela cúpula da organização.

3. Na mensagem de **promoção do produto no marketing ambiental**, é importante sempre destacar os benefícios do produto sustentável para a sociedade e para o planeta e fazer uma ligação com a responsabilidade social da empresa em relação a essas questões. Os aspectos funcionais do produto também devem ser informados. No entanto, deve-se pensar nos aspectos ambientais como um diferencial da empresa em relação aos seus concorrentes, dando ênfase à mensagem a ser veiculada. Adicionalmente, a empresa pode fazer a divulgação de outros assuntos, como o oferecimento de serviços ambientais, a parceria que desenvolve com organizações em defesa do meio ambiente, o apoio a projetos ambientais da comunidade, a obtenção de um selo ambiental, dentre outros.
4. A **distribuição (ou praça) no marketing ambiental** difere muito pouco do que é feito no marketing tradicional. Em ambas as situações, a distribuição envolve muito mais do que o deslocamento físico das mercadorias, mas também há o acréscimo de valor aos produtos ao longo da cadeia de distribuição. Para que isso ocorra, é importante que haja uma sintonia entre os canais de distribuição, desde o produtor, que fornece a matéria-prima, até o varejista, que tem contato mais próximo com o consumidor. De nada adiantaria a empresa elaborar o produto sustentável com a qualidade ambiental esperada pelo consumidor, colocá-lo a um preço adequado e promovê-lo de forma eficiente, se o consumidor tiver dificuldades de ter acesso a ele. No entanto, no caso particular da distribuição no marketing ambiental, é importante ficar atento aos impactos ambientais negativos em cada etapa da cadeia. E, um tema bem atual, são as soluções que devem surgir para implementação da logística reversa.

Quando abordamos o marketing ambiental, um tema que não pode deixar de ser discutido é a **obsolescência programada**. A diversidade de resíduos encontrados no meio ambiente é, em parte, o resultado do processo de obsolescência programada, que **reduz o ciclo de vida dos produtos** e estimula os consumidores a adquirirem uma versão mais nova de determinado produto. Esse aspecto tem grande relevância no aumento do tamanho dos "lixões" e aterros de todo tipo e constitui um dos maiores desafios enfrentados nas cidades: como equacionar o problema do lixo.

4.3 Vamos falar de algumas notícias e iniciativas ambientais que podem ser inseridas nas estratégias de marketing?

Em 2023 tive a honra de ter sido um dos entrevistados da revista *IstoÉ* para uma reportagem sobre mudanças climáticas. Evidentemente, havia outros profissionais com muito mais capacidade do que eu para falar sobre a parte técnica e científica do tema, como o conhecido climatologista Carlos Nobre e a diretora do Instituto de Pesquisa Ambiental da Amazônia (Ipam), Ana Alencar.

O título da reportagem de capa era assustador, mas ao mesmo tempo necessário: "O planeta 'derrete' e provoca medo", dizia. A era de extremos climáticos causados pelo aquecimento global virara realidade e acendera o alerta internacional. A onda inédita de altas temperaturas no Hemisfério Norte, com picos de mais de 50 °C, pôde até ampliar a tragédia com mais de 61 mil mortos na Europa no verão passado. O mundo vem acompanhando uma onda de calor sem precedentes no Hemisfério Norte. **Estados Unidos, Canadá, toda a Europa e parte da Ásia estão registrando cotidianamente temperaturas acima dos 40 °C. Em alguns lugares, o termômetro ultrapassa a marca dos 50 °C, provocando cenas até engraçadas, como turistas tomando banho dentro de fontes em praças públicas para se refrescar, mas também causando medo**[23].

Os números são impressionantes. Justamente naquele que o mercado de turismo chamou de o primeiro "verão pleno" na Europa depois da pandemia da Covid-19, ou seja, o primeiro sem restrições em nenhuma fronteira, a circulação difícil com o excesso de turistas nas ruas ficou ainda mais prejudicada com as altas temperaturas. Na Itália, o recorde do ano foi na Sicília, com 46,8 °C, ao passo que a capital, Roma, chegou aos 46 °C. Os termômetros ultrapassaram 40 °C também na França, na Alemanha e na Espanha, esta com o recorde histórico na Catalunha, com 45 °C. Na China, os 52,2 C° registrados em Xinjiang é a maior marca na história do país para o mês de julho[23].

"No Hemisfério Norte, a população suporta mais o frio, mas é mais suscetível e sofre muito no calor. Já no Brasil estamos mais acostumados a altas temperaturas, somos mais adaptados ao calor, assim como outros países da América do Sul, África e Oceania", diz o médico Paulo Roberto Lazarini, professor titular de Otorrinolaringologia da Santa Casa de São Paulo. As complicações de saúde são desencadeadas pela forte mudança de temperatura corporal. O grande problema é o processo de desidratação, com perda rápida de água do corpo, que provoca uma alteração circulatória importante. Com isso, há uma sobrecarga cardíaca, o coração é obrigado a trabalhar com menos sangue e com dificuldades de irrigar todas as partes do corpo. Pessoas com complicações cardiovasculares enfrentam um processo mais crítico e ficam expostas a outras complicações[23].

"Por trás do calor escaldante na Europa existe um fenômeno meteorológico, um sistema de alta pressão estacionado no sul do continente", explica o climatologista Carlos Nobre. Sem muitas nuvens, o Sol aquece o solo, provocando seca e ondas de calor. "Isso sempre existiu", pontua o cientista, "a questão é que os fenômenos estão se repetindo com mais frequência e mais intensidade em consequência do aquecimento global. Quando chove, chove forte, quando há seca, ela é mais acentuada. O Brasil é quinto maior emissor de gases de efeito estufa no planeta, mas responde por apenas 4% de emissões brutas entre os países componentes do G20. Cada um tem de fazer a sua parte, e o Brasil tem a possibilidade de redução de 75% das emissões, porque são decorrentes do desmatamento e manejo da agricultura. Diferente da China, por exemplo, país em que 80% das emissões estão diretamente ligadas à queima de combustíveis fósseis", conclui o climatologista[23].

Para Ane Alencar, diretora de Ciências do Instituto de Pesquisas da Amazônia (Ipam), atuar na redução do desmatamento e na adequação do manejo da agropecuária seriam as duas principais contribuições do Brasil para mitigar o processo de aquecimento global. "O que pega são as questões ligadas à responsabilização, aplicação de multas, embargos de áreas e produção." Ela questiona a efetividade dessas ações. "As multas, quanto tempo leva para serem aplicadas? São pagas? Quem tem a produção embargada corre o risco concreto de perdas?", questiona a diretora. Para combater efetivamente o desmatamento, Ane defende a criação de operações especiais desenvolvidas pela Polícia Federal, o Ibama e os estados, em um processo de fortalecimento da responsabilização. Ao mesmo tempo, ela recomenda a concessão de incentivos, com créditos específicos, aos proprietários e produtores, para que mantenham os limites para o desmatamento, promovam a restauração de áreas degradadas e o reflorestamento, além de melhorar as práticas de uso do solo, com rotatividade no abate do gado e das pastagens, entre outras estratégias[23].

Em sintonia com o que foi dito pelos dois profissionais sobre a necessidade de mudanças urgentes, também falei à *Isto É* sobre os impactos do desmatamento na Amazônia.

"'Muitas pessoas estão ali cortando as árvores e enxergam apenas madeira, é gente que não sabe o que está se perdendo. Além da madeira, a fauna, a flora e os insumos para a indústria farmacêutica e cosmética', aponta Ricardo Ribeiro Alves, mestre e doutor em Ciência Florestal. Para ele, a Amazônia tem que ser vista como um recurso estratégico. 'Quando se descobre uma jazida de petróleo, rapidamente o governo vai lá e toma conta. A Amazônia era para ser vista da mesma forma. Eu penso que todos os instrumentos possíveis para coibir isso, essa derrubada, essa invasão indiscriminada. É importante que o governo atue, porque isso tem que ser tido como uma área de interesse estratégico da nação'"[23].

Os impactos do aquecimento global e das mudanças climáticas, como foi mostrado neste capítulo, também atingem o hemisfério sul. A aproximação do verão faz com que as chuvas se tornem uma realidade cada vez mais presente. Pensando nisso, a pesquisa "Natureza e Cidades: A relação dos brasileiros com a mudança climática", realizada pela Fundação Grupo Boticário de Proteção à Natureza, em parceria com a UNESCO no Brasil, a ANAMMA (Associação Nacional de Municípios e Meio Ambiente) e a Aliança Bioconexão Urbana, afirmou que, para 76% dos entrevistados, as cidades não têm estruturas suficientes para lidar plenamente com alagamentos, grandes chuvas e tempestades[24].

A pesquisa também diz que 64% sentem medo quando há previsão de chuvas fortes na região. Além disso, sete em cada dez entrevistados consideram que os eventos climáticos estão se agravando, ao passo que quase 70% dizem conhecer alguém que já foi afetado diretamente por eventos climáticos extremos. Para aqueles que já sofreram consequências diretas de eventos climáticos, estima-se que o prejuízo médio seja de mais de R$8 mil por pessoa. Dentre os eventos climáticos que mais geraram impacto estão: chuvas fortes ou tempestades (45%), alagamentos e ventanias (21%) e ondas de calor (20%). Segundo a pesquisa, a região mais impactada é a região Sul, seguida de Sudeste e Norte. "A pesquisa permite compreender melhor os impactos diretos das mudanças do clima na vida da população, o nível de entendimento das pessoas sobre o aumento dos fenômenos climáticos extremos e, também, refletir sobre possíveis caminhos para tornar nossas cidades mais resilientes com desenvolvimento de estratégias de comunicação e engajamento e políticas públicas mais eficientes em busca de soluções", afirma Malu Nunes, diretora executiva da Fundação Grupo Boticário[24].

Para o diretor da ANAMMA (Associação Nacional de Municípios e Meio Ambiente), Marcelo Marcondes, é papel dos gestores das cidades estarem mais sensíveis ao cenário climático e à implementação de políticas públicas adequadas para lidar com essas novas realidades[24].

Quando perguntados sobre quais fatores estão relacionados com as mudanças do clima, os entrevistados destacaram o aumento no preço dos alimentos (com média de 8,8 em uma escala de 0 a 10), o desmatamento e ondas de calor na cidade (médias 8,7), seguido da extinção das espécies (com nota 8,5) e secas (8,4)[24].

Ainda na mesma pesquisa, 87% dos entrevistados afirmaram que estão dispostos ou muito dispostos a mudar seus hábitos em prol do clima. Entre as mudanças mais citadas estão reciclar e descartar o lixo corretamente (24%), plantar árvores (15%), evitar o uso de plástico (8%) e usar meios de transporte menos poluentes (8%). Mas 19% não sabem exatamente o que fazer. "É importante aproveitar certa disposição da população para a mudança de hábitos para incentivar medidas para reduzir o aquecimento global, como o uso de transporte público e bicicletas, a economia de energia e o uso de energia renovável, o plantio de árvores, privilegiando produtos e serviços de empresas comprometidas com a redução dos impactos negativos na sociedade e no meio ambiente. Além disso, é importante incentivar o voto consciente em candidatos que compreendam a importância da conservação da natureza para o nosso futuro", afirma Cecilia Polacow Herzog, membro da Rede de Especialistas em Conservação da Natureza (RECN) e professora e pesquisadora do Departamento de Arquitetura e Urbanismo da Pontifícia Universidade Católica do Rio de Janeiro (PUC-Rio)[24].

Ainda na reportagem da revista *Isto É*, pude comentar um pouco sobre as nossas dificuldades de agir no longo prazo, o que talvez seja uma questão cultural. "Infelizmente, no Brasil, a gente tem visões de curto prazo das coisas. A gente não pensa como questões estratégicas para as futuras gerações. Pensa no que pode explorar agora. Isso talvez seja a grande diferença para países que começam a pensar políticas de longo prazo. Parece que eles conseguem visualizar isso e a gente tem muita dificuldade. Como temos à vontade, não nos preocupamos, mas uma hora pode faltar."[23]

Ao escrever essas linhas e pensar no esforço global para o combate às mudanças climáticas e ao aquecimento global, a minha percepção é a de que estamos muito devagar e que as **alterações no planeta estão acontecendo em um ritmo muito maior do que as nossas ações efetivas.**

É inevitável não pensar em uma passagem comentada pelo ex-vice-presidente dos Estados Unidos, Al Gore, no belíssimo documentário intitulado *Uma verdade inconveniente*[25], a respeito da história do "sapo fervido", contida no livro *A quinta disciplina*, de Peter Senge[26]:

> "Se você puser um sapo numa panela, enchê-la com água e a colocar no fogo, vai perceber uma coisa interessante: o sapo se ajusta à temperatura da água, e permanece lá dentro. E continuaria se ajustando, quanto mais subisse a temperatura. Quando a água estivesse perto do ponto de fervura, e o sapo tentasse saltar para fora, não conseguiria, porque estaria muito cansado devido aos ajustes que teve que fazer. Alguns diriam que o que matou o sapo foi a água fervendo... O que o matou, na verdade, foi a sua **incapacidade de decidir quando pular fora.**"

Em resumo, o sapo colocado em uma panela com água fria vai se acostumando à medida que a temperatura aumenta. Mas se você colocar o mesmo sapo em água fervendo, ele tende a pular.

É uma história interessante e que nos remete à ideia de que estamos vivendo em um planeta que está aquecendo aos poucos, e o nosso comportamento se assemelha ao do sapo, que vai se acostumando com o aumento da temperatura.

Será que não estamos tendo "capacidade de decidir quando pular fora" e tomar medidas para frear o aquecimento global e as mudanças climáticas? Realmente, a sensação é que nossas ações estão muito aquém da gravidade do problema. **E a importância do ESG é justamente impor limites às atividades das empresas** que devem, a partir de agora, estar atentas à sua responsabilidade socioambiental e de governança, pensando não apenas em sua própria sobrevivência, mas na de todos os seres vivos do planeta.

Na primeira conferência mundial do meio ambiente realizada em 1972, em Estocolmo, na Suécia, os países se dispuseram a discutir as questões relacionadas à sustentabilidade ambiental. Depois de um tempo, esse tema também virou pauta do mundo empresarial, da mídia e dos cidadãos. Mas se você anda acompanhando as notícias referente às Conferências das Partes (COPs), que é o encontro da Convenção-Quadro das Nações Unidas sobre

Mudança do Clima, realizado anualmente por representantes de vários países com objetivo de debater as mudanças climáticas, encontrar soluções para os problemas ambientais que afetam o planeta e negociar acordos, deve ter percebido que a impressão é que há pouco avanço prático.

A COP28, realizada em Dubai, nos Emirados Árabes Unidos, durante os dias 30 de novembro a 13 de dezembro de 2023, foi mais uma tentativa de encontrar soluções em um cenário que se mostra cada vez mais preocupante em relação às mudanças climáticas. Na 28ª edição da Conferência do Clima, da Organização das Nações Unidas (ONU), muitos temas foram discutidos pelos chefes de Estado dos quase duzentos países-membros da Convenção-Quadro das Nações Unidas sobre a Mudança do Clima (UNFCCC). Na ocasião, o documento chamado de *Global Stocktake* **e a produção e o uso dos combustíveis fósseis receberam atenção especial**[27].

O *Global Stocktake* (GST) é um balanço global da ONU (Organização das Nações Unidas) para acompanhar e avaliar a implementação das metas do **Acordo de Paris** no longo prazo. Ou seja, o balanço considera esforços socioeconômicos para lidar com os impactos ambientais e diminuir os danos associados às mudanças climáticas. O pontapé inicial do balanço aconteceu em Glasgow, na Escócia, durante a COP26, e a primeira discussão sobre o tema ocorreu em março de 2022, durante a Semana do Clima Mena (MENA Climate Week 2022)[28].

Os países-membros da COP têm se esforçado para colocar em prática as ações estipuladas pelo Acordo de Paris, porém a implementação deve ser acelerada seguindo o relatório técnico do primeiro *Global Stocktake*, isto é, o primeiro balanço global. Esse diálogo técnico foi organizado em três reuniões durante os anos de 2022 e 2023. A discussão tratou sobre mitigação e adaptação, além de tratar de perdas e danos. Os diálogos técnicos aproveitaram as últimas conclusões do Painel Intergovernamental sobre Alterações Climáticas (IPCC). O relatório traz dezessete conclusões e **deixa claro que existem progressos, mas que é necessário fazer mais**. As conclusões destacam as oportunidades e boas práticas na aceleração da implementação do *Global Stocktake*[29].

O relatório fornece orientações para alcançar as metas do Acordo de Paris de manter o aumento da temperatura da terra em 1,5 °C. Para isso, o Presidente designado da COP28, o Dr. Sultan Ahmed Al-Jaber, diz que é necessário "ambição e urgência" para **reduzir as emissões** em mais de 40% até 2030. Por esse motivo, a Presidência da COP28 apresentou uma agenda de ação centrada na aceleração de uma **transição energética**, no financiamento climático e na inclusão dos países-membros envolvidos, além da criação de uma economia sustentável[29].

Essa COP teve um avanço significativo, que foi tocar no ponto referente à transição energética. Entre os documentos de maior adesão há o de energia renovável, intitulado Compromisso Global de Renováveis e Eficiência Energética, com declarações de chefes de Estado de mais de 120 países. Segundo o material, o ritmo e a escala de implementação das energias renováveis — e, por consequência, da eficiência energética — devem aumentar entre 2023 e 2030 por conta do movimento global de uso de sistemas energéticos sem combustíveis fósseis. Tudo isso tendo em vista o cumprimento do Acordo de Paris para manter o aquecimento terrestre abaixo dos 2 °C. "O mundo necessita de três vezes mais capacidade de energia renovável até 2030, ou pelo menos 11.000 GW, e a taxa média anual global de melhorias na eficiência energética de cerca de 2% deve duplicar todos os anos até 2030", afirma a declaração[30].

Os países participantes reconheceram que a energia está ligada a todos os Objetivos de Desenvolvimento Sustentável (ODS) da Organização das Nações Unidas (ONU), assim como existe o ODS 7, que fala especificamente sobre "energia acessível, viável, sustentável e moderna para todos". O investimento em sistemas energéticos tem o potencial de criar empregos e capacitar pessoas, melhorar a qualidade de vida e os meios de subsistência, mas deve ser pensado com responsabilidade ambiental. O documento enfatiza que o número de países que têm progredido na agenda energética aumentou consideravelmente[30].

"Uma linha vital para o clima, mas não uma solução definitiva." Foi assim que Simon Stiell, secretário-executivo da ONU para Mudanças Climáticas, classificou o texto final do acordo estabelecido na 28ª Conferência do Clima da ONU, em Dubai, Emirados Árabes. O documento citou o fim do uso dos combustíveis fósseis — uma vitória parcial dos ambientalistas —, propõe triplicar a geração de energias renováveis em dois anos e aborda a necessidade de operacionalizar o fundo de adaptação climática, instrumento para transferência de recursos financeiros entre países ricos e pobres, uma promessa há quase uma década, mas que nunca saiu do papel[31].

Aparentemente, a vitória dos defensores do meio ambiente estava concretizada com o compromisso de eliminação dos combustíveis fósseis por parte dos países, mas o que se viu foi uma contraofensiva.

Vários membros da Organização dos Países Exportadores de Petróleo e Aliados (Opep+) intensificaram um movimento para derrubar um acordo em discussão na COP28, em Dubai, para a eliminação progressiva dos combustíveis fósseis. Mais de oitenta nações costuraram o compromisso de extinção do uso de petróleo e gás, ao passo que países como Arábia Saudita e Rússia trabalharam contra.

Durante o evento, um representante da Opep, centro do grupo principal dos países produtores, leu na conferência um recado do secretário-geral, Haitham Al Ghais, que foi entendido como mais uma manobra de pressão contra o acordo. "Precisamos de abordagens realistas para combater as emissões. Aquele que permite o crescimento econômico, ajuda a erradicar a pobreza e ao mesmo tempo aumenta a resiliência", disse o secretário. A ideia da Opep era que o documento de compromisso da COP28 mencionasse apenas uma redução da poluição climática, não uma extinção. Desde o início do evento, membros do grupo falaram de "pressão indevida e desproporcional contra os combustíveis fósseis". O grupo de produtores de petróleo chegou a enviar uma carta pedindo aos seus membros e aliados que rejeitassem qualquer menção aos combustíveis fósseis no acordo final da cúpula[32].

Mas, a pressão exercida pelos membros da Opep+ surtiu efeito. Já no rascunho do documento final da Conferência das Partes sobre Mudanças Climáticas, o texto lembrava que o acordo tinha como objetivo reforçar a resposta global à ameaça das alterações climáticas, considerando o desenvolvimento sustentável e os esforços para a erradicação da pobreza. Para desapontamento de muitos, não havia nenhuma menção clara à redução progressiva dos combustíveis fósseis — petróleo, carvão mineral e gás natural — em todo o texto. O futuro dessas fontes de energia — grandes emissoras de CO_2 — foi o principal ponto de discordância da COP[33].

O fim dos combustíveis fósseis não foi decretado — como muitos esperavam —, mas o mundo concorda que é preciso se "afastar" deles, começando ainda nesta década. Essa foi a principal conclusão da 28ª conferência do clima da Organização das Nações Unidas (ONU), a COP28, que terminou com um acordo negociado entre 195 países. Apesar de alguma frustração, os principais pontos da COP28 foram[34]:

- Pela primeira vez, os países concordaram que é preciso fazer uma **"transição energética"** para a redução do uso combustíveis fósseis.
- No entanto, o texto **não cita a eliminação de combustíveis fósseis** — ideia que não agradou os ambientalistas.
- O acordo propõe que seja **triplicada a capacidade de energia renovável** a nível mundial até 2030.

- Os países anunciaram um fundo de US$420 milhões para apoiar países afetados pelo aquecimento global, mas esse valor é considerado baixo.
- A conferência não estabeleceu compromissos concretos de financiamento para adaptação e mitigação, mas "reiterou" que mais dinheiro precisa chegar aos países afetados pelas mudanças climáticas.

O aspecto principal do acordo é o reconhecimento de que é necessária a redução no uso de combustíveis fósseis, mas não diz como isso será feito e não cita a eliminação, que é uma meta já acordada para 2050 — data estipulada pela ONU para não ter mais emissões de gases de efeito estufa. "A menção à substituição do uso de combustíveis fósseis é inédita, mas totalmente em desacordo com a realidade de países que projetam um aumento em suas fontes sujas", analisa Marcio Astrini, secretário-executivo do Observatório do Clima. "Os países agora precisam decidir que verdade irá prevalecer: a do texto da COP, ou a dos seus planos de explorar cada vez mais petróleo, carvão e gás"[34].

As discussões na COP28 foram marcadas pela forte oposição dos países produtores de petróleo, que buscavam evitar que diretrizes mais imediatas pelo fim do uso da energia suja fossem adotadas. O texto final e os compromissos nele assumidos ficaram ainda distantes do que desejavam os especialistas, que alertam para a urgência do fim do uso do carvão, petróleo e gás. Os principais avanços e críticas foram[34]:

- Os cientistas do clima e demais especialistas desejavam que o documento final utilizasse a expressão *"phase out"*, no sentido de eliminar os combustíveis fósseis.
- Em seu lugar, o documento sugere uma transição — *"transition away from"*, no original em inglês.
- Por outro lado, é a **primeira vez, desde 1994**, quando a Convenção do Clima da ONU entrou em vigor, que os países concordam que é preciso deixar de usá-los em seus sistemas energéticos.
- O foco do documento está na transição para sistemas de energia com emissões zero ou baixas, utilizando tecnologias renováveis, nucleares e de captura e armazenamento de carbono.

- O texto da COP **não estabelece metas gerais**: cabe a cada país elaborar ou atualizar seus próprios compromissos nacionais de redução da emissão de gases de efeito estufa.

Mas, engana-se quem acha que os problemas estão apenas na esfera ambiental. A área econômica tem particular interesse em todas essas movimentações relacionadas à sustentabilidade ambiental.

Um fracasso global em reduzir as emissões de carbono levará ao aumento dos custos do serviço da dívida para 59 países a partir de 2030, de acordo com um estudo que simulou o impacto econômico das mudanças climáticas nas atuais classificações de crédito soberano. Entre eles, China, Índia, Estados Unidos e Canadá podem esperar custos mais altos, já que suas pontuações de crédito caem dois níveis sob um sistema de *ratings* "ajustado ao clima", de acordo com o estudo publicado na revista *Management Science*. "Nossos resultados sustentam a ideia de que adiar investimentos verdes aumentará os custos de empréstimos para os países, o que se traduzirá em custos mais altos de dívida corporativa", afirmou a pesquisadora Patrycja Klusak sobre o estudo conduzido pela Universidade de East Anglia (UEA) e pela Universidade de Cambridge[35].

O aumento dos custos da dívida seria apenas uma faceta extra do dano econômico geral que as mudanças climáticas já estão causando. A gigante dos seguros Allianz estima que as recentes ondas de calor já teriam reduzido 0,6% da produção global neste ano. Embora as agências de classificação de crédito reconheçam a vulnerabilidade das economias às mudanças climáticas, até agora elas têm sido cautelosas ao quantificar esses riscos em seus exercícios de recomendação por causa das incertezas sobre a provável extensão dos danos. O estudo UEA/Cambridge treinou modelos de inteligência artificial nas classificações existentes da S&P Global e, em seguida, combinou isso com modelos econômicos climáticos e as próprias avaliações de risco de desastres naturais da S&P para criar novas classificações para vários cenários climáticos. Um rebaixamento para 59 países soberanos surgiu de um chamado cenário RCP 8.5 de emissões que continuam aumentando. Em comparação, 48 soberanos sofreram rebaixamentos entre janeiro de 2020 e fevereiro de 2021 durante a turbulência da pandemia da Covid-19[35].

REFERÊNCIAS DO CAPÍTULO

1 ALVES, R. R. *Marketing ambiental:* sustentabilidade empresarial e mercado verde. Barueri: Manole, 2017. 257 p.

2 COP. *Senado Federal*, [202-?]. Disponível em: https://www12.senado.leg.br/noticias/entenda-o-assunto/cop#:~:text=A%20Confer%C3%AAncia%20das%20Partes%20(COP,o%20planeta%20e%20negociar%20acordos. Acesso em: 26 fev. 2024.

3 A velocidade com que foi criada a vacina da Covid-19 é motivo de preocupação? Especialista do Butantan responde. *Butantan*, [202-?]. Disponível em: https://butantan.gov.br/covid/butantan-tira-duvida/tira-duvida-noticias/a-velocidade-com-que-foi-criada-a-vacina-da-covid-19-e-motivo-de-preocupacao-especialista-do-butantan-responde#:~:text=A%20ci%C3%AAncia%20correu%20para%20criar,bra%C3%A7os%20das%20pessoas%20em%20meses. Acesso em: 26 fev. 2024.

4 Desenvolvimento e responsabilidade. Uma das referências nacionais em ESG, Ricardo Ribeiro Alves fala da importância de as empresas serem social e ambientalmente proativas. São Paulo: *Forbes*, Especial ESG, junho 2024.

5 ALMEIDA, D. Ciclone deixa 22 mortos e causa enchentes na Região Sul. *Agência Brasil*, 5 nov. 2023. Disponível em: https://agenciabrasil.ebc.com.br/geral/noticia/2023-09/ciclone-deixa-22-mortos-e-causa-enchentes-na-regiao-sul. Acesso em: 26 fev. 2024.

6 O que está causando as enchentes recordes no RS? *Zero Hora*, 22 nov. 2023. Disponível em: https://gauchazh.clicrbs.com.br/ambiente/noticia/2023/11/o-que-esta-causando-as-enchentes-recordes-no-rs-clp90b8qp003w012lan2jt7sx.html. Acesso em: 26 fev. 2024.

7 Causas e efeitos das mudanças climáticas. *Nações Unidas*, [202-?]. Disponível em: https://www.un.org/pt/climatechange/science/causes-effects-climate-change. Acesso em: 26 fev. 2024.

8 HARMAN, W.; HORMANN, J. *O trabalho criativo:* o papel construtivo dos negócios numa sociedade em transformação. 15. ed. São Paulo: Cultrix, 1998. 233 p.

9 CONSUMISMO. *In*: *Michaelis dicionário prático.* Língua portuguesa. 3. ed. São Paulo: Melhoramentos, 2016. 976 p.

10 PEATTIE, K.; CHARTER, M. Marketing verde. *In*: BAKER, M. J. (org.) *Administração de marketing.* Rio de Janeiro: Elsevier, 2005. p. 517-537.

11 MEADOWS, D.; RANDERS, J.; MEADOWS, D. *Limites do crescimento*: a atualização de 30 anos. São Paulo: Qualitymark, 2007. 364p.

12 CODDINGTON, W. *Environmental marketing:* positive strategies for reaching the green consumer. New York: McGraw-Hill, 1993. 252 p.

13 WELFORD, R. *Environmental strategy and sustainable development:* the corporate challenge for the twenty-first century. London: Routledge, 1995. 240 p.

14 PRAKASH, A. Green marketing, public policy and managerial strategies. *Business Strategy and The Environment,* Malden, Massachusetts, v. 11, n. 5, p. 285-297, set./out. 2002.

15 OTTMAN, J. A. *As novas regras do marketing verde:* estratégias, ferramentas e inspiração para o branding sustentável. São Paulo: M. Books do Brasil Editora Ltda, 2012. 328 p.

16 ZÜLSKE, M. L. *Abrindo a empresa para o consumidor.* 4. ed. Rio de Janeiro: Qualitymark, 1997. 198 p.

17 OTTMAN, J. A. *Marketing verde:* desafios e oportunidades para a nova era do marketing. São Paulo: Makron Books, 1994. 190p.

18 SITTA, L.; PRIOLLI, P.; GHERARDI, C. O que os consumidores brasileiros esperam das marcas em relação aos pilares ESG. *Think With Google*, set. 2022. Disponível em: https://www.thinkwithgoogle.com/intl/pt-br/tendencias-de-consumo/tendencias-de-comportamento/esg-brasil-marcas-consumidor/. Acesso em: 27 fev. 2024.

19 ALVES, R R.; JACOVINE, L. A. G.; NARDELLI, Á. M. B. *Empresas verdes*: estratégia e vantagem competitiva. Viçosa, MG: Editora UFV, 2011. 194 p.

20 KOTLER, P.; KELLER, K. L. *Administração de marketing.* 15. ed. São Paulo: Pearson, 2018. 896p.

21 KOTLER, P.; ARMSTRONG, G. *Princípios de marketing.* 18. ed. Porto Alegre: Bookman, 2023. 736p.

22 MOWEN, J. C.; MINOR, M. S. *Comportamento do consumidor.* São Paulo: Pearson Prentice Hall, 2003. 404 p.

23 O planeta "derrete" e provoca medo. *IstoÉ*, [202-?]. Disponível em: https://istoe.com.br/o-planeta-derrete-e-provoca-medo/. Acesso em: 27 fev. 2024.

24 BASTOS, F. 70% dos brasileiros conhece alguém que foi afetado por eventos climáticos extremos, mostra estudo. *Exame*, 28 nov. 2023. Disponível em: https://exame.com/esg/70-dos-brasileiros-conhece-alguem-que-foi-afetado-por-eventos-climaticos-extremos-mostra-estudo/?fbclid=PAAaYZ7I6GbB4AJXzvJisi1ifq2ZJcv-YTmEvY0orr-uvh-i8JCiXIW-9u1t4_aem_AUNF6ma1mqcd-B_LTS7jkpHEfOl3wC6Xv-n2o3HQz0qcT4nHWC0yIBWqKQ8oJCC9Gmc. Acesso em: 27 fev. 2024.

25 PRIME VÍDEO. *Uma verdade inconveniente*. Disponível em: https://www.primevideo.com/-/pt/detail/Uma-Verdade-Inconveniente/0J7YUWAHZIJ8CHMXH5SJAE7P2V. Acesso em: 27 fev. 2024.

26 SENGE, P. M. *A quinta disciplina*: arte e prática da organização que aprende. Rio de Janeiro: Editora Best Seller, 2013. 644 p.

27 BASTOS, F. Retrospectiva ESG 2023: a COP para a redução gradual dos combustíveis fósseis. *Exame*, 20 dez. 2023. Disponível em: https://exame.com/esg/retrospectiva-esg-2023-a-cop-para-a-

reducao-gradual-dos-combustiveis-fosseis/?fbclid=PAAaaoYu_Qpn2Bws8Uxe2mxPu8uxrpOK3sW8tCvdYuTC4FA3d81SDwYAEDJTc_aem_Aa6Fye22hR19wRelApmzxctu4wHLt8br13TfWJ3P1TAGCG6LJ4VZFc0p7xmBwmXJIE. Acesso em: 27 fev. 2024.

28 BASTOS, F. Global Stocktake: saiba o que é e porque pode provocar uma virada econômica na COP28. *Exame*, 25 ago. 2023. Disponível em: https://exame.com/esg/global-stocktake-saiba-o-que-e-e-porque-pode-provocar-uma-virada-economica-na-cop28/amp/?fbclid=PAAaa6eYOYe6quRFaaKYFitpylqMBH2XLbr48oRHJ9BVTyMCgGryV3YnZph6w_aem_AWFP90Pe4KpNJvhcPg-uT6zHuoqo5Dyh5KkY9ow1k0mJO7nLaWyfdCcCDWA0skD_RCg. Acesso em: 27 fev. 2024.

29 BASTOS, F. Global Stocktake: primeiro relatório afirma que ações climáticas devem acelerar. *Exame*, 9 dez. 2023. Disponível em: https://exame.com/esg/global-stocktake-primeiro-relatorio-afirma-que-acoes-climaticas-devem-acelerar/?fbclid=PAAaaqOYAxGrEzmO58PGIVXKT5Puxv5TswpGCT62S93AR8klyz2x71goNowyk_aem_ASZo7n5iEl5hSz9moRpv1TLjsjN-Ed6yv6T-0eGjug-apEMvqNaloMRKwEwk1BIlUeI. Acesso em: 27 fev. 2024.

30 BASTOS, F. Na COP28, maioria dos países assina declaração para implementação de energias renováveis. *Exame*, 12 dez. 2023. Disponível em: https://exame.com/esg/na-cop28-maioria-dos-paises-assinam-declaracao-para-implementacao-de-energias-renovaveis/?fbclid=PAAabM3hqeo0DzpW_ElVtI2_WxUCXI4umL8QzDH6Z93KGIuz97-KQysm22mXI_aem_AWqj55hsHB2-MJUL1wirnZEFmjS3cgKYbuReZ9fu1zlFHcAU5Wz3vo8dTIljq9NEZu4. Acesso em: 27 fev. 2024.

31 CAETANO, R.; PÁDUA, L. COP28: texto final do acordo sinaliza fim do petróleo e propõe triplicar energias renováveis. *Exame*, 13 dez. 2023. Disponível em: https://exame.com/esg/mundo/cop28-texto-final-do-acordo-sinaliza-fim-do-petroleo-e-propoe-triplicar-energias-renovaveis/. Acesso em: 27 fev. 2024.

32 COP28: secretário da Opep pressiona contra compromisso de eliminação de combustíveis fósseis e países protestam. *G1*, 9 dez. 2023. Disponível em: https://g1.globo.com/google/amp/meio-ambiente/noticia/2023/12/09/cop-28-opep-divulga-carta-contra-compromisso-de-eliminacao-de-combustiveis-fosseis.ghtml. Acesso em: 27 fev. 2024.

33 Pacheco, P.; Filippe, M. Rascunho do acordo final não cita eliminação progressiva de combustíveis fósseis. *Exame*, 11 dez. 2023. Disponível em: https://exame.com/esg/cop28-rascunho-do-acordo-final-nao-cita-eliminacao-progressiva-de-combustiveis-fosseis/?fbclid=PAAaZq-jYxjsAzLYyZzA7jLxeibFpjCqNV4Nc1gy10kgUX76EXWpnC_9DHvv8_aem_AVDjHHcUTNU27RzmSo5OVpxoEuh7RfiWASQg61fIIulQ7JFGVrINHn8arf_IZ9zUVyE. Acesso em: 27 fev. 2024.

[34] Peixoto, R.; Casemiro, P.; Garcia, M. COP28 termina com avanço sobre transição energética, mas exclui eliminação dos combustíveis fósseis. *G1*, 13 dez. 2023. Disponível em: https://g1.globo.com/meio-ambiente/noticia/2023/12/13/cop-28-acordo-encaminha-transicao-para-a-saida-do-carvao-petroleo-e-gas.ghtml. Acesso em: 27 fev. 2024.

[35] Mudanças climáticas colocam países em risco de rebaixamento, mostra estudo. ***Época Negócios***, 7 ago. 2023. Disponível em: https://epocanegocios.globo.com/um-so-planeta/noticia/2023/08/mudancas-climaticas-colocam-paises-em-risco-de-rebaixamento-mostra-estudo.ghtml. Acesso em: 27 fev. 2024.

Marketing e a letra **"S"** de **ESG** (aspectos sociais)

5.1 As questões sociais como fator a ser considerado pelo marketing

Há pouco tempo vi uma expressão pela primeira vez na vida: **ansiedade climática**. Você já ouviu falar disso?

A mudança climática está exercendo um impacto crescente na saúde mental das pessoas, refletido em um aumento significativo nas buscas por "ansiedade climática" no Google, conforme dados divulgados pela BBC 100 Women. A "ansiedade climática" é caracterizada por sentimentos de angústia relacionados aos impactos do aquecimento global, sendo reportada em âmbito global, inclusive entre crianças e jovens[1].

De acordo com o Google Trends, as buscas em inglês por esse termo foram 27 vezes mais frequentes nos primeiros dez meses de 2023 em comparação com o mesmo período de 2017. Em português, houve um aumento de 73 vezes; em chinês (simplificado), 8,5 vezes; e em árabe, um aumento de 1/5. Os países nórdicos lideraram em consultas relacionadas à ansiedade climática nos últimos cinco anos, com a Finlândia, a Suécia, a Dinamarca e a Noruega responsáveis por mais de 40% das buscas globais. O Google também identificou um aumento global nas pesquisas sobre o futuro do planeta abrangendo mudanças climáticas (aumento de 120%), adaptação (aumento de 120%), sustentabilidade (aumento de 40%) e emissões de gases do efeito estufa nos últimos 12 meses (aumento de 120%)[1].

A preocupação atinge principalmente quem está nas gerações mais jovens e pode alterar o comportamento dos indivíduos. "A ansiedade em relação ao clima geralmente é acompanhada por sentimentos de pesar, raiva, culpa e vergonha que, por sua vez, podem afetar o humor, o comportamento e o pensamento", explica um artigo médico publicado pela Harvard Health Publishing, a plataforma de notícias da Escola de Medicina da Universidade de Harvard, nos Estados Unidos. A Harvard Health Publishing informa que já é possível notar que "o aumento das temperaturas tem sido associado ao aumento de visitas ao departamento de emergência por motivos psiquiátricos"[2].

Além de afetar o humor e o comportamento das pessoas, outro efeito já notado da ansiedade climática — e que podem impactar diariamente na rotina — é a perda na capacidade de se concentrar, comer, dormir, estudar e desfrutar dos relacionamentos, explica a *Smithsonian Magazine*, uma publicação do Museu Smithsonian (instituição educacional e de pesquisa fundada e administrada pelo governo dos Estados Unidos). A ansiedade climática também pode prejudicar o desenvolvimento cognitivo de crianças e adolescentes, defende a Harvard Health Publishing[2].

Mas o que exatamente é a ansiedade climática? De acordo com um artigo publicado pela Harvard Health Publishing, a ansiedade climática (ou ecoansiedade) seria "o sofrimento relacionado às preocupações com os efeitos das mudanças climáticas". "Não se trata de uma doença mental", esclarece o artigo. "Em vez disso, é uma **ansiedade enraizada na incerteza sobre o futuro** e que alerta sobre os perigos de um clima em mudança", continua o texto[2].

Já uma reportagem sobre mudança climática publicada pela *National Geographic Brasil* em julho de 2022 ressalta que as pessoas mais jovens são as mais afetadas pelo problema. O dado é reforçado também por uma pesquisa realizada pela revista científica *The Lancet*. "Mais da metade dos 10 mil jovens entrevistados concordou com a afirmação: 'A humanidade está condenada' e disseram que as preocupações com o estado do planeta estavam interferindo no sono, na capacidade de estudar, brincar e se divertir", contou a reportagem da *NatGeo*[2].

Mas por que eu trouxe o tema da "ansiedade climática" para iniciar este capítulo, que trata do marketing e o S de ESG? A resposta não poderia ser outra: mostrar como as questões sociais e ambientais caminham juntas. Quando refletimos sobre as práticas ESG nas organizações, algo parece ser claro: existe uma associação íntima entre o aspecto "ambiental" e o "social", ficando difícil dissociar uma coisa da outra. Por outro lado, a "governança" diz respeito mais à forma como as atividades, tarefas e temas da organização serão realizados, buscando a transparência e eficiência nessas ações[3].

Se os pilares "ambiental" (E de *environmental*) e "social" (S de *social*) do ESG são, de certa forma, indissociáveis, uma boa alternativa seria tentar apresentar um modelo em que isso ficaria fácil de entender[5]. Uma configuração interessante é inspirada no Yin e Yang*.

No modelo proposto a seguir, os dois pilares citados repousam sobre a base da "governança" (G de *governance*), que criará as condições necessárias para que tanto o "ambiental" como o "social" sejam implementados de forma prática, ética, transparente e eficaz nas organizações[3]:

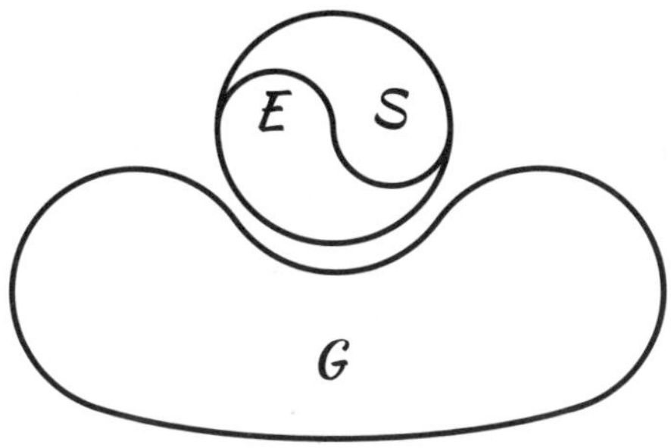

Feita essa consideração a respeito da relação intrínseca entre os aspectos ambientais e sociais, é importante pensarmos nas formas de amenizar o sentimento de "ansiedade climática" das pessoas. Uma das alternativas seria repassar informações mais precisas a respeito de temas atuais, como aquecimento global e mudanças climáticas. E, nesse ponto, **a educação tem um papel primordial**.

Um dos objetivos da educação é formar cidadãos críticos e conscientes, ou seja, aptos a tomarem decisões. As pessoas educadas sobre as questões do clima são capazes de entender termos específicos e avaliar criticamente as informações veiculadas na mídia, diferenciando o que é de senso comum do sensacionalismo, além de serem capazes de desenvolver e materializar respostas eficazes às alterações climáticas[5].

Ensinar sobre as mudanças climáticas não é uma tarefa simples, e o Brasil enfrenta enormes desafios nesse sentido. No contexto da Educação Básica, há falta de recursos e de incentivos. Há também uma deficiência na valorização dos professores que, além disso, não recebem uma formação específica para trabalharem com esse assunto. As pesquisas apontam que eles entendem a importância das mudanças climáticas no contexto escolar,

* "Yin e Yang são conceitos do taoísmo que expõem a dualidade de tudo que existe no universo. Descrevem as duas forças fundamentais opostas e complementares que se encontram em todas as coisas: o yin é o princípio da noite, Lua, a passividade, absorção. O yang é o princípio do Sol, dia, a luz e atividade."[4]

mas se sentem sozinhos nessa jornada. Com isso, os temas relacionados ao clima acabam ficando restritos a um esforço individual das escolas como determinado projeto pedagógico e acabam competindo com outros temas igualmente importantes[5].

Especialistas que compareceram às comissões de Educação e de Meio Ambiente e Desenvolvimento Sustentável na Câmara dos Deputados enfatizaram a necessidade de uma reformulação do sistema educacional para incorporar conteúdos relacionados às mudanças climáticas. Taciana Stec, analista de Políticas Públicas do Instituto Talanoa, argumentou que é imperativo repensar a abordagem das matérias ministradas em sala de aula. "Não é mais possível ensinar ciências sem abordar as mudanças climáticas. Não podemos mais discutir geografia, geopolítica, sem falar sobre refugiados climáticos. Ao tratar de recursos hídricos, é impossível ignorar as cidades e estados que enfrentam crises hídricas", declarou[6].

Mariana Breim, diretora de Políticas Educacionais do Instituto Península, enfatizou que a **educação ambiental**, de forma geral, tem sido mal abordada nas escolas. Ela defendeu a capacitação de professores nesse tópico. "A educação ambiental frequentemente é limitada a aulas isoladas. Ela é transmitida às crianças com uma carga de medo e culpa que não lhes pertence. 'Feche a torneira porque a água do mundo vai acabar, as geleiras estão derretendo, os animais estão desaparecendo' — isso é aterrorizante. Ninguém protege o que não conhece e ama. Devemos seguir por outro caminho", afirmou Mariana Breim[6].

A deputada Socorro Neri (PP-AC), que solicitou o debate, ressaltou a importância de adotar estratégias diversas para atender todo o país. "Precisamos considerar várias estratégias, várias possibilidades e várias abordagens para alcançar todas as pessoas que precisam entender a importância da integridade ambiental."[6]

Cayo de Alcântara, professor de Ciências e Ecologia da Coalizão Brasileira pela Educação Climática, sublinhou a necessidade de uma educação crítica. Ele destacou que "a humanidade" é culpada com frequência pela crise climática e pela perda de biodiversidade, embora apenas 10% da população seja responsável por metade do problema. Neusa Helena Rocha Barbosa, analista ambiental do Departamento de Educação Ambiental e Cidadania do Ministério do Meio Ambiente e Mudança do Clima, afirmou que a educação ambiental abarca várias áreas, incluindo a climática, a florestal e a de proteção das águas. Ela argumentou que a **educação ambiental não pode ser uma disciplina isolada, mas deve ser integrada de forma transdisciplinar**[6].

E além da questão da "ansiedade climática", que impactos as questões ambientais têm no dia a dia das pessoas na atual conjuntura mundial? Por incrível que pareça, na falta de pessoas para ocupar postos de trabalho que demandam conhecimentos na área ambiental. É o que afirma a reportagem intitulada "Talentos verdes em falta", publicada pela revista *Época Negócios*.

A transição para uma economia verde criará milhões de novos empregos em todo o mundo, mas nem todos os trabalhadores têm as habilidades que as empresas estão procurando para esses cargos, aponta uma pesquisa do LinkedIn. Segundo a análise realizada pela plataforma, não há profissionais suficientes com as competências certas. "Não estamos nem perto de onde precisamos estar", afirmou Efrem Bycer, gerente sênior de políticas públicas do LinkedIn, ao *Business Insider*. "Precisamos acelerar o desenvolvimento de talentos verdes, não apenas por causa do imperativo planetário, mas também porque há um monte de oportunidades econômicas que estamos deixando em cima da mesa."[7]

Apenas um em cada oito trabalhadores a nível mundial possui as competências verdes que as empresas procuram — que incluem, por exemplo, medir as emissões de carbono; construir projetos de energia solar, eólica e de veículos elétricos; prevenir desperdícios; e proteger a qualidade da água.

A disparidade é mais acentuada entre as mulheres: nove em cada dez delas não possuem uma única competência verde ou experiência profissional na área. O LinkedIn analisou dados de mais de 1 bilhão de pessoas e 65 milhões de empresas que utilizaram o site entre janeiro de 2016 e agosto de 2023. A empresa classificou centenas de competências como "verdes" e estudou as mudanças nesses perfis durante esse período[7].

Byzer observou que os trabalhadores com competências verdes têm melhores perspectivas de emprego. Em 2023, a taxa de contratação verde foi 29% superior à do mercado geral. Mas pode ser difícil entrar na área, porque muitos empregos exigem experiência anterior. Isso significa que os empregadores terão de repensar a forma como contratam para acompanhar a procura, concluiu a análise do LinkedIn. "Os empregadores deveriam conectar as suas metas climáticas à força de trabalho e depois investir no desenvolvimento preciso de talentos", disse Byzer. "Pessoas que trabalharam em gerenciamento de projetos, vendas ou suporte ao cliente podem ser uma boa opção para empregos em consultoria solar, por exemplo", acrescentou[7].

Olhando agora sob o ponto de vista das empresas, quando o assunto é responsabilidade social, ser proativo pode fazer toda a diferença. Estar atento a questões como diversidade, inclusão e atenção aos stakeholders são vitais para mostrar o comprometimento da companhia com as questões sociais.

Diversos temas devem fazer parte das questões sociais nas empresas quando pensamos em Práticas ESG. Assim, posso listar alguns aspectos de responsabilidade **social** (segundo pilar do ESG) que devem servir de referência para o Gestor de ESG e que foram abordados no livro *A força do ESG* (2024, Alta Books)[8]:

1. Direitos do trabalhador, englobando o devido registro funcional.
2. Saúde e segurança dos funcionários, bem como medidas para impedir o assédio moral e sexual.
3. Responsabilidade com os clientes e impacto na comunidade.
4. Diversidade e inclusão.

Podemos ver que as questões sociais do ESG são **limitadores** para as estratégias de marketing. Para fabricar um produto, por exemplo, a empresa precisa se certificar de que o seu empregado seja registrado e tenha segurança para executar as atividades; além disso, é necessário recrutar e selecionar os empregados promovendo a diversidade e a inclusão.

Novamente, peço que entendam a palavra "limitador" como um **bem necessário** para o funcionamento das organizações.

Se recordarmos a nossa frase do Capítulo 3, "O marketing é a ferramenta para a **fabricação e venda** dos produtos, ao passo que o ESG impõe os **limites necessários** às atividades da empresa", podemos pensar que as questões sociais impõem uma série de limitantes à atuação da empresa, seja pela dificuldades de atender à legislação trabalhista, de atuar com diversidade e inclusão, de ater-se à saúde e segurança dos trabalhos ou de atender às expectativas de fornecedores, investidores, governos e da sociedade como um todo.

Como abordamos no capítulo anterior, vamos utilizar cada letra do ESG como se fosse uma das cores do semáforo, simbolizando, também, o aspecto de ser um "fator limitante". Neste caso, o S de Social é que vai restringir a atuação do marketing, como proposta em nossa definição inicial.

As atividades de marketing, então, se assemelham ao motorista que terá que parar quando o semáforo estiver na cor vermelha. Em nosso caso, a letra S do ESG deverá fazer com que a empresa pare e reflita sobre quais aspectos sociais podem ser importantes quando for desenvolver suas estratégias de marketing.

5.2 As vertentes do marketing com apelo social e suas contribuições para a agenda ESG das organizações

Você com certeza já entrou em uma empresa — supermercado, mercearia, padaria, lanchonete (ou lancheria, como dizemos aqui no Rio Grande do Sul), hotel, restaurante ou alguma outra, não é? Sei que essa **é uma pergunta até certo ponto bizarra, pois quem de nós nunca entrou** em uma empresa, visto que a nossa sociedade é constituída por elas? Sei disso, mas quero que vocês imagem o que há dentro de uma empresa, excetuando as pessoas que estão lá. Vamos encontrar equipamentos, máquinas, computadores, balcões, prateleiras, produtos e o próprio prédio onde se encontra o estabelecimento, com suas paredes, fiação elétrica, parte hidráulica etc. Todo esse conjunto de itens faz parte do patrimônio do que chamamos de **pessoa jurídica**.

Mas percebam que nenhum desses itens tem vida ou vontade própria, ou seja, nenhum deles é capaz de, por si só, começar a produzir ou atender os clientes. Mesmo os robôs, muito comuns no Japão, precisam ser programados por um ser humano para agirem. Assim, podemos dizer, sem medo de errar, que:

A empresa não é nada sem as pessoas. As pessoas são a alma da empresa. É por isso que duas empresas do mesmo ramo de atuação e do mesmo tamanho sempre serão diferentes, porque as pessoas que estão nelas são diferentes. São as pessoas que fazem a diferença em uma organização.

De forma bem poética, **as pessoas são mesmo a razão de ser das empresas**, seja no papel de empregados, que usam de seu talento para a condução das atividades na organização ou para fabricação e venda de seus produtos; atuando como clientes para adquirir os produtos e serviços que a empresa oferece; ou no papel dos fornecedores que disponibilizarão as matérias-primas e demais insumos necessários para a companhia.

Diversas vertentes do marketing têm afinidade com as questões sociais, incluindo o marketing social, o marketing para causas sociais, o marketing na base da pirâmide, o marketing de luxo, o marketing pessoal e o próprio marketing ambiental, que já comentamos no capítulo anterior e que, por isso, não abordaremos aqui.

Quando estava fazendo o curso de Administração na Universidade Federal de Viçosa (UFV), aprendi apenas o marketing tradicional nas quatro disciplinas que fiz sobre o tema. O principal expoente na área de Marketing, autor dos mais importantes livros que usávamos, era Philip Kotler. Curiosamente, o mesmo autor foi um dos pioneiros nas discussões envolvendo o marketing social.

O conceito de **MARKETING SOCIAL** apareceu pela primeira vez em 1971 para descrever o uso de princípios e técnicas de marketing para a promoção de uma causa, ideia ou comportamento social. Em uma definição mais completa, o marketing social corresponde à **utilização de princípios e técnicas de marketing para influenciar o público-alvo** para que ele, de forma voluntária, aceite, modifique ou abandone determinado comportamento em benefício de indivíduos, grupos ou da sociedade como um todo[9, 10, 11].

Assim, o marketing social amplia sobremaneira a visão do marketing tradicional ao incorporar a dimensão social nas relações de troca. Agora, a satisfação individual não é a única coisa importante, mas sim o bem-estar das pessoas e da sociedade[12].

Algumas empresas que dizem praticar o marketing social na realidade fazem o chamado **MARKETING PARA CAUSAS SOCIAIS** (MCS), que representa uma ferramenta estratégica de marketing e de posicionamento que **alia uma organização ou marca a uma causa social** importante, buscando um benefício para ambas as partes. É o caso de doações para campanhas de preservação do meio ambiente ou então para angariar fundos para uma creche ou asilo, por exemplo[13]. Sabe quando você liga a televisão no final do ano e está passando a Corrida de São Silvestre? Você vê diversas placas de publicidade, talvez balões inflados e cartazes de empresas. É um marketing pontual, apenas para aquele evento, cuja ideia é associar o nome da empresa com o evento esportivo. Passada a corrida, termina o acordo entre os envolvidos. Esse é o marketing para causas sociais.

Contudo, a sociedade exige um comprometimento maior das organizações e que elas se mostrem capazes de incorporar o **compromisso social em suas práticas**, seja nas relações com os funcionários e os demais stakeholders, seja no pagamento correto de impostos ou ainda na fabricação de produtos que gerem o mínimo impacto negativo no meio ambiente. Além disso, é importante que a organização contribua para o desenvolvimento das comunidades do seu entorno, proporcionando oportunidade de emprego e melhoria na educação e saúde das pessoas[12].

Questiona-se se seria possível manter a satisfação individual das pessoas ao passo que problemas sociais, como a escassez de recursos naturais, serviços públicos deficientes, o crescimento de cidades sem infraestrutura adequada, a falta de água e saneamento básico, a formação de favelas e a ampliação das desigualdades sociais, assolam a humanidade. Se o marketing tradicional for capaz de satisfazer as necessidades individuais de seus consumidores, ele peca pela não abrangência das situações sociais[12].

Por vezes, ocorre um **conflito entre o interesse do consumidor no curto prazo e o atendimento de seu bem-estar no longo prazo**, evidenciado pela minimização dos problemas sociais descritos anteriormente. Em outra trajetória, aparecem as empresas, que, no intuito de satisfazer aos desejos individuais das pessoas, acabam oferecendo produtos e serviços que não correspondem ao que é melhor para elas e para a sociedade no longo prazo[12].

Uma situação bem nítida é a influência da degradação ambiental no dia a dia das pessoas, evidenciada pelo uso irracional dos recursos naturais e pela geração e acúmulo de resíduos sólidos urbanos nas cidades e nos aterros sanitários, aterros controlados e nos chamados "lixões". O produto fabricado atende às necessidades individuais dos consumidores; no entanto, os problemas ocasionados pela sua fabricação, ou seja, o uso irracional da matéria-prima e a geração de lixo, promovem a diminuição de bem-estar social e, por consequência, a do próprio consumidor que adquiriu o produto[12].

Um fenômeno recente é o surgimento de **"empresas sociais"** e de **"negócios sociais"**. Uma empresa é classificada como "social" quando ela atua prioritariamente no campo social; nesse caso, todo o seu lucro é reinvestido no próprio negócio. São empresas que têm exclusivamente um propósito social, embora continuem atuando na concepção tradicional de mercado[14].

O mais comum, no entanto, é que as empresas tenham "negócios sociais", ou seja, somente algumas unidades de negócios (UENs) ou linhas de produtos com propósito social, cujo lucro é imediatamente reinvestido nesse objetivo. As empresas com atuação em pontuais negócios sociais também podem ser consideradas por alguns autores como empresas sociais. Tal como nas empresas tradicionais, o negócio social deve gerar suas próprias receitas a partir da venda de produtos e serviços. Portanto, elas não devem deixar de lado o conhecimento do mercado consumidor, as oportunidades e ameaças que possam surgir, a lei de oferta e demanda e a utilização de mecanismos de mercado para atingir seus objetivos sociais. As áreas de atuação dos negócios sociais são diversas, podendo ser em educação, saúde, nutrição, tecnologia, economia, dentre outros, sempre pautados no interesse de atender a uma causa socioambiental[12].

Dentre os objetivos dos negócios sociais está o de ampliar as perspectivas das pessoas marginalizadas pela sociedade, proporcionar renda compartilhada e autonomia financeira para pessoas da classe baixa e, de forma geral, causar impacto positivo em comunidades carentes. Sua característica inovadora é a de sempre buscar a viabilidade econômica ao propor uma solução, tendo por base estratégias e modelos de negócios, procurando utilizar soluções de negócios para enfrentar os problemas socioambientais[12].

Para o Centro de Empreendedorismo Social e Administração em Terceiro Setor da Universidade de São Paulo (CEATS), a **intencionalidade** é um fator importante e diferencial nos negócios sociais, bem como sua relação com a realidade local e compromisso com o desenvolvimento do território. A análise da realidade social e seu contexto é fundamental para determinar o negócio social. Um serviço que fornece eletricidade solar para uma comunidade rural isolada no Pará, por exemplo, pode ser considerado um negócio social pelas condições da realidade local e pela relevância da demanda. Contudo, se esse negócio social fosse gerido pelos mesmos empreendedores na Grande São Paulo, por exemplo, onde toda a população está conectada à rede elétrica regional, em análise, ele não teria a mesma relevância e, por isso, não seria considerado um negócio social[15].

Outra característica importante que diferencia os negócios sociais dos negócios tradicionais é que essas iniciativas **não são desenvolvidas para ganho pessoal, e sim para o benefício de um grupo de pessoas**. Um exemplo é o caso típico de um empreendedor individual, morador de uma grande favela, que é incentivado e apoiado a abrir seu próprio negócio como meio de geração de trabalho e renda. Esse caso não deve ser considerado como um negócio social apenas pelo fato de ter sido gerido por um empreendedor de baixa renda e porque ele atua dentro de uma comunidade pobre[12]. Se esse mesmo negócio fosse uma iniciativa de um empreendedor que estivesse diretamente envolvido na mudança da situação econômica e social de um grupo de pessoas, aí sim ele poderia ser considerado um "negócio social". Além disso, a estrutura de um negócio social deve funcionar de forma diferente de um negócio tradicional, permitindo a participação do público beneficiado na gestão e sua inclusão em diferentes partes da cadeia produtiva[15].

Dentre as diversas **características dos negócios sociais** destacam-se[15]:

- Venda de produtos ou serviços que contribuam para melhorar a qualidade de vida da população de baixa renda.
- Necessidade de esse produto ou serviço principal ser capaz de sustentar financeiramente a empresa, de forma que ela não dependa de doações ou captação de recursos para as suas operações.

- Deve apresentar uma característica inovadora em seu modelo de negócio.
- Deve ter o potencial de alcançar escala e operar de forma eficiente.
- Comprometimento do empreendedor e de sua equipe em melhorar a qualidade de vida da população de baixa renda.

Dentre os **impactos positivos** gerados pela implementação de negócios sociais, pode-se destacar[15]:

- Inclusão de grupos de baixa renda na cadeia produtiva de valor.
- Oferta de produtos e serviços que possam melhorar a produtividade de pessoas excluídas, contribuindo indiretamente para o aumento de suas rendas.
- Oferta de produtos e serviços de qualidade e com preços acessíveis e que contribuam diretamente para aumentar o acesso dos grupos de baixa renda e o atendimento de necessidades básicas, como saneamento, alimentação, energia, saúde e habitação.

Existe divergência entre duas correntes a respeito da distribuição dos lucros gerados pela operação do negócio social. A primeira corrente, liderada por Muhammad Yunus, economista pioneiro em usar o termo, fundador do Grameen Bank e ganhador do prêmio Nobel da Paz em 2006, defende que os investidores só podem recuperar o capital investido, sem direito a lucro e dividendos. Para Yunus, o lucro deve ser totalmente reinvestido na empresa e destinado à ampliação dos benefícios socioambientais. Já a outra corrente, que conta com um número maior de seguidores, representada por Stuart Hart e Michael Chu, professores estudiosos do tema das Universidades de Cornell e Harvard, nos Estados Unidos, defende a distribuição de lucro por entender que isso possibilita atrair mais investidores e permitir a criação de novos negócios na velocidade necessária para superar os desafios sociais existentes no mundo[15].

Em sua essência, o marketing foi se modificando ao longo do tempo. Se, no início, ele enfatizava a relação bilateral entre as empresas e os clientes, aos poucos foi incorporando a dimensão social, passando a considerar o impacto de suas ações no dia a dia das pessoas e como ele influenciará a vida dos consumidores e da sociedade em que vivem[12].

Ao falar da **dimensão S do ESG** e de sua relação com o marketing das empresas, é importante mencionar duas vertentes que são, de certa forma, opostas: o **MARKETING NA BASE DA PIRÂMIDE** e o marketing de luxo.

O interesse pelo comportamento dos consumidores pobres na literatura internacional aumentou fundamentalmente em função do aumento substancial de consumo dos pobres de países emergentes. É nesse contexto que surge a mais recente perspectiva teórica com relação ao **consumo da "base da pirâmide"**[16].

C. K. Prahalad (1941–2010) enfatizou que "4 bilhões de pobres poderão ser a força motriz da próxima etapa global de prosperidade econômica", sugerindo que as empresas deixassem de "pensar nos pobres como vítimas ou como um fardo" e passassem a vê-los "como empreendedores incansáveis e criativos e consumidores conscientes de valor". Com isso, o autor reconhecia o surgimento de uma nova e importante classe de consumidores, particularmente nos países emergentes, que haveria de se tornar, nos anos seguintes, a principal força impulsionadora do crescimento econômico no mundo[17]. Prahalad foi professor de estratégia corporativa do programa de MBA da Universidade de Michigan e chegou a ser considerado o mais influente pensador do mundo dos negócios.

Alguns autores defendem três formas pelas quais as empresas podem ajudar a combater a pobreza utilizando os instrumentos de marketing[18]:

- **Enfoque ativista:** As empresas podem adotar uma atitude proativa no sentido de usar sua influência em governos e na sociedade civil para que sejam tomadas medidas que tenham impacto na redução da pobreza. Para tal, necessitam utilizar os instrumentos de marketing de modo a motivar e persuadir outros atores sociais.
- **Enfoque de cidadania corporativa:** As empresas podem desenvolver programas em parceria com governos locais e ONGs com o propósito de aliviar a pobreza, permitindo o acesso dos pobres à educação, à saúde, aos serviços básicos etc. Esses programas costumam utilizar os instrumentos de marketing para motivar e persuadir os públicos-alvo.
- **Enfoque econômico:** As empresas podem focar o segmento de mercado constituído pelos mais pobres, desenvolvendo produtos e serviços que melhor atendam a esse segmento, oferecendo-os por meio de canais de distribuição eficazes e a preços competitivos. Nesse caso, todo um programa de marketing deve ser desenvolvido e aplicado.

A terceira e última forma de atuação seria a que segue o enfoque econômico, batizada de "marketing na base da pirâmide". Dessa perspectiva, os pobres passam a ser vistos como consumidores legítimos, que integram o mercado e que podem ser atraentes para as empresas[19].

Para o economista norte-americano liberal Jeffrey David Sachs, conhecido pelo seu trabalho como conselheiro econômico de diversos governos, os pobres poderiam ser classificados em três grandes grupos, segundo seu grau de pobreza[20]:

- **Extrema pobreza:** As necessidades básicas de alimentação e moradia não conseguem ser atendidas.
- **Pobreza moderada:** As necessidades básicas são atendidas, mas outras não, como educação e saúde. Qualquer vicissitude, como doença, morte na família ou desemprego, pode precipitar o indivíduo na extrema pobreza.
- **Pobreza relativa:** Quando a renda é inferior à média nacional, o indivíduo tem acesso a serviços de educação e saúde de baixa qualidade, mas sua capacidade de ascender socialmente é limitada.

De modo geral, a primeira categoria seria o objeto principal do ativismo e da cidadania corporativa, já que sua posição de consumo seria ainda muito precária. A segunda e a terceira categorias, porém, seriam atendidas pelo **marketing na base da pirâmide**[19].

A marca dos produtos tem grande importância para os consumidores pobres, servindo como sinalizador de qualidade e de hierarquia social. Algumas percepções desse grupo de consumidores podem ser analisadas[19]:

- **Produtos de marca *versus* produtos sem marca:** Ter ou não marca mostrou-se um dos demarcadores entre o consumo dos ricos e dos pobres. Produtos de marca são valorizados não apenas em categorias de moda, mas também em produtos alimentícios e escolares. Quando adquiridos, servem de elemento de distinção intraclasse. A aquisição de produtos de marcas de prestígio para os filhos é entendida como indicador de afeto[21].
- **Marcas "de rico" *versus* marcas "de pobre":** Os consumidores pobres reconhecem a existência de marcas "de rico" e marcas "de pobre", que se distinguem não só pela qualidade intrínseca dos produtos, mas também pelo respeito com que o consumidor da marca é tratado[22].
- **Estratégias de consumo de marcas:** O uso de marcas mais caras e de maior prestígio é frequente entre os consumidores pobres. No

> entanto, devido a limitações orçamentárias, os consumidores pobres utilizam uma série de estratégias no consumo das marcas[22]. No estudo realizado por Barros e Rocha, foi reportado o uso de várias dessas estratégias entre empregadas domésticas. Uma delas era alternar o uso de marcas de prestígio com marcas populares. Por exemplo, no caso de sabão em pó, uma marca mais barata era usada na primeira lavagem, utilizando-se a marca de prestígio para a lavagem final. No uso de produtos de limpeza, as marcas de prestígio podiam ser usadas em áreas mais nobres da casa. Por sua vez, o uso público de marcas populares era evitado pelos mais jovens por ser um indicador da condição de pobre[21].

A outra vertente do marketing que tem relação com o S do ESG é o marketing de luxo, que, de certa forma, aborda um público oposto ao do marketing da base da pirâmide.

O **MARKETING DE LUXO** reúne uma série de estratégias usadas no marketing para **agregar valores requintados** à experiência de compra, criar diferenciais competitivos para as marcas e passar uma imagem única aos clientes. Esse é um tipo de marketing praticado por marcas de alto padrão e voltado para o **público de altíssimo poder aquisitivo**. O seu foco é atender um mercado que dificilmente está em crise e que exige ações de marketing e experiências de compra bem diferenciadas. O marketing de luxo visa aumentar o valor percebido de uma marca e se aproveita da precificação para valorizar os elementos intangíveis do produto ou do serviço[23].

O marketing de luxo não se baseia nas estratégias de vendas utilizadas pelos setores de marketing das empresas que desejam vender grandes quantidades de produtos por um valor menor, prezando pela quantidade de vendas. Muito pelo contrário, o marketing de luxo visará muito mais a qualidade de uma venda certeira do que a quantidade de vendas menores alcançadas de forma geral pelas empresas mais populares[24].

O principal ponto para conquistar a atenção de um cliente da classe A não é — e nunca será — uma questão de preço (porque quem realmente ocupa a classe alta não se preocupa muito com valores), mas sim a exclusividade e o desejo desse público sobre coisas de mulher, por exemplo, caso procure por produtos femininos. Os clientes que adquirirão uma Bolsa Prada, por exemplo, sabem que não estarão pagando apenas pelo produto material em si; eles estarão pagando verdadeiramente por um status diferenciado, uma qualidade maior e uma história que está por trás da marca da bolsa e reforça o porquê de ela custar o valor que custa no mercado. Quem possui uma Bolsa Prada em mãos conta com um diferencial que será reconhecido pelas pessoas em qualquer lugar no mundo; afinal, o marketing de luxo da Bolsa Prada fez muito bem o seu papel[24].

Para entendermos melhor o marketing de luxo, é interessante analisarmos seis características que o distinguem no mercado[23]:

1. **Forte ligação com a identidade da marca:** As marcas de massa ou premium geralmente transmitem o seu posicionamento nos seus produtos, serviços e demais pontos de contato com o cliente, certo? No mercado de luxo, o trabalho de *branding* é mais voltado para a identidade da marca. Afinal, identidade é aquilo que torna algo único e autêntico perante os demais. E é essa **singularidade** que o marketing de luxo prega. O posicionamento, por sua vez, é um conceito que aborda valores que podem ser compartilhados com outras marcas, ou seja, já não há mais aquela coisa de ser único. As marcas de luxo não se deixam comparar com outras. Elas são fiéis à sua identidade, que é indivisível e inegociável. Por exemplo: quem adquire uma Ferrari não está preocupado com as características técnicas do veículo. Se fosse por isso, ele cairia na régua da comparação e fatalmente compraria um carro esportivo dez vezes mais barato. O cliente da Ferrari está atrás de alto desempenho e de estar associado a uma escuderia de prestígio. É a identidade daquela marca que o faz pagar R$2 milhões em um automóvel de luxo.
2. **Foco na experiência do consumidor:** Na promoção e na venda de um bem de luxo, a experiência entregue ao cliente deve estar à altura da compra. Por isso, a principal característica da experiência do consumidor no marketing de luxo é a **exclusividade.** Ela vem pelo fato de as marcas não precisarem agradar a todos, mas sim a um público-alvo bem seleto: os consumidores que se identificam com as suas crenças. Isso é mais fácil de se notar, visto que essas marcas raramente utilizam meios de massa para se promover, e os seus pontos de venda não estão localizados em vias de comércio popular. Mas essa experiência única pode se estender no ato da compra. Por exemplo, quem quer ser cliente da Hermés precisa criar um vínculo íntimo e duradouro com a marca. É necessário criar uma conexão, uma sensação de pertencimento a esse círculo para que o consumidor tenha a oportunidade de adquirir uma das suas bolsas. Enfim, não é só chegar e comprar. Outro exemplo

interessante é o da Porsche. Em vez de proporcionar uma venda semelhante ao que fazem outras empresas, o que poderia lembrar uma concessionária, a marca inovou no processo de entrega. Ela passou a permitir que os seus clientes retirem o carro diretamente da linha de montagem da empresa, na Alemanha. Isso cria um diferencial altamente competitivo, já que entrega uma experiência pessoal e personalizada para o consumidor.

3. **Produção de conteúdo menos apelativo e aberto:** Quem disse que o marketing de conteúdo não está presente no marketing de luxo? As duas estratégias também podem se entender muito bem e gerar ótimos resultados. Se pegarmos o exemplo que usamos da Hermes no tópico anterior, poderemos ter uma ideia de como essa integração é feita. Você viu que a marca preza pela criação de um relacionamento mais próximo com aquele potencial cliente para então torná-lo parte do seu mundo, certo? Isso é algo que acontece com diversas grifes de luxo. Afinal, **elas não querem qualquer tipo de cliente associado à sua marca**. Então, a partir desse objetivo de atrair somente os clientes certos, o marketing de conteúdo pode ser bastante útil. As marcas podem atrair e educar esses consumidores com conteúdos que falem sobre a sua história, a sua identidade, as suas crenças, os seus eventos e, vez ou outra, abordar os problemas e as necessidades dos clientes. Dessa forma, cria-se um envolvimento maior com aqueles que realmente têm o potencial de adquirir os produtos e fazer parte desse universo. Um detalhe é que essa "pegada" mais narcisista é característica dos conteúdos do mercado de luxo, porque ele não vai atrás dos clientes. O processo é inverso, pois quem o procura é o público que quer ascender e fazer parte desse meio.
4. **Apoio em referências sociais do nicho:** Uma característica comum das marcas de luxo é o uso de celebridades para estrelarem as suas campanhas e promoverem as suas crenças e os seus produtos. Mas aí você pode questionar e dizer que até as marcas mais populares fazem isso. Está certo, mas tudo está na forma como essas personalidades são usadas. Uma coisa é usar a modelo Gisele Bündchen para vender uma operadora de TV a cabo e veicular a imagem dela em comerciais na TV aberta. Outra coisa é hipoteticamente usar a Gisele Bündchen em uma campanha da Prada feita em um hotel de luxo em Nova York. O público e a abordagem são completamente diferentes. No marketing de luxo, a ideia não

é vender uma imitação, mas sim um **testemunho de alguém que seja referência para o nicho.**

5. **Criação de necessidades:** Quando falamos dessa abordagem mais narcisista do marketing de luxo, você pode ter estranhado. Afinal, como uma marca pode não se orientar a partir das demandas dos clientes? No mercado de luxo, as empresas logicamente ouvem os seus clientes e as suas necessidades. No entanto, esse fator não é o preponderante na hora de desenvolver conteúdos, campanhas e até produtos. **As marcas de luxo não respondem a problemas, elas criam sonhos.** Os seus produtos e as suas crenças educam os gostos dos clientes — e isso talvez explique por que esse mercado se aproxima tanto do mercado de artes. O luxo explora novidades, a criatividade e novos territórios. O seu papel não é reduzir riscos ou desconfortos. Enfim, nesse caso, são as marcas que criam a demanda.
6. **Comunicação com quem não é o público-alvo:** No mercado de luxo, as vendas devem ser focadas em um público de alto poder aquisitivo, mas parte de sua comunicação pode ser direcionada para as massas. Afinal, como é que poderíamos associar marcas como Gucci e Dolce & Gabbana a esse segmento tão exclusivo? **Essas marcas precisam se apresentar para o mercado geral como de luxo**, até porque tem consumidor que ainda não está no *target*, mas pode entrar. Mas como elas fazem isso? Uma das maneiras mais utilizadas por essas empresas é a participação nas redes sociais. Como são ferramentas extremamente populares, as marcas de luxo podem se comunicar com as massas ao divulgar conteúdos, campanhas e eventos. Isso não deixa de ser **uma forma de aproximação e conscientização da marca com outros tipos de público.** Enfim, encerramos o passeio por esse mundo glamouroso do marketing de luxo com algumas impressões que o diferenciam dos demais tipos de marketing. As principais são a valorização da identidade da marca, da experiência única de consumo, de um conteúdo mais autopromocional e de uma orientação que impõe uma demanda em vez de responder a uma. Outra metodologia que está muito ligada e até presente no marketing de luxo é o marketing de experiência. As suas estratégias são responsáveis por atrair, encantar e fidelizar clientes a partir da criação de sensações, percepções e emoções positivas no processo de compra.

Outra vertente do marketing que está relacionada ao S do ESG é o **MARKETING PESSOAL.**

É comum associarmos o marketing a um conjunto de estratégias para promover uma marca, empresa, produto ou serviço. Mas quando usamos esse conceito para promover a imagem de um profissional, nós estamos falando do marketing pessoal. Com ele, as estratégias são utilizadas para que um candidato possa se destacar no mercado de trabalho, de modo que as empresas, os clientes e os colegas da área possam conhecer sua atuação. É, portanto, uma forma de mostrar seus diferenciais e reforçar seu status profissional[25].

O marketing pessoal vai muito além de saber "vender o seu peixe" e impressionar a chefia. Aliás, ser "marqueteiro" demais, abusar do autoelogio e tratar bem somente as pessoas que estão acima de você na hierarquia da empresa pode trazer mais danos do que benefícios para sua carreira[26].

O marketing pessoal é um conjunto de habilidades utilizadas para promover sua própria imagem de forma positiva, que busca fazê-lo se tornar reconhecido e respeitado por suas qualidades, criando uma marca pessoal que o transforme em uma referência onde quer que esteja. Algumas técnicas do marketing, utilizadas para promover instituições e produtos, podem ser trazidas para incrementar a forma como apresentamos e oferecemos nossa imagem e o produto que vendemos: nossa força de trabalho[26].

Todo mundo que deseja ser bem visto precisa saber como desenvolver seu marketing pessoal. Um produto com qualidade reconhecida consegue se consolidar no mercado e ter seu custo valorizado e estabelecido. Como consumidor, você sabe que, às vezes, vale a pena pagar um preço um pouco mais elevado por um produto que sabe ser melhor do que o mais barato, pois a marca reconhecida entrega a qualidade que se espera[26].

Muita gente se questiona se o marketing pessoal faz uso dos 4 Ps, o famoso conceito do Marketing que utiliza quatro variáveis controláveis para influenciar a atração pelo seu produto. Como esses 4 Ps podem ser trazidos para o âmbito pessoal? Vamos analisar isso ponto a ponto[26]:

- Quando falamos de **produto**, estamos falando de nós mesmos. Um produto precisa ter uma embalagem (aparência) e conteúdo adequados para os fins aos quais se propõe. Uma identidade única que o destaque também é importante.
- O **preço** é um problema quando o custo-benefício não entrega aquilo que esperamos. Aprimore-se e demonstre que seu serviço entrega tudo o que promete, com qualidade.

- Uma empresa precisa ter um bom domínio da **praça** onde seu produto está disponível. Se você quer ser encontrado, precisa controlar os canais onde sua imagem estará disponível, sabendo dosar "onde", "como" e "quanto".
- A **promoção** é a forma como você controla, promove e distribui a sua reputação e imagem pessoal. Trata-se também do bom relacionamento com quem já tem contato, sem deixar de atrair e renovar seus contatos.

Por meio do marketing pessoal, é possível se tornar a referência e autoridade em determinado segmento, além de influenciar as pessoas. O Sebrae listou seis estratégias de marketing pessoal para que ter sucesso e se destacar na sua carreira profissional[27]:

1. **Tenha um plano de ação:** Primeiro, identifique seu diferencial e como isso contribui para o mercado. Assim, você conseguirá visualizar sua meta profissional. Lembre-se de que só conseguimos encontrar os meios se a nossa meta final estiver bem clara na nossa mente. Uma dica é pegar um papel e escrever os seguintes pontos: sua visão, sua missão e seus valores.
2. **Faça networking:** Melhore o seu relacionamento com as outras pessoas, pois de cada conversa pode surgir uma oportunidade. Às vezes, a pessoa não vai comprar o nosso produto, mas pode indicar para outros consumidores. Quanto mais você se esforçar para ter bons relacionamentos, melhores serão os seus resultados.
3. **Vista-se para ser ouvido:** Uma pessoa bem vestida tende a ter mais atenção. Por isso, zele por sua imagem, alinhando sua forma de vestir com a sua missão. Pense na imagem que você deseja transmitir para os outros na hora de se vestir.
4. **Compartilhe conhecimento:** Quando você ensina, também aprende. Você pode transmitir o seu conhecimento por meio de grupos e nas redes sociais. Além de aprender, você gera autoridade no seu segmento, o que também pode ajudar o seu marketing pessoal.
5. **Foque o que importa:** Quantas vezes já planejamos algo, mas acabamos deixando isso de lado? Busque executar projetos que realmente façam a diferença para você. Não precisa ter grandes ambições. Comece por pequenas tarefas que consiga concluir.

6. **Divulgue-se:** Você provavelmente já deve saber que a propaganda é a alma do negócio. Então, divulgue-se! Não esconda seus talentos. Mostre suas realizações e seus projetos, sem medo de ser julgado.

Aplique essas estratégias de marketing pessoal nas suas redes sociais, no seu site e no seu blog. Mas, lembre-se de separar a vida profissional da vida pessoal. Faça a seguinte reflexão: se uma empresa fosse contratar seus serviços e, antes disso, avaliasse seus últimos posts nas redes sociais, q que ela veria?[27]

Para um profissional que deseja se tornar um Gestor de ESG, além de todas as habilidades requeridas para o cargo, é fundamental saber usar bem o marketing pessoal.

5.3 Vamos falar de algumas notícias e iniciativas sociais que podem ser inseridas nas estratégias de marketing?

As duas vertentes de marketing comentadas anteriormente ("marketing na base da pirâmide" e "marketing de luxo") são bem interessantes para entendermos como funcionam esses públicos opostos que são atendidos pelas organizações. Também é importante saber como eles se comportam, por exemplo, em relação às questões sociais e ambientais.

As emissões de dióxido de carbono (CO_2), um dos principais gases do efeito estufa, da parcela 1% mais rica da população mundial (77 milhões de pessoas) representou 16% do total de emissões do planeta em 2019. Isso equivale à mesma quantidade emitida por 66% da população pobre global, que somam cerca de 5 bilhões de pessoas. Os dados são do relatório "Igualdade Climática: um Planeta para os 99%", que será lançado pela organização não governamental Oxfam, que atua contra a pobreza, desigualdades e a injustiça. A entidade internacional aponta que os mais ricos são os principais investidores em indústrias poluentes e estilos de vida que resultam em grandes emissões de CO_2, impulsionando o aquecimento global. Estima-se que somente as emissões dessa parcela, em 2019, serão suficientes para causar a morte de 1,3 milhão de pessoas devido ao calor entre 2020 e 2100[28].

"É inaceitável que o 1% mais rico continue liderando o mundo ladeira abaixo para um colapso planetário. E quem vem sofrendo o impacto dos danos dessa viagem é a maioria da população. São bilhões de pessoas impactadas por enchentes, secas, perdas de território, aquecimento e baixa de temperatura desproporcional, problemas de saúde e pobreza", diz Katia Maia, diretora-executiva da Oxfam Brasil, em nota da organização. Para a entidade, a luta para acabar com a era dos combustíveis fósseis se torna inviável enquanto houver riqueza extrema no mundo e os governos não cumprirem os compromissos por uma sociedade sustentável. O relatório foi elaborado com dados do Stockholm Environment Institute (Instituto Ambiental de Estocolmo) e avalia as estatísticas nacionais de emissões de consumo de 196 países entre 1990 e 2019 do Global Carbon Atlas (Atlas Global de Carbono), que cobre quase 99% das emissões globais. Os dados de renda nacional e os números populacionais foram obtidos do Penn World Table (PWT) e do Banco Mundial[28].

O impacto da crise climática é desigual entre a população, atingindo mais quem vive na pobreza, mulheres e meninas, pessoas negras, comunidades indígenas, comunidades quilombolas e tradicionais nos países do sul do globo. Por sua vez, esses efeitos aumentam as desigualdades entre os países e dentro deles. As soluções, conforme a Oxfam, passam por medidas como a tributação dos super-ricos, investimento em serviços públicos e o cumprimento das metas climáticas. Segundo o cálculo da Oxfam, um imposto de 60% sobre a renda do 1% mais rico do mundo arrecadaria US$6,4 trilhões, que poderiam ser utilizados para o enfrentamento da crise climática, por exemplo, financiando a transição energética e a sua preparação para países e regiões que têm grande parte de sua população afetada[28].

Outra projeção aponta que um imposto de 2% sobre a riqueza dos milionários, de 3% sobre aqueles com riqueza superior a US$50 milhões e de 5% sobre os bilionários do mundo resultaria em um montante de US$1,726 trilhão em recursos para os governos. "É preciso fazer a conexão entre o excesso de riqueza e o colapso climático. Está passando da hora dos super-ricos serem taxados mundialmente. Essa é uma forma de levantar recursos para enfrentar de maneira mais eficaz as mudanças climáticas e as desigualdades. E a sociedade deve se mobilizar e pressionar os governos para que essa taxação ocorra", acrescenta Maia[28].

Nessa linha de discussão envolvendo o "social" com as questões ambientais, uma das propostas na área florestal é que os projetos de carbono não descuidem da parte social que, claro, envolvem comunidades, trabalhadores, cidades etc.

Uma das sugestões é **alinhar a economia com a floresta em pé**. E é exatamente isso que o mercado de crédito de carbono se propõe a fazer. No entanto, as soluções existentes nem sempre são pensadas de dentro para fora. Metodologias e certificações são importadas de uma realidade diferente, o que limita o acesso a poucos. O resultado é que a grande maioria dos projetos ocorre em áreas privadas. Ou seja, empresas e propriedades que já possuem grandes extensões de terra e recursos adotam uma abordagem estritamente ambiental, muitas vezes deixando de contemplar populações tradicionais ou considerando-as externas ao projeto. Já as tentativas de implementar projetos focados em comunidades têm enfrentado diversas barreiras metodológicas, como cálculos de linha de base, consultas prévias, questões fundiárias e aprovações necessárias de órgãos como Funai, Incra e ICMBio, além de pré-requisitos como planos de gestão territorial ou planos de manejo de unidades de conservação[29].

A presença do modelo privado é importante. É bom ver empresas lucrando com créditos de carbono em vez de indústrias que contribuem para o desmatamento. Mas esse modelo também precisa abordar a raiz do problema. A exclusão das populações amazônidas pode aprofundar ainda mais as desigualdades e a vulnerabilidade. Da forma como tem sido executado, o modelo de crédito de carbono pode não ser a resposta para resolver a crise climática. No mundo, diversos movimentos contraculturais têm raízes ambientais, como a agricultura biológica na França, a biodinâmica na Alemanha, os movimentos orgânicos e regenerativos nos Estados Unidos, a abordagem natural no Japão e a permacultura na Austrália. No entanto, esses movimentos eram estritamente ambientais, já que a pobreza e a vulnerabilidade rural não eram os principais desafios[29].

No Brasil, a raiz do problema ambiental é social. Como Chico Mendes dizia, 'ecologia sem luta de classes é jardinagem'. Existem cerca de 25 milhões de amazônidas, a maioria dos quais trabalha na indústria do desmatamento ou é convertida em pobres nas periferias das cidades. Do que precisamos é de um mercado desenhado de dentro para fora, em que a floresta possa ser o sonho de uma profissão[29].

Precisamos usar a criatividade e o empreendedorismo dos jovens brasileiros para integrar comunidades tradicionais como coautoras e protagonistas dos projetos; criar metodologias adaptadas para lotes de terra com perfil de aldeias ou assentamentos; garantir acesso a tecnologias para a coleta de dados; colaborar com o setor público, que deve atuar como facilitador, e com empresas privadas, que podem ser impulsionadoras. A solução para a crise climática só será possível quando os jovens amazônidas sonharem em trabalhar com carbono, com serviços ambientais, com a floresta — e na floresta — em pé[29].

Pegando o "gancho" da questão florestal, uma notícia da revista *Exame* mostra o interesse do Banco Itaú Unibanco na **descarbonização dos clientes.**

"Quando olhamos para necessidade de transição climática, todos setores terão que se transformar rumo à descarbonização, e a necessidade de crédito é iminente", diz Luciana Nicola, diretora de relações institucionais e sustentabilidade do Itaú Unibanco, que participou de diversos painéis e conversas durante a COP28, realizada em 2023. Para ela, isso atinge tanto searas mais maduras no tema, como aquelas que ainda estão começando[30].

"Para migrarmos para uma economia de baixo carbono, precisamos entender quais são os melhores instrumentos financeiros, e como mostrar o impacto para o processo de adaptação climática." Contudo, para a diretora do banco, o assunto ainda é dominado por grandes empresas. "Estamos falando de grandes companhias que vão impactar cadeias de médias e pequenas. Isto acontece porque as grandes conseguem ter áreas mais robustas para a estruturação de projetos e captação de recursos." Para aproveitar esse momento, o Itaú realizou, em 2022 e 2023, uma análise de nove setores com alto índice de emissão de carbono. "Buscamos entender as dores e como o processo de transição vai se dar. Depois criamos um portfólio de produtos, principalmente para o agronegócio, um dos setores que tem profundas chances de transformação", relata a diretora[30].

Agora, o Itaú foca a aproximação dessa narrativa com o cliente. "Seja fazendo um diálogo para mostrar o impacto que ele vai ter ou para apresentar a oportunidade de envolvimento em novos mercados. Estamos entendendo que é preciso um diálogo bastante fluído, que aborde além do crédito, a oportunidade de negócio." Mas é preciso trabalhar também dentro de casa. Para servir de exemplo, o banco aderiu, em outubro de 2021, ao Net Zero Banking Alliance, com empresas que, juntas, reúnem US$70 trilhões em ativos e se comprometem a zerar as emissões de carbono de suas carteiras até 2050. "A curva que desenhamos só vai acontecer se conseguirmos levar os clientes nesse processo de transição. Então é muito importante que eu ajude os clientes para que o Itaú seja Net Zero em 2050", finaliza Nicola[30].

O mesmo banco Itaú se uniu a mais oito bancos para criar uma espécie de **"bolsa" para créditos de carbono.**

Um consórcio de nove bancos globais, entre eles o brasileiro Itaú, está investindo US$45 milhões em um *marketplace* para a negociação de créditos de carbono, que deve começar a operar em abril de 2023. Batizada de Carbonplace, a rede quer destravar o mercado, dando mais **transparência** à formação de preços e facilitando o acesso à compra e venda de compensações de gases de efeito estufa. Baseada na tecnologia de blockchain, a solução não é exatamente nova — há diversas empresas, como a brasileira Moss, que tentaram usar a chamada *tokenização* para democratizar os créditos. Mas o Carbonplace aposta na credibilidade das instituições financeiras para dar mais confiabilidade ao processo. São os bancos que plugarão os clientes na plataforma e serão responsáveis pela liquidação financeira das transações. "Para operar no marketplace, tanto o comprador quanto o vendedor têm que passar necessariamente pela due diligence dos bancos, que são entidades reguladas", afirma Maria Belen Lousada, *head* de novos negócios do Itaú BBA[31].

O projeto vem sendo gestado há quase dois anos, inicialmente com quatro participantes: o Itaú, o inglês NatWest, o canadense CBIC e o National Australian Bank. O banco brasileiro coordenou a parte inicial do desenvolvimento tecnológico por meio de seu braço de ativos digitais. Em 2022, além de rodar diversos pilotos, outros cinco sócios se juntaram à iniciativa: os europeus BNP Paribas, UBS, Standard Chartered e BBVA, além do braço financeiro do asiático Sumitomo[31].

A lógica foi unir potenciais geradores de crédito com os compradores. Ao passo que o Brasil e a América Latina têm um amplo potencial para atender a demanda por crédito de carbono necessária para atingir as metas do Acordo de Paris nas próximas décadas, os grandes compradores estão no Hemisfério Norte. "Precisávamos de uma rede de bancos que conseguisse assegurar essa demanda [por créditos] com transparência, segurança e conectividade", diz Losada. Segundo ela, a plataforma está em conversas para a entrada de bancos americanos para garantir também o acesso a empresas dos Estados Unidos[31].

A nova companhia será liderada por Scott Eaton, um profissional com ampla experiência em desenvolvimento de infraestrutura para o mercado de capitais. Com um passado na área de trading e crédito de grandes bancos, até recentemente ele foi chefe de operações e um dos primeiros funcionários da MarketAxess, uma plataforma popular no mercado de renda fixa corporativa, além de ter fundado e comandado startups no setor. Como um *marketplace* tradicional, o Carbonplace fará a ponte entre as empresas interessadas em comprar o crédito e desenvolvedores de projetos de carbono que queiram vendê-los, com um banco sempre como parte da transação. Os bancos farão o cadastro dos clientes na plataforma, o que significa que as empresas usuárias terão que passar pelo processo de "*know your client*" das instituições financeiras — isto é, processos de ***compliance*** que procuram garantir que o cliente não está envolvido em nenhuma transação ilegal ou em lavagem de dinheiro[31].

Essa era tanto uma dor dos compradores, que queriam ter garantia sobre a idoneidade de quem está vendendo os créditos, quanto do próprio Verra, o maior registro de créditos de carbono no mercado voluntário, com o avanço das empresas de cripto sobre o mercado. Como em uma bolsa, os vendedores colocam a oferta de certa quantidade de créditos por determinado valor e os compradores fazem uma contraproposta. Quando chegam a um acordo sobre preço, os volumes e as cotações ficam disponíveis para todos participantes, ainda que a identidade das partes seja preservada[31].

Quando pensamos em emissões de carbono, geralmente **uma das indústrias que mais são apontadas como poluidoras é a da moda**, mas ela tem buscado se reinventar. Adicionalmente, o setor também tem por característica o uso intensivo de mão de obra.

A Global Fashion Agenda, uma organização sem fins lucrativos, divulgou que mais de 92 milhões de toneladas de resíduos têxteis foram recentemente descartados, e a projeção é de mais de 140 milhões de toneladas nos próximos anos. Esse é um dos inúmeros levantamentos que colocam o setor têxtil entre os mais poluidores do planeta. Na capital baiana, essa lógica está sendo desconstruída para dar espaço à produção sustentável da indústria Polo Salvador, situada no bairro do Uruguai. Inovação é uma das chaves do processo; ela tão importante que a empresa acaba de lançar uma camisa polo fabricada com 50% de poliéster PET, 50% de algodão certificado BCI e a tecnologia BeSo Hygfeel, resultado de uma parceria com a multinacional alemã CHT, especialista em soluções químicas. A tecnologia empregada no processo de tinturação do tecido proporciona o conforto e frescor que permitem usar a camisa até cinco vezes sem lavar[32].

A gerente de marketing da CHT, Mayra Montel, explica que uma das novidades para sustentabilidade da camisa é o uso do amaciante Tubingal Rise, produzido a partir de acessórios de silicone descartados pós-consumo, a exemplo de capas de celular e utensílios de cozinha feitos de silicone. O amaciante reciclado é aplicado no processo de acabamento, garantindo o toque macio e a hidrofilidade (capacidade da fibra de algodão reter água) do tecido. A nova camisa passa a integrar a linha Ecoline, comercializada no atacado e varejo. "Foram 17 meses de testes para o desenvolvimento do novo produto", afirma Hari Hartmann, diretor da fábrica. "O resultado é extraordinário porque a tecnologia empregada ampliou a vida útil da camisa, o que a mantém nova por muito mais tempo, com redução das lavagens", enfatizou[32].

Não é primeira vez que Hari e a esposa Imelda Hartmann encaram o desafio de se antecipar em tendências e influenciar empresas na jornada

ESG. Em 2019, o casal fez parceria com a Rhodia e colocou no mercado uma camisa polo biodegradável que se desintegra em até três anos em aterros sanitários. A empresa do grupo belga Solvay havia desenvolvido o fio biodegradável de poliamida, e os Hartmann apostaram em um tecido que unisse o fio de algodão à poliamida biodegradável homologada pela Rhodia, com um excelente resultado[32].

Hoje, a Polo Salvador possui um quadro de colaboradores com 50 pessoas, que produzem entre 1.200 e 1.500 camisas/dia destinadas a fardamentos corporativos e uso casual. No chão da fábrica, a rotina inclui mais de quarenta ações sustentáveis: um sistema para captação de água da chuva para os banheiros e plantas e torneiras que fecham automaticamente. A eficiência energética também faz parte do processo produtivo mantido com mais de cem placas solares que ajudam a classificar a Polo Salvador como uma empresa verde, detentora da certificação por autossuficiência energética, a "GBC Zero Energy", concedida pela Green Building Council Brasil (GBC). A Polo Salvador ainda promove a logística reversa e a destinação dos resíduos sólidos para cooperativas[32].

As camisas polo velhas valem desconto de 5% na compra de peças novas, desde que compradas na loja da fábrica. As camisas recolhidas são transformadas em retalhos e doadas para a creche escola Fonte de Luz, no bairro de São Cristóvão, onde são produzidos fuxicos, colchas e almofadas, os quais são comercializados e garantem boa parte do sustento da instituição. Com as práticas sustentáveis, a fábrica de camisa propõe o reconhecimento — de maneira calculada — do valor do meio ambiente, das pessoas e das relações entre esses elementos para um equilíbrio maior do sistema produtivo, o que os estudiosos conceituam como economia regenerativa — hoje imprescindível[32].

Apesar de todos os questionamentos a respeito da poluição da indústria da moda, o setor tem tido boas iniciativas no quesito **logística reversa**, que é um tema que **envolve tanto a parte ambiental como a social**.

A logística reversa pode ser definida como a área da logística empresarial que planeja, opera e controla o fluxo e as informações logísticas correspondentes, do retorno dos bens de pós-venda e de pós-consumo ao ciclo de negócios ou ao ciclo produtivo, por meio dos canais de distribuição reversos, agregando-lhes valor de diversas naturezas: econômico, ecológico, legal, logístico, de imagem corporativa, entre outros. Alguns sinais de tendência à descartabilidade foram observados, como o lançamento de novos produtos, o lixo urbano, a produção de computadores, a produção de materiais plásticos e a produção de automóveis[33].

Um bom exemplo de logística reversa no setor de moda e roupas vem do Grupo Arezzo&Co. Cinco anos depois de atuar como advogada, Luana Toniolo entendeu que sua paixão estava nos comportamentos de consumo e sustentabilidade. Assim, em um curso de marketing na Universidade de Harvard, em 2015, ela desenvolveu a plataforma de venda online de roupas usadas **Troc**. "Naquele momento o Brasil olhava para a sustentabilidade de forma macro, abordando temas como lixo, mas entendi que as soluções estavam em projetos acessíveis. Foi assim que desenvolvemos a Troc", explica a advogada. Segundo ela, o sucesso da Troc está no foco em *fashion*, com tíquete médio premium e serviço completo para o cliente. "Temos uma operação em linha de produção para receber, higienizar, etiquetar, anunciar e vender a peça. É uma 'fábrica de logística reversa', pois as pessoas não estavam interessadas no trabalho da venda. Elas querem praticidade", relatou Luana[34].

Em 2020, o Grupo Arezzo&Co adquiriu a Troc como uma forma de viabilizar as frentes de sustentabilidade, sendo a **moda circular** uma delas. "Vi a oportunidade de ampliar o assunto junto à grandes marcas nacionais do grupo. Vimos depois disso outros movimentos de aquisição de plataformas de moda circular, isto é bom para os negócios e para a sustentabilidade do mercado de varejo."[34]

Com isso, as métricas de emissões de CO_2, o uso de água e outros temas de sustentabilidade ficaram ainda mais claros. Com a ajuda de uma consultoria, a Troc contabilizou que, a cada peça reutilizada vendida, 2.700 litros de água são economizados por não colocar uma nova peça no mercado, por exemplo. "Este é um dos indicadores que temos e, de certa forma modesto, visto que o dado varia entre uma camiseta de algodão e uma peça mais elaborada", conta Luana. De acordo com ela, a marca tem dobrado o crescimento todos os anos. "Agora, estamos avaliando como ter mais resultados de impacto. Temos, por exemplo, uma sessão para escoar estoques antigos da Arezzo&Co. Afinal, tudo que foi produzido já teve um impacto ambiental e colocar para a venda na plataforma é também um caminho de mudar a moda."[34]

Outra grande empresa que também tem um **programa de circularidade na moda** é a gigante varejista C&A. O Movimento ReCiclo está em 60% das lojas da empresa. As peças doadas por consumidores vão para ONGs, descarte adequado ou produção de novas peças. Estima-se que a indústria da moda seja a segunda maior poluidora do mundo. Isso por conta dos processos de produção, bem como pela alta taxa de descarte no meio ambiente, com um longo tempo até a degradação. De acordo com a Associação

Brasileira da Indústria Têxtil e da Confecção (Abit), todos os anos, cerca de 170 mil toneladas de resíduos têxteis são descartadas de forma incorreta no lixo comum. Pensando em diminuir os impactos nocivos, a C&A promove o Movimento ReCiclo, um programa de recolhimento de peças de qualquer marca em 60% das 331 lojas[35].

"Assumimos compromissos de economia circular, globalmente, em 2015. Já em 2018 começamos a arrecadar peças nas lojas e tivemos que superar desafios como a mudança cultural dos consumidores, que não eram acostumados a levar peças usadas para o varejo na hora de adquirir o produto novo. Contudo, em 2022 tivemos nosso melhor resultado, algo que nos incentiva a continuar evoluindo nos próximos anos", esclarece Cyntia Kasai, gerente-executiva de ESG da C&A. Nesse mesmo ano, o Movimento ReCiclo recebeu 17 mil peças. A pandemia da Covid-19 acarretou na queda do número de peças recolhidas. Mas com a reabertura das lojas, a comunicação para a continuidade do programa foi reforçada. "Falamos do programa em campanhas específicas e nos alto falantes das lojas, por exemplo. Além disto, não incentivamos a troca por produtos ou descontos. A intenção é conscientizar sobre a sustentabilidade", afirma Cyntia. Com isso, mais de 212 mil peças foram recolhidas desde 2018. Ao depositar uma peça nas urnas verdes do programa, abrem-se três possíveis caminhos para destinação: o da doação para ONGs e ações humanitárias; da reciclagem quando a peça não é apropriada para doação, como no caso de roupas íntimas; e da confecção de novas peças a partir do uso dos fios[35].

Mas o recolhimento de roupas não é a única iniciativa de circularidade da C&A. A companhia trabalha o tema de forma estruturada e com compromissos, como ter 50% dos produtos com circularidade em alguma etapa do processo ou a extensão do ciclo de vida até 2030. Assim, há ações como a coleção Ciclos, com certificação Cradle to Cradle, que leva em conta aspectos de saúde e reciclabilidade dos materiais, além da gestão de água, energia e **justiça social na cadeia**. Outra ação é a venda do jeans reciclado, produzido a partir de peças doadas nas lojas e de sobras de jeans da produção tradicional. No ano passado, por exemplo, foram 20 mil peças produzidas em treze modelos. "Estamos investindo na cadeia para aumentar o programa. Toda a gestão e desenvolvimento dos fornecedores é feita pela C&A. Assim, quanto mais peças forem doadas, mais conseguimos aumentar a circularidade." A estimativa da executiva é que 100% das lojas tenham as urnas do Movimento ReCiclo até 2024, sendo que, hoje, todas as novas lojas nascem com ele[35].

Outra grande empresa do ramo de moda que atua na logística reversa é a Dafiti. A varejista online de moda criou a seção EMIGÊ - Moda Circular, uma loja que oferece produtos usados em boas condições e preços mais acessíveis quando comparado com o item novo. Com o espaço, o e-commerce tem o objetivo de estimular o consumo consciente. "Em 2022, iniciamos a nossa estratégia de sustentabilidade 2030 e, desde então, começamos a buscar um parceiro que pudesse nos acompanhar nessa jornada da moda circular. O nosso objetivo era encontrar uma marca que, junto com a Dafiti, mostrasse a importância de estender a vida útil das peças e de aderir a um **consumo mais consciente**. Foi assim que nos conectamos à EMIGÊ", conta Cristiano Medeiros, gerente de Sustentabilidade da Dafiti. Para ele, a chegada da EMIGÊ - Moda Circular à Dafiti é uma oportunidade para que novas pessoas conheçam a moda circular. Pela primeira vez em um *marketplace*, a EMIGÊ disponibiliza produtos de diversas marcas nacionais e internacionais, como a Banana Republic e a Le Lis Blanc, que mudam de acordo com a rotatividade das vendas[36].

"Esse projeto nos ajuda a transformar nossa cadeia de fornecimento ao reduzir a extração de recursos, o que diminui o desperdício e os impactos ambientais. A EMIGÊ é uma empresa jovem, com DNA de sustentabilidade e alinhada aos compromissos da Dafiti. Trazer a marca para o nosso portfólio é uma forma de impactar de forma positiva todo o ecossistema da moda, **estimulando a reutilização e expandindo as possibilidades de roupas e acessórios** para novos consumidores", afirma. Para Diego Mazon, CEO e fundador da marca, parcerias desse porte mostram a relevância da moda circular. "Estamos oferecendo aos clientes uma oportunidade única de adquirir peças exclusivas, a preços acessíveis, com qualidade e estilo, enquanto contribuem ativamente para a redução do desperdício têxtil e a preservação de nossos preciosos recursos naturais. Nós acreditamos que a moda do futuro é circular."[36]

De acordo com Maria Gedeon, fundadora e *head* de produto, a cada peça vendida na Dafiti, há o aumento do ciclo de vida do produto e a redução de 80% do impacto ambiental negativo gerado na produção. "Em dois anos, por meio do modelo de negócio, economizamos cerca de 120 milhões de litros de água, evitamos a emissão de cerca de 300 toneladas de CO_2 na atmosfera e **doamos mais de 25.000 peças de roupas para a ONG Lalec**, que ajuda crianças em situação de vulnerabilidade. Acreditamos que, com a parceria com a Dafiti, nosso impacto será ainda maior." A Dafiti afirma reunir outros projetos ligados ao pilar da sustentabilidade. No final de julho, a empresa lançou o Dafiti Circula, que distribui pela cidade de São Paulo pontos de coleta, nos quais os consumidores conseguem destinar roupas que não usam mais[36].

Desde 2021, a companhia também oferece o Dafiti Eco, um catálogo de produtos com atributos sustentáveis que engloba grandes marcas, como Adidas, GAP e Hering, e integra pelo menos um dos pilares de atuação. "Em 2022, reduzimos 33% das emissões totais da pegada de carbono, em relação a 2021. Além disso, 80% das nossas embalagens são sustentáveis e no tema resíduos conquistamos a Certificação Lixo Zero, que garante que nenhum resíduo gerado no Centro de Distribuição é destinado aos aterros", compartilha Cristiano[36].

O tema da **circularidade vem ganhando espaço em outros varejos de moda do Brasil**. Por exemplo, em 2011, iniciou-se na Renner um programa de logística reversa para embalagens e frascos de perfumaria e cosméticos e, em 2017, para roupas. Em 2022, 11,5 toneladas de peças de vestuário foram coletadas. Outra frente da companhia é por meio da plataforma Repassa, adquirida em 2021. Nela, os clientes enviam suas roupas para que sejam exibidas e vendidas no brechó online. No moletom Des.a.fio, a Malwee utiliza 85% de fios a partir de roupas usadas e 15% de fibra PET (a partir de garrafas PET). Esse é o segundo lançamento do moletom da marca, mas com maior circularidade, visto que o modelo anterior, de 2022, tinha 70% de roupas usadas e 30% de fibra complementar[36].

Assim, a circularidade na moda segue por meio dos inúmeros pequenos brechós físicos ao redor do Brasil, das iniciativas online individuais ou de parceiras como é o caso da Dafiti com a EMIGÊ. As ações são essenciais para a mitigação dos efeitos nocivos a partir das mudanças climáticas, uma vez que a indústria da moda é a segunda mais poluente do mundo, atrás apenas da indústria petrolífera — de acordo com o levantamento da Global Fashion Agenda, mais de 92 milhões de toneladas de resíduos têxteis foram descartados em anos recentes[36].

Outros setores além da indústria da moda também têm atuado com programas de logística reversa, favorecendo uma cadeia composta, dentre outros, por **catadores e empresas de reciclagem**.

A circularidade das embalagens faz parte da estratégia global do Grupo Heineken. O objetivo é ser 100% circular no *on trade* — o canal de bares e restaurantes, onde há o maior volume de vendas do grupo. Para isso, várias iniciativas têm sido adotadas, em especial para a reciclagem do vidro, um material desafiador em toda a cadeia de bebidas. "Hoje 60% do portfólio de embalagens é retornável. E 80% do que ainda não é retornável é vidro, sendo que grande parte deste volume é da marca Heineken e da estratégia do segmento premium. O desafio do grupo é influenciar a inovação para que as embalagens sejam recicladas", relata Ornella Vilardo, diretora de sustentabilidade do Grupo Heineken, em entrevista à *Exame*[37].

Um caminho para a atingir o objetivo de reciclagem é a destinação dos vidros com uso do sistema próprio do grupo. "Em 2022, com o programa Volte Sempre, usamos a estrutura da fábrica em Itu (SP) para capturar embalagens descartadas por bares e restaurantes da região", afirma Ornella. Na prática, o caminhão volta do estabelecimento para a fábrica com as garrafas vazias, que são quebradas propositalmente para ser insumo na cadeia. Com a iniciativa, 85% dos clientes participantes do projeto piloto ficaram mais satisfeitos. Agora, o Grupo Heineken desenvolve um sistema para que o cliente indique quantas garrafas estão disponíveis para o retorno. A otimização permitirá a expansão do projeto para outras regiões com centros de distribuição. Até o final do ano, o projeto será expandido a quatro centros de distribuição: Benevides (PA), Goiânia (GO), Recife (CE), Curitiba (PR) e Igrejinha (RS). Isso significa o retorno de mil toneladas de vidro às vidraçarias parceiras[37].

Apesar de 90% do volume de garrafas entregues ter retornado para a Heineken, alguns desafios foram percebidos, como espaço para guardar os objetos até a retirada. Para solucionar a demanda, foi realizada uma parceria com a fabricante de garrafas Owens-Illinois, com máquinas que trituram o vidro e o despeja em uma espécie de "bomba". "O cliente não precisa manusear o lixo, não tem custo de saco plástico, não ocupa grandes espaços com o armazenamento das garrafas e nos ajuda no desafio da circularidade", explica Ornella. Para aproximar o consumidor dessa iniciativa, no Rock in Rio de 2022, cinco máquinas foram disponibilizadas em bares e restaurantes no entorno da Cidade do Rock, resultando em 70% do volume de vidros coletados na região fora do evento[37].

Ter circularidade em todas as embalagens da companhia passa também pela **mudança de comportamento do consumidor**. Pensando nisso, em 2017, o Grupo Heineken investiu na startup SO+MA, ocasionando em um projeto em Salvador (Bahia). "Salvador não tem coleta seletiva. Esta é uma parceria público-privada com 12 espaços do município que recebem o resíduo, enquanto o consumidor troca o item por pontos, produtos e serviços." Também **para fortalecer a relação com o consumidor**, o Grupo realiza o programa Volte Sempre, com máquinas em condomínios residenciais e lojas do varejo para que os resíduos sejam trocados por descontos no portfólio da Heineken. Atualmente, há máquinas apenas em Belo Horizonte, mas a expansão para 2023 previa mais dez cidades. "Até meados de fevereiro a intenção é termos 45 máquinas ativas, e chegar a 123 máquinas até o final de 2023." Segundo a executiva, apesar de a iniciativa ter começado em 2019, a pandemia da Covid-19 atrasou a expansão[37].

É inegável que o vidro precisa ser mais atraente para o catador e para as cooperativas. Hoje, ao passo que 98% das latas são recicladas no Brasil, apenas 24% das embalagens de vidro passam pelo mesmo processo por motivos como dimensão, peso e preço da venda. Por isso, é essencial que os catadores sejam apoiados. "Trabalhamos com mais de 270 cooperativas em todo o Brasil por meio de vários programas. As **cooperativas são um grande eixo de atuação**, inclusive em locais com logística crítica", diz a executiva. Além disso, em dezembro, por meio do Instituto Heineken, foi anunciada uma parceria com a ANCAT (Associação Nacional dos Catadores e Catadoras de Materiais Recicláveis) para oferecer atendimento por psicólogos, assistentes sociais, enfermeiros, nutricionistas e orientadores de políticas públicas, entre outros profissionais e serviços, promovendo mais qualidade de vida aos catadores da cidade de São Paulo. "Apesar do desafio, estamos comprometidos em acelerar toda essa agenda e contribuir cada vez mais, não apenas para a conscientização e engajamento da população, mas, principalmente, para o avanço de soluções na indústria, fomentando estudos, iniciativas próprias ou em parcerias com agentes estratégicos", finaliza Ornella[37].

A Natura também é uma grande empresa que tem projetos de logística reversa.

Em parceria público-privada, a fabricante de cosméticos e a prefeitura de Cajamar, cidade do interior de São Paulo onde está a maior operação fabril da companhia, se uniram em uma iniciativa de logística reversa de materiais recicláveis. O programa, chamado Elo Verde, visa promover a reciclagem de embalagens por meio da **conexão com escolas da rede pública**, estruturação da coleta seletiva e **apoio aos catadores**, incentivando os fornecedores do grupo Natura &Co a utilizarem os resíduos como insumos para a produção de novas embalagens. "Sempre buscamos melhorar o entorno da operação. A iniciativa em Cajamar envolve vários setores da prefeitura e parceiros para o fortalecimento da logística reversa na região de modo a inspirar ações também em outras localidades do grupo. Sabemos que não fazemos nada sozinhos. Então, quando começamos essa conversa há três meses, o objetivo era gerar um ciclo virtuoso", conta Ana Costa vice-presidente de

Sustentabilidade, Jurídico, Reputação e Comunicação Corporativa da Natura &Co América Latina em entrevista exclusiva à *Exame*[38].

Para Danilo Joan, prefeito de Cajamar, o projeto Elo Verde representa um passo importante para a transformação sustentável da cidade. "O sistema de coleta e troca proposto é simples e eficaz, envolvendo ativamente os munícipes na promoção da reciclagem. Ao participarem desse esforço, eles não apenas contribuirão para a preservação de um ambiente mais limpo, mas também serão recompensados com produtos Avon. Essa iniciativa certamente impulsionará a reciclagem." A iniciativa ajuda a Natura &Co América Latina a alcançar a meta pública de usar 100% de materiais reutilizáveis, refiláveis, recicláveis ou compostáveis nas embalagens até 2030 — atualmente são 82,5%. Em 2022, a empresa também alcançou 10,5% de uso de plástico reciclado pós-consumo, ante 8,5% no ano anterior. A Natura passou de 16% para 20% no uso de plástico reciclado pós-consumo em suas embalagens, e o objetivo é chegar a 50% até 2030[38].

Para dar início ao programa, a Natura &Co América Latina realizou uma doação à Prefeitura de R$4,4 milhões em produtos de beleza da marca Avon. E de acordo com Costa, há a expectativa de que as outras marcas do grupo também entrem no programa ao passo que as práticas forem se desenvolvendo. Os itens serão entregues como **incentivo aos cidadãos que descartarem materiais recicláveis** nos pontos de coleta instalados — nessa primeira fase, em dez pontos da cidade. O objetivo é motivar a reciclagem na comunidade por meio desse estímulo. A Prefeitura ficará responsável pela administração do estoque dos produtos e da elaboração do plano de trabalho junto à companhia[38].

"A legislação permite o **ponto de coleta nas escolas**, mas não a troca de produtos. Então, contratamos a ONG Espaço Urbano para nos ajudar a desenhar os melhores pontos de contato para o recebimento dos resíduos, assim como para as atividades de educação ambiental com os alunos da rede pública", explica Costa. A ONG também ajuda na organização da dinâmica promocional. "Estamos ajustando a dinâmica que poderá considerar, por exemplo, a troca de um produto a cada cinco selos juntados, um cartão fidelidade ou algo semelhante." Por conta dos detalhes e da agenda escolar, o início do programa está previsto para janeiro[38].

Para Josie Peressinoto Romero, vice-presidente de Operações e Logística de Natura &Co América Latina, a novidade é uma **cooperação que beneficia toda a cadeia**. "O Elo Verde nasce da nossa experiência com outras ações em circularidade, como o Natura Elos, que desde 2017 estrutura cadeias de reciclagem de materiais para abastecer nosso processo produtivo. Quando unimos propósito e ação, geramos legado", afirma o vice-presidente. Iniciado há seis anos, o programa de logística reversa da Natura já permitiu que mais de 50 mil toneladas de materiais fossem reincorporadas às embalagens e materiais de apoio — primeiramente da Natura e, em 2022, dando início à ampliação gradual para a Avon. Nesse mesmo ano, o número de cooperativas participantes quase dobrou, passando de 25 para 47, e o **número de catadores chegou a 2.039 pessoas**[38].

A vice-presidente de Sustentabilidade, Jurídico, Reputação e Comunicação Corporativa da Natura &Co América Latina, Ana Costa, reforça que o principal diferencial do Elo Verde, além da **união entre educação ambiental e geração de renda**, é estabelecer, dentro de uma parceria público-privada, uma cadeia de abastecimento ética e sustentável, inteiramente rastreável, homologada de ponta a ponta e que promova a inclusão produtiva e o trabalho digno dos catadores. "Estamos muito felizes com essa parceria junto à prefeitura de Cajamar. A nossa proposta de valor é gerar prosperidade e desenvolvimento por meio da cosmética e isso inclui promover o **bem-estar social de toda a nossa rede**, que inclui as comunidades no entorno de nossas unidades. A assinatura desse acordo é só um começo de um projeto que deixará um impacto positivo não só para Natura e Avon, mas para toda a população de Cajamar", afirma a vice-presidente[38].

Segundo dados da Associação Brasileira de Empresas de Limpeza Pública e Resíduos Especiais (Abrelpe), em 2022, apenas 4% de 82 milhões de toneladas de resíduos urbanos produzidos no Brasil foram reciclados. Com o intuito de promover hábitos mais conscientes entre os consumidores e reforçar a importância da reciclagem, a Natura relançou o programa de logística reversa "Recicle com a Natura" no ano passado. O programa já soma mais de setecentos pontos de coleta em lojas próprias da marca e das franquias "Aqui tem Natura" e permitiu reciclar 50 toneladas de embalagens de cosméticos, que foram reintroduzidas em cadeias de reciclagem ou receberam uma destinação final adequada[38].

Implementar programas eficientes de logística reversa também é algo estratégico para os governos, visto que o problema do lixo é um dos maiores desafios que assolam as cidades, gerando problemas tanto ambientais como sociais.

Em 2023, o Brasil possuía cerca de 2 mil lixões abertos. Esses depósitos de rejeitos são prejudiciais à população. A contaminação do solo pelo chorume — líquido que se forma da decomposição de material orgânico, como aquele caldo preto que fica no fundo do saco —, pode contaminar o lençol freático, ou seja, a água. Sem cobertura, o lixo também gera uma toxidade no ar, que é aspirada pelas pessoas no entorno. A necessidade de acabar com essas estruturas é premente. Mas como fazer isso? "Partindo de uma solução ambientalmente incorreta, que são os lixões, a primeira preocupação é eliminar esse prejuízo, e assim surgiram os aterros sanitários", explica Milton Pilão, CEO da Orizon, empresa de valorização de resíduos que opera um dos maiores ecoparques do país, em Paulínia, interior de São Paulo. "Esse é um primeiro passo, mas aí, falando de negócios, temos um segundo passo que é o desenvolvimento das plantas de circularidade. Para isso, é preciso fazer um investimento."[39]

No caso, a circularidade consiste em processar as milhares de toneladas de lixo despejado nos aterros todos os dias e reinserir esse material na cadeia de produção. Há várias maneiras de se fazer isso. O plástico, o papelão, o vidro e os metais são mais óbvios por serem recicláveis. Basta separar, juntar, embalar e vender para a indústria. Os rejeitos orgânicos, por outro lado, exigem um pouco mais de tecnologia. Esses malcheirosos materiais, no entanto, têm valor, podendo ser transformados em produtos como energia e fertilizantes. "Falando como investidor, estamos pegando o início de uma onda e já há uma mudança. Mas, perto da parcela da indústria que pode fazer isso, é muito pequeno. Por isso acredito que esse mercado só tende a aumentar nos próximos anos", diz Pilão[39].

Segundo o executivo, no Brasil, **a maioria das pessoas não tem ideia de para onde vai o lixo que elas produzem**. Na Alemanha, isso é diferente. "Não só os alemães sabem, como cobram os gestores pela destinação correta", afirma. Essa atitude tem muito de consciência e um tanto de incentivo econômico. O gerador — no caso, o cidadão — paga para jogar o resíduo fora, e a taxa é mais cara para quem não manipula corretamente o lixo, ou seja, há multa para quem não separa os recicláveis. O modelo europeu, no entanto, é diferente do brasileiro. Os governos por lá adotam o subsídio, remunerando o concessionário de acordo com o nível do serviço. "Pra começar, não existem lixões. Então, se eu instalo um aterro sanitário, recebo por isso 10 'patacas'", explica Pilão. "Se eu incluir uma planta de triagem, recebo 15 'patacas', se gerar energia a partir do biogás, 20 'patacas', e assim por diante." No Brasil, não há subsídios. Mas há o marco do saneamento, lei que proíbe a manutenção dos lixões. O concessionário recebe pela gestão do aterro, e o incentivo para instalar plantas de triagem e outras iniciativas circulares vem do mercado. "A partir do chorume, a gente retira o biogás para produzir o biometano, que vendemos para a indústria. Cria-se, assim, um mercado, e você não precisa do subjuntivo do governo", conta Pilão[39].

No ecoparque de Paulínia, a Orizon está trabalhando com o biometano para produzir energia, que é vendida para a CPFL e jogada direto na rede da distribuidora. Há também uma planta de triagem, que separa os materiais reaproveitáveis, como plástico e metais, para serem vendidos como matéria-prima. Outra frente de atuação é a produção de fertilizantes a partir do rejeito sanitário entregue pela Sabesp. O lodo é estocado em locais apropriados e depois misturado com amônia e outros componentes para formar o fertilizante vendido ao agronegócio. Pilão acredita que o processo de desenvolvimento da economia circular é semelhante ao das energias renováveis. O que motiva a transição energética é a consciência sobre as mudanças climáticas. No caso do lixo, acontecerá a mesma coisa. "Há 15 anos, ainda duvidavam do aquecimento global. Hoje, é difícil encontrar alguém, porque as consequências estão evidentes", observa o CEO. "Mas o ser humano é assim mesmo, age de acordo com as consequências. Quando começam a chegar mais perto, aceleram o processo. Essa é a beleza de estar nesse mercado hoje." [39]

Se a Alemanha pode servir de exemplo para o Brasil quando pensamos nas soluções para reaproveitar os resíduos sólidos urbanos, popularmente chamados de "lixo", **o Japão também é uma das referências** nesse assunto.

Sentados nas carteiras, os alunos estão ansiosos para ir para casa depois de um longo dia de sete aulas de cinquenta minutos, mas ouvem pacientemente enquanto o professor faz alguns anúncios sobre o dia seguinte. Então, como sempre, ele encerra da seguinte forma: "Ok, pessoal, lista das tarefas de limpeza de hoje. As fileiras 1 e 2 limparão a sala de aula. Três e 4, corredor e escada. Cinco, banheiros." Alguns sinais de insatisfação podem ser notados na fileira 5, mas as crianças se levantam, pegam os esfregões, panos e baldes no armário e partem para os banheiros. Cenas assim estão acontecendo ao mesmo tempo em escolas de todo o Japão[40].

A maioria das pessoas que visitam o país pela primeira vez ficam impressionadas com a limpeza das ruas. Então, percebem a ausência de lixeiras e de varredores e se perguntam: como é possível tudo estar tão limpo? A resposta mais simples é que os próprios habitantes cuidam disso. "Durante os 12 anos de vida escolar, do ensino fundamental ao ensino médio, a limpeza faz parte da programação diária dos alunos", relata Maiko Awane, diretora-assistente do escritório em Tóquio da Província de Hiroshima. "Em nossa vida doméstica, os pais nos ensinam que é ruim não mantermos nossas coisas e espaços limpos." A inclusão desse elemento no currículo escolar ajuda as crianças a desenvolverem uma consciência e um orgulho sobre os ambientes que frequentam. Que alunos vão sujar ou depredar uma escola que têm de limpar? "Às vezes, não queria limpar a escola", lembra a tradutora Chika Hayashi, "mas fazer isso era parte da rotina. Acho que ter de limpar a escola é uma coisa boa, porque aprendemos que é importante assumir a responsabilidade de cuidar das coisas e dos lugares que usamos." [40]

Ao chegar à escola, os alunos deixam seus sapatos em armários e trocam de roupa. Também em casa, as pessoas deixam seus calçados na entrada. Até os prestadores de serviço que vão a uma residência fazem isso. E à medida que as crianças crescem, o conceito do que constitui seu espaço se estende para além da sala de aula e passa a incluir a vizinhança, a cidade e o país. Alguns exemplos dessa característica japonesa se tornaram virais, como o ritual de sete minutos de limpeza de trens-bala, que se tornou uma atração turística por si só[40].

Até os torcedores de futebol do Japão têm essa consciência. Nas Copas do Mundo de 2014 e 2018, **eles surpreenderam o mundo ao recolher o lixo no estádio ao fim das partidas**. Os jogadores também deixaram o vestiário em perfeitas condições. "Que exemplo para todas as equipes!", tuitou a coordenadora-geral da Fifa, Priscilla Janssens. Awane explica que os japoneses são muito preocupados com sua reputação aos olhos dos outros. "Não queremos que os outros pensem que somos pessoas ruins ou sem educação." Cenas semelhantes acontecem em festivais de música. No Fuji Rock, o maior e mais antigo do Japão, os fãs mantêm o lixo com eles até encontrarem um lugar onde possam descartá-lo. Os fumantes são instruídos a levar um cinzeiro portátil e a "evitar fumar onde isso possa afetar outras pessoas", de acordo com o site do festival[40].

Também há exemplos dessa consciência na vida cotidiana. Por volta das 8 horas, funcionários de escritórios e lojas limpam as ruas ao redor de seu local de trabalho. As crianças se voluntariam para participar de uma faxina mensal, recolhendo o lixo das ruas perto das escolas. Os bairros também realizam eventos regulares de limpeza. Não que haja muito o que limpar, porque as pessoas levam seu lixo para casa. Até as cédulas que saem dos caixas eletrônicos são tão limpas quanto uma camisa engomada. No entanto, o dinheiro fica sujo, e é por isso que nunca é colocado diretamente na mão de alguém. Nas lojas, hotéis e até em táxis, há uma pequena bandeja para isso. A outra pessoa pega então o dinheiro dali. A sujeira invisível — germes e bactérias — é outra fonte de preocupação. Quando as pessoas pegam resfriados ou gripes, usam máscaras cirúrgicas para evitar infectar outras pessoas. Esse simples ato reduz a propagação de doenças e economiza uma fortuna em dias de trabalho perdidos e despesas médicas[40].

Mas como os japoneses se tornaram tão preocupados com isso? Certamente, não é uma novidade, como mostra a biografia do marinheiro Will Adams, escrita por Giles Minton. Em 1600, Adams tornou-se o primeiro inglês a pisar no Japão e encontrou uma "nobreza extremamente asseada" e um sistema de saneamento "imaculado" em um momento em que as ruas da Inglaterra "frequentemente transbordavam de excrementos". Os japoneses "ficaram horrorizados" com a falta de cuidado dos europeus com a higiene pessoal. Em parte, isso se deve a preocupações práticas. Em um ambiente quente e úmido como o do Japão, a comida estraga rapidamente. As bactérias se proliferam e os insetos abundam. Portanto, ter uma boa higiene significa ter uma boa saúde[40].

A limpeza também é uma parte central do budismo, que chegou da China e da Coreia entre os séculos VI e VIII. E na versão *zen* do budismo, que veio da China nos séculos XII e XIII, as tarefas diárias de limpeza e culinária são consideradas exercícios espirituais, tal qual meditar. "Todas as atividades da vida diária, incluindo refeições e limpeza dos espaços, devem ser vistas como uma oportunidade de praticar o budismo. Lavar a sujeira física e espiritual tem um papel importante nisso", diz Eriko Kuwagaki, do Templo Shinshoji, em Fukuyama[40].

Essa preocupação com os outros é compreensível no caso de, digamos, doenças infecciosas. Mas também funciona em níveis mais prosaicos, como **coletar seu próprio lixo.** Como Awane coloca: "Nós japoneses acreditamos que não devemos incomodar os outros ao sermos preguiçosos e negligenciarmos o lixo que criamos." [40]

Saindo um pouco dos temas "lixo" e "logística reversa", é importante lembrar que a dimensão social do ESG atua muito na questão da **diversidade e inclusão nas organizações**, bem como contra as práticas de **assédio moral e sexual.** E estabelecer esses programas na prática têm sido um desafio para muitas organizações. Mas existem casos que podem servir de inspiração.

Em um momento de expansão no Brasil, a varejista de cosméticos Sephora resolveu focar não apenas a abertura de cerca de cinco lojas ao ano, mas também o **aumento da diversidade e inclusão dos funcionários** — sendo atualmente oitocentas pessoas no país. "A companhia já discutia a pauta globalmente, mas a partir de um censo interno entendemos que temos uma população diversa, mas é preciso intencionalidade para evoluir a representatividade e o desenvolvimento das pessoas de grupos socialmente minorizados, especialmente em posições de liderança", esclarece Marcele Gianmarino, gerente de diversidade na Sephora Brasil[41].

Para isso, a Sephora anunciou o lançamento da Sephora (+), uma estratégia que tem como objetivo tornar a Sephora uma referência no tema. O caminho para tal marco, contudo, necessita de consistência, uma vez que outras empresas do setor, como a Natura &Co e a L'Óreal, divulgam metas de inclusão e têm pessoas em times dedicados anterior aos nove meses de trabalho de Marcele na Sephora. Por outro lado, o censo mostra como a diversidade permeia a companhia: 74% do total de funcionários são mulheres; na diretoria executiva, elas são 50%; e no Brasil, a Sephora é comandada por Andrea Orcioli. Além disto, 45% dos funcionários se autodeclaram pretos e pardos, sendo que pessoas negras compõe 25% da liderança em cargos a partir de coordenação; 27% fazem parte da comunidade LGBTI+ e 6% são pessoas com deficiência[41].

"Quando recebemos o resultado do censo, vimos números acima do mercado. A discussão agora é sobre como avançamos para, por exemplo, termos pessoas negras na diretoria. Um caminho para isto é o desenvolvimento, e o outro a contratação. Neste ano, instituímos a obrigatoriedade de que ao menos 10% das contratações fossem de pessoas negras. Com intencionalidade, procura e conscientização dos gestores, de janeiro a setembro as pessoas negras foram 45% das contratações", conta Marcele. Há um trabalho de engajamento em toda a organização por meio de eventos e rodas de conversas. Neste momento, porém, o foco é a disseminação da importância da diversidade entre a liderança. "Fizemos um treinamento só para líderes e os dividimos em pequenos grupos de forma que eles se sentissem à vontade para tirar dúvidas e trazer pontos de vista sem medo de 'cancelamento'", diz ela. De acordo com Marcele, há também as reuniões individuais com cada uma das nove pessoas na diretoria. "Estou dando devolutivas sobre momentos como treinamento de mídia." [41]

A companhia também desenvolveu uma nova estratégia para a retenção de **pessoas com deficiência**. Pela primeira vez, neste ano, cerca de vinte pessoas com deficiência passam por um programa de cinco meses antes do início efetivo do trabalho. Nesse período, elas passam pelas lojas com os melhores resultados e, em seguida, pelas lojas às quais serão de fato destinadas. Os gestores também são treinados para que a inclusão seja efetiva. "Durante o período temos momentos de escuta do que funciona e o que precisa mudar para que elas estejam prontas na hora de assumir a vaga em janeiro de 2024. Os feedbacks têm sido bastante positivos." [41]

Ter uma **empresa mais inclusiva reflete diretamente na percepção do consumidor**. Segundo uma pesquisa publicada na *Harvard Business Review*, 70% dos entrevistados afirmam que, com a diversidade, a empresa conquistou um novo mercado a partir da inovação e do acolhimento dos clientes. Com isso, Marcele espera que, por exemplo, haja uma diminuição de reclamações no Serviço de Atendimento ao Consumidor (SAC) em demandas relacionadas à diversidade. "Pretendemos zerar reclamações das temáticas de diversidade, como gordofobia, etarismo e capacitismo. Para isso, estamos mudando o modelo em que cada pessoa da loja é especialista em algum tipo de produto, por exemplo, para no qual todos conseguem ter detalhes sobre tudo o que envolve a loja e a compra", relata. A iniciativa também visa proteger os funcionários de comentários preconceituosos e agressões dos clientes. "Esperamos que ele consiga se posicionar e ter apoio, se necessário", diz Marcele[41].

A escuta ativa de funcionários e clientes fez com que a Sephora, por exemplo, mudasse parte das cadeiras do escritório para acomodar pessoas gordas sem constrangimento. Há também um mapeamento nas lojas para a mudança de mobiliário, especialmente no momento em que clientes participam de eventos e workshops de maquiagem. "A nossa bancada precisa ser confortável para pessoas gordas, assim como nossas linhas e atendimento precisam considerar as necessidades de uma pele negra, por exemplo." Ainda em relação à diversidade de corpos, a Sephora vem estudando a mudança dos uniformes para que não sejam justos ou marcados. "A novidade considera também as **demandas das pessoas trans**, que são 2% do total de funcionários, atualmente", relata Marcele[41].

No Brasil, a Sephora vem realizando o projeto Classes for Confidence, iniciativa em parceria com o Instituto ABIHPEC, que realiza workshops, apoiando instituições que representem grupos minorizados por meio de técnicas de maquiagem. "Neste ano a marca promoveu dois encontros, um com foco em mulheres em tratamento oncológico e outro voltado para mulheres trans junto com a Casa Florescer. A ideia é ampliarmos o programa no ano que vem com treinamentos online também."

Como próximos passos para atingir o objetivo de ser a referência em inclusão no setor, o objetivo é focar a força de trabalho dentro dos pilares de atração, retenção e desenvolvimento. Um dos próximos objetivos da empresa é passar a olhar com mais atenção para cadeia de fornecedores e comunidades. "Por fim, a expectativa a longo prazo é trabalhar de forma mais ativa com a comunidade, se associando a fundações e ONGs, além de **apoiar empresas e marcas de grupos minorizados**", finaliza Marcele[41].

REFERÊNCIAS DO CAPÍTULO

1 Aumento nas buscas por "Ansiedade Climática" no google reflete impacto no bem-estar mental. *Pensamento Verde*, 29 dez. 2023. Disponível em: https://www.pensamentoverde.com.br/sustentabilidade/aumento-nas-buscas-por-ansiedade-climatica-no-google-reflete-impacto-no-bem-estar-mental/. Acesso em: 27 fev. 2024.

2 Ansiedade climática: quais são os sinais de que uma pessoa está sofrendo com o problema? *National Geographic Brasil*, 21 dez. 2023. Disponível em: https://www.nationalgeographicbrasil.com/ciencia/2023/12/ansiedade-climatica-quais-sao-os-sinais-de-que-uma-pessoa-esta-sofrendo-com-o-problema. Acesso em: 27 fev. 2024.

3 ALVES, R. R. *ESG:* o presente e o futuro das empresas. Petrópolis: Vozes, 2023. 276 p.

4 LAO-TSÉ. *Tao Te Ching:* o livro que revela Deus. 5. ed. São Paulo: Martin Claret, 2013. 154 p.

5 COLTRI, P. Por que ensinar mudanças climáticas? *Jornal da Unicamp*, 25 out. 2022. Disponível em: https://www.unicamp.br/unicamp/ju/artigos/por-que-ensinar-mudancas-climaticas. Acesso em: 27 fev. 2024.

6 Especialistas propõem reformulação do ensino para priorizar conteúdos sobre mudanças climáticas. *Pensamento Verde*, 30 nov. 2023. Disponível em: https://www.pensamentoverde.com.br/sustentabilidade/especialistas-propoem-reformulacao-do-ensino-para-priorizar-conteudos-sobre-mudancas-climaticas/. Acesso em: 27 fev. 2024.

7 "Talentos verdes" em falta: apenas 1 em cada 8 trabalhadores no mundo possui competências que as empresas procuram em sustentabilidade. ***Época Negócios***, 21 nov. 2023. Disponível em: https://epocanegocios.globo.com/futuro-do-trabalho/noticia/2023/11/talentos-verdes-em-falta-apenas-1-em-cada-8-trabalhadores-no-mundo-possui-competencias-que-as-empresas-procuram-em-sustentabilidade.ghtml. Acesso em: 27 fev. 2024.

8 ALVES, R. R. *A força do ESG:* por que, a partir de agora, as empresas serão realmente sustentáveis? Rio de Janeiro: Alta Books, 2024. 208p.

9 KOTLER, P.; ROBERTO, E. L. *Marketing social:* estratégias para alterar o comportamento público. Rio de Janeiro: Campus, 1992. 392 p.

10 KOTLER, P.; ROBERTO, E. L.; LEE, N. *Social marketing:* improving the quality of life. Thousand Oaks, California: Sage Publications, 2002. 456 p.

11 LEE, N. R.; KOTLER, P. *Marketing social:* Influenciando comportamentos para o bem. São Paulo: Saraiva Uni, 2019. 440 p.

12 ALVES, R R. *Marketing ambiental:* sustentabilidade empresarial e mercado verde. Barueri: Manole, 2017. 257 p.

13 PRINGLE, H.; THOMPSON, M. *Marketing social:* marketing para causas sociais e a construção das marcas. São Paulo: Makron Books, 2000. 258p.

14 ANDRICH, M. Por uma boa causa, por um bom negócio. *Revista Brasileira de Administração (RBA),* Brasília, v. 24, n. 98, p. 24-29, 2014.

15 Negócios sociais: diretrizes para a atuação do Sistema Sebrae no mercado de negócios sociais. *SEBRAE – Serviço Brasileiro de Apoio às Micro e Pequenas Empresas*, 2013. Disponível em: https://sebrae.com.br/Sebrae/Portal%20Sebrae/UFs/SC/Anexos/NS%20SEbrae%20-%20Diretrizes_estrategicas.pdf. Acesso em: 28 fev. 2024.

16 PRAHALAD, C. K; HAMMOND, A. Serving the world's poor, profitably. *Harvard Business Review*, v. 80, n. 9, p. 48-57, 2002.

17 PRAHALAD, C. K. *A riqueza na base da pirâmide:* erradicando a pobreza com o lucro. 5. ed. Porto Alegre: Bookman, 2009.

18 BOYLE, M.-E.; BOGUSLAW, J. Business, poverty and corporate citizenship: naming the issues and framing solutions. *The Journal of Corporate Citizenship,* v. 26, p. 101-120, 2007.

19 DA ROCHA, A.; DA SILVA, J. F. Inclusão social e marketing na base da pirâmide: uma agenda de pesquisa. *RAE-Eletrônica,* v. 7, n. 2, jul./dez, 2008.

20 SACHS, JEFFREY DAVID. *The end of poverty:* economic possibilities for our time. New York: Penguin Books, 2006. 398 p.

21 BARROS, C; ROCHA, E. Lógica de consumo em um grupo das camadas populares: uma visão antropológica de significados culturais. *In*: ENCONTRO NACIONAL DA ASSOCIAÇÃO NACIONAL DOS PROGRAMAS DE PÓS-GRADUAÇÃO EM ADMINISTRAÇÃO, 31., 2007, Rio de Janeiro. *Anais.* Rio de Janeiro: ANPAD, 2007.

22 CHAUVEL, M. A. *Consumidores insatisfeitos:* uma oportunidade para as empresas. Rio de Janeiro: Mauad, 2000. 215 p.

23 ROMERO, D. O que é marketing de luxo: veja 6 características fundamentais. *Rock Content*, 25 set. 2018. Disponível em: https://rockcontent.com/br/blog/marketing-de-luxo/. Acesso em: 28 fev. 2024.

24 Estratégias de marketing para produtos de luxo. *Ideal Marketing*, 2 set. 2021. Disponível em: https://www.idealmarketing.com.br/blog/estrategias-de-marketing-para-produtos-de-luxo/. Acesso em: 28 fev. 2024.

25 Marketing pessoal: quais as vantagens para a ascensão profissional e como desenvolver? *PUC Minas*, 11 abr. 2023. Disponível em: https://carreiras.pucminas.br/marketing-pessoal-como-desenvolver/. Acesso em: 28 fev. 2024.

26 Como usar o marketing pessoal a seu favor no trabalho. *Guia da Carreira*, 18 dez. 2014. Disponível em: https://www.guiadacarreira.com.br/blog/marketing-pessoal. Acesso em: 28 fev. 2024.

27 6 dicas de marketing pessoal para você se diferenciar. *SEBRAE – Serviço Brasileiro de Apoio às Micro e Pequenas Empresas*, 4 abr. 2023. Disponível em: https://sebrae.com.br/sites/PortalSebrae/artigos/6-dicas-de-marketing-pessoal-para-voce-se-diferenciar,897ae0ff8e386810VgnVCM1000001b00320aRCRD. Acesso em: 28 fev. 2024.

28 BOEHM, C. Grupo de 1% mais rico emite igual quantidade de CO_2 de 66% dos pobres. *Agência Brasil*, 19 nov. 2023. Disponível em: https://agenciabrasil.ebc.com.br/economia/noticia/2023-11/grupo-de-1-mais-rico-emite-igual-quantidade-de-co2-de-66-dos-pobres. Acesso em: 28 fev. 2024.

29 BINA, B. Por que os projetos de carbono não podem descuidar do social. *Capital Reset*, 31 ago. 2023. Disponível em: https://capitalreset.uol.com.br/carbono/creditos-de-carbono/por-que-os-projetos-de-carbono-nao-podem-descuidar-do-social/. Acesso em: 28 fev. 2024.

30 FILIPPE, M. Por que o Itaú Unibanco está interessado na descarbonização dos clientes? *Exame*, 9 dez. 2023. Disponível em: https://exame.com/esg/por-que-o-itau-unibanco-esta-interessado-na-descarbonizacao-dos-clientes/?fbclid=PAAaZekgNQGwHWdOFjsUBZlj6HJmAJpzkRMQFGvy1YTb_Ydnq0VM36fDtWAkw_aem_AUEqNMobZk9nhtys3TnMogL3e3Urw5mzhP4lI6bCT5hr6W8qjlVH-NBq1_QJmDXtvoY. Acesso em: 28 fev. 2024.

31 VIRI, N. Itaú se une a oito bancos e cria "bolsa" para créditos de carbono. *Capital Reset*, 7 mar. 2023. Disponível em: https://capitalreset.uol.com.br/carbono/creditos-de-carbono/itau-se-une-a-oito-bancos-e-cria-bolsa-para-creditos-de-carbono/. Acesso em: 28 fev. 2024.

32 PACHECO, L. Desafio ambiental: setor têxtil agride o meio ambiente? Polo Salvador muda esse conceito. *Bahia Notícias*, 21 jun. 2023. Disponível em: https://www.bahianoticias.com.br/bnhall/coluna/1082-desafio-ambiental-setor-textil-agride-o-meio-ambiente-polo-salvador-muda-esse-conceito. Acesso em: 28 fev. 2024.

33 LEITE, P. R. *Logística reversa:* sustentabilidade e competitividade. 3. ed. São Paulo: Saraiva Uni, 2017. 360 p.

34 FILIPPE, M. Luana Toniolo, CEO da Troc: a venda de roupas usadas é uma fábrica de logística reversa. *Exame*, 17 nov. 2023. Disponível em: https://exame.com/esg/luana-toniolo-ceo-da-troc-a-venda-de-roupas-usadas-e-uma-fabrica-de-logistica-reversa/?fbclid=PAAaZnnQ2cx8W4r9bD0y-jZg98R-cgMxWbe-ktlyKB4_kTOJO96pkPPlom3Ho_aem_Acw8YGmJELlGFmaoEwFAUNyesc37OVFN0xY-tao1MY4LrsTdBzwq7ReVJot9GbI-ahE. Acesso em: 29 fev. 2024.

35 FILIPPE, M. C&A arrecada mais roupas de clientes e quer crescer programa de circularidade na moda. *Exame*, 25 jan. 2023. Disponível em: https://exame.com/esg/

ca-arrecada-mais-roupas-de-clientes-e-quer-crescer-programa-de-circularidade-na-moda/. Acesso em: 29 fev. 2024.

36 FILIPPE, M. Dafiti insere o brechó EMIGÊ: moda Circular na plataforma e passa a vender roupas usadas. *Exame*, 12 out. 2023. Disponível em: https://exame.com/esg/dafiti-insere-o-brecho-emige-moda-circular-na-plataforma-e-passa-a-vender-roupas-usadas/?fbclid=PAAaYOMoc0Qp9ks7KdnvbwMhWOGca3VhIH4vcvfFDnAx7WEvdKPO_dt1HBkIA_aem_AehNfsvurqG7SWH6Ji-8lIEgtErBUkNGoWQ_LCNU26oKF5tH74ZvFDp1-BeZzzzGQ94. Acesso em: 29 fev. 2024.

37 FILIPPE, M. Economia circular: como o Grupo Heineken busca ampliar a reciclagem das embalagens de vidro. *Exame*, 20 jan. 2023. Disponível em: https://exame.com/esg/economia-circular-como-o-grupo-heineken-esta-resolvendo-o-desafio-das-embalagens-de-vidro/. Acesso em: 29 fev. 2024.

38 FILIPPE, M. Natura &Co e prefeitura de Cajamar lançam programa de logística reversa em parceria público-privada. *Exame*, 27 out. 2023. Disponível em: https://exame.com/esg/natura-co-e-prefeitura-de-cajamar-lancam-programa-de-logistica-reversa-em-parceria- publico-privada/?fbclid=PAAaYWu2ob8BOD1PtR5x6eSikR-c2QCd1UgxC9xwA3Nz7Gz7pB5bV6DlPDP-M_aemAYLFZSlwdQg2uUa6FSglS5utOh949qVWzdksXWx3zSMSlvff4sZ2t6MfduIhTqJyhEQ. Acesso em: 29 fev. 2024.

39 CAETANO, R. "Ninguém sabe para onde vai o lixo": consciência irá impulsionar economia circular, diz Orizon. *Exame*, 23 ago. 2023. Disponível em: https://exame.com/esg/ninguem-sabe-para-onde-vai-o-lixo-consciencia-ira-impulsionar-economia-circular-diz-orizon/. Acesso em: 29 fev. 2024.

40 POWELL, S. J.; CABELLO, A. M. Como o Japão é um país tão limpo mesmo sem latas de lixo e varredores nas ruas. *BBC*, 20 out. 2019. Disponível em: https://www.bbc.com/portuguese/vert-tra-49995444#:~:text=A%20maioria%20das%20pessoas%20que,poss%C3%ADvel%20tudo%20estar%20t%C3%A3o%20limpo%3F&text=A%20resposta%20mais%20simples%20%C3%A9%20que%20os%20pr%C3%B3prios%20habitantes%20cuidam%20disso. Acesso em: 29 fev. 2024.

41 FILIPPE, M. Como a Sephora pretende ser referência em diversidade e inclusão em 2026. *Exame*, 10 out. 2023. Disponível em: https://exame.com/esg/como-a-sephora-pretende-ser-referencia-em-diversidade-e-inclusao-em-2026/?fbclid=PAAaYXk4j-IEc1ITkI9cb4eXRBs81NfJWqJaEaHzOx3A4s_jBznjLKS_hhSbM_aem_Acspvr_J5wrwHygCv50mN4M-smA_Ni9XSvzVp3vahQ0giuaGCx-EhJrmzhdgl8Q8JwA. Acesso em: 29 fev. 2024.

Marketing e a letra **"G"** de **ESG** (governança)

6.1 A governança como fator a ser considerado pelo marketing

No capítulo anterior, apresentamos um modelo de ESG que enfatiza a **interdependência** dos aspectos "ambiental" e "social" e que estão assentados sobre a **base** da "governança"[1]. O maior desafio para uma implementação correta de ESG em uma organização é como incorporar suas práticas ambientais e sociais dentro de um modelo adequado de governança.

A governança é que fará com que as práticas ambiental e social não sejam meramente ações pontuais realizadas pelas empresas, mas que estejam inseridas em um propósito de geração de valor que inclua não apenas o lucro como também o bem-estar da sociedade e do planeta.

Dizemos que está tudo misturado. É quase impossível pensar em governança corporativa e social sem pensar em crise climática, discussões sobre direitos humanos e o papel social que as empresas exercem dentro desse contexto[2].

O principal desafio é: como incorporar as práticas ambientas e sociais na governança de uma empresa? Como fazer com que as ações sejam publicizadas, transparentes, éticas e eficazes?

A **governança corporativa** descreve principalmente os sistemas que uma empresa usa para equilibrar as demandas concorrentes de suas diversas partes interessadas, incluindo acionistas, funcionários, clientes, fornecedores, financiadores e a comunidade. Por meio desse processo, ela fornece a estrutura para cumprir os objetivos de uma empresa, abrangendo todos os aspectos do comportamento organizacional, incluindo o planejamento, o gerenciamento de riscos, a medição de desempenho e a divulgação corporativa. No total, garante uma supervisão adequada destinada a garantir a criação de valor sustentável e de longo prazo com a devida consideração por todas as partes interessadas[3].

De forma mais sintética, podemos entender a **governança** como o sistema interno de processos, controles e procedimentos que a empresa usa para se governar, tomar decisões, seguir a lei e atender às necessidades de todas as partes interessadas: colaboradores, funcionários, fornecedores, acionistas e investidores[2].

Ter uma governança corporativa sólida traz diversos benefícios para as empresas, principalmente no tocante ao aumento da competitividade e da rentabilidade, bem como boas práticas, organização, métodos, disciplina e ética. Um dos aspectos geralmente considerados pelos investidores, ávidos por segurança e procedimentos que gerem e mantenham valor, é se a empresa possui uma boa governança corporativa. Isso pode ser decisivo, não somente para investimentos individuais, mas também para possíveis aquisições ou parcerias.

No Brasil, uma das instituições mais relevantes na área é o Instituto Brasileiro de Governança Corporativa (IBGC), uma organização sem fins lucrativos e referência nacional e internacional em governança corporativa.

O IBGC contribui para o desempenho sustentável das organizações por meio da geração e disseminação de conhecimento das melhores práticas em governança corporativa, influenciando e representando os mais diversos agentes, visando uma sociedade melhor. Fundado em 27 de novembro de 1995, em São Paulo, o IBGC desenvolve programas de capacitação e certificação profissionais, eventos e também atua regionalmente por meio de oito capítulos regionais no Distrito Federal e nos estados de Minas Gerais, Ceará Paraná, Pernambuco, Rio de Janeiro, Rio Grande do Sul e Santa Catarina, e dois núcleos, um no estado da Bahia e outro no interior paulista. O IBGC integra a rede de Institutos de Gobierno Corporativo de Latinoamérica (IGCLA) e o Global Network of Director Institutes (GNDI), um grupo que congrega institutos relacionados à governança e ao conselho de administração ao redor do mundo[4].

A governança corporativa é vista como uma tendência internacional que chegou ao Brasil como um caminho para que as empresas e as demais organizações pudessem ser dirigidas e monitoradas de forma transparente. Essa dinâmica corporativa engloba aspectos como o relacionamento entre sócios, o conselho de administração, a diretoria, os órgãos de fiscalização e controle e as demais partes interessadas. Mas como saber se determinada empresa está no caminho da governança? De acordo com o "Código das Melhores Práticas de Governança Corporativa", a governança corporativa se baseia em quatro princípios de boas práticas. Sua adequada adoção resulta em um clima de confiança tanto internamente quanto nas relações com terceiros[5].

Os quatro princípios de boas práticas em governança corporativa, segundo o IBGC, são[5]:

1. **Transparência:** Consiste no desejo de disponibilizar para as partes interessadas as informações que sejam de seu interesse, não apenas as impostas por disposições de leis ou regulamentos. Não deve se restringir ao desempenho econômico-financeiro, contemplando também os demais fatores (inclusive intangíveis) que norteiam a ação gerencial e conduzem à preservação e à otimização do valor da organização.
2. **Equidade: Caracteriza-se pelo tratamento justo e isonômico de todos os sócios e demais partes interessadas (stakeholders), levando em consideração seus direitos, deveres, necessidades, interesses e expectativas.**
3. **Prestação de contas *(accountability)*:** Os agentes de governança devem prestar contas de sua atuação de modo claro, conciso, compreensível e tempestivo, assumindo integralmente as consequências de seus atos e omissões e atuando com diligência e responsabilidade no âmbito dos seus papéis.
4. **Responsabilidade corporativa:** Os agentes de governança devem zelar pela viabilidade econômico-financeira das organizações, reduzir as externalidades negativas de seus negócios e de suas operações e aumentar as positivas, levando em consideração, no seu modelo de negócios, os diversos capitais (financeiro, manufaturado, intelectual, humano, social, ambiental, reputacional etc.) no curto, médio e longo prazos.

A governança é a base de todas as iniciativas, práticas e projetos de ESG. Inicialmente, porque é seu papel garantir que haja coesão entre qualquer realização da empresa e os objetivos do negócio. Por isso, é importante que ela esteja alinhada com uma visão de desenvolvimento sustentável. Além disso, é a governança que determina os padrões e critérios por meio dos quais se estabelece a cultura organizacional[6].

Quando desenvolvida a partir de uma lógica do desenvolvimento sustentável, **a governança deve prezar pela ética e transparência**, buscando tomadas de decisão que levem em conta o bem-estar social e o meio ambiente. Casos de corrupção, vazamento de dados de clientes e colaboradores, acidentes e violação de licenças ambientais e situações de preconceito e discriminação são alguns dos riscos decorrentes da falta de comprometimento com a governança[6].

A valorização da integridade humana e dos ecossistemas é um dos pilares de uma governança capaz de apoiar a implantação do ESG como parte dos negócios. Esse é um diferencial importante em relação às ações que não abordam os impactos das atividades da empresa de maneira adequada e que, portanto, podem ser ineficazes ou malvistas pela opinião pública[6].

Os investidores estão atentos aos diversos índices que permitem avaliar e acompanhar o desempenho das empresas em relação a seus compromissos socioambientais. Esses índices avaliam aspectos como gestão da sustentabilidade empresarial, gestão de riscos, ética nos negócios, cumprimento de critérios legais e regulatórios, diversidade e inclusão nos quadros de funcionários e da alta gestão, entre outros[6].

Estar em **conformidade** com todos esses aspectos não deve ser um desafio isolado. Na verdade, é uma jornada de ajuste e acompanhamento constante. Para isso, cada empresa precisa de ferramentas e soluções customizadas para otimizar a governança de seus negócios[6]. Nesse contexto, para a organização "estar em conformidade", em muitos casos ela deve "estar em ***compliance***".

O termo *compliance* tem origem no verbo em inglês *to comply*, que significa agir de acordo com uma regra, uma instrução interna, um comando ou um pedido, ou seja, "estar em *compliance*" é estar em conformidade com leis e regulamentos externos e internos. Portanto, manter a empresa em conformidade significa atender aos normativos dos órgãos reguladores, de acordo com as atividades desenvolvidas pela sua empresa, bem como dos regulamentos internos, principalmente os inerentes ao seu controle interno[7].

O *compliance* é um dos temas que mais cresceu no mundo corporativo recentemente; ele deve estar alinhado aos objetivos estratégicos e integrado aos Sistemas de Gestão da organização. Embora estar em *compliance* signifique atender à legislação vigente, ele não se limita somente a isso. Trata-se de uma necessidade atual de todas as empresas. O *compliance* busca algo ainda mais nobre: "A integridade nos negócios, pelas atitudes de seus funcionários e parceiros comerciais, pautados por elevados padrões éticos e morais." Nesse mesmo sentido, vem se tornando cada vez mais evidente o

valor da marca e, consequentemente, a importância de uma imagem limpa, desvinculada de atitudes ilícitas ou comprometedoras[7].

O **objetivo do *compliance* é proteger o negócio.** É simples assim. Mas o retorno sobre o investimento pode ser substancial, ajudando a empresa a evitar desperdício, fraude, abuso, discriminação e outras práticas que interrompam as operações e coloquem os negócios em risco. O *compliance* empresarial integra todos os esforços de conformidade de toda a empresa, desde o gerenciamento de regulamentos externos e políticas internas até o treinamento abrangente de funcionários. Ao garantir que todos os departamentos e funcionários trabalhem juntos para manter os padrões, o risco em relação a falhas catastróficas é reduzido. Além disso, um *compliance* eficaz melhora a comunicação entre a liderança e os funcionários[8].

A concorrência de mercado, as expectativas regulatórias mais altas de justiça do cliente e a conformidade com as leis de mercado aplicáveis representam desafios significativos para empresas de investimento, bancos e corretoras. Nesse ambiente desafiador do mercado financeiro, o cumprimento efetivo do mercado, dos requisitos regulamentares e das melhores práticas de *compliance* tornou-se um determinante particular do desempenho e estabilidade dos mercados financeiros e das empresas. Em resumo, os clientes buscam cada vez mais empresas que possuam foco na melhoria da conformidade, forte governança e gestão de riscos financeiros, os quais, juntos, formam sua reputação, ajudando a aumentar o mercado-alvo[8].

À medida que os negócios mudam rapidamente, o mesmo acontece com a abordagem de *compliance*, fazendo com que os programas e estratégias de treinamento de *compliance* se tornem mais abrangentes e inteligentes, gerenciando processos de conformidade, reduzindo custos e aprimorando a confiabilidade e a experiência do público[8].

É importante dizer que existe uma relação estreita entre *compliance* e LGPD (Lei Geral de Proteção de Dados), pois o *compliance* ajuda as organizações a cumprirem suas obrigações perante a LGPD. Não custa lembrar que a LGPD é uma legislação brasileira que estabelece diretrizes para empresas que processam dados pessoais visando proteger a privacidade e garantir aos indivíduos o controle sobre suas informações pessoais. Nesse contexto, o *compliance* surge como uma abordagem estratégica para garantir que as empresas cumpram os requisitos da LGPD. Isso envolve a implementação de políticas, processos e controles internos apropriados para proteger os dados pessoais de clientes e usuários[8].

Falando mais sobre a Lei Geral de Proteção de Dados (LGPD), ela foi criada pela Lei nº 13.709 de 2018 e dispõe sobre o tratamento de dados pessoais, inclusive nos meios digitais, por pessoa física ou jurídica, pública ou privada, "com o objetivo de proteger os direitos fundamentais de liberdade e de privacidade e o livre desenvolvimento da personalidade do indivíduo". Apesar de ter sido elaborada em 2018, ela só entrou em vigor em 2020 no Brasil. Ela foi criada com base no General Data Protection Regulation (GDPR) da União Europeia, afetando empresas e consumidores. De acordo com o Ministério Público Federal (MPF), a lei também cria um cenário de segurança jurídica com a padronização de regulamentos e práticas para promover a proteção aos dados pessoais de qualquer cidadão que esteja no Brasil[9].

As normas são de interesse nacional e devem ser seguidas pela União e pelos estados e municípios. Entre os princípios da proteção de dados estão o respeito à privacidade, a liberdade de expressão, de informação, de comunicação e de opinião, a inviolabilidade da intimidade, da honra e da imagem, mas também livre iniciativa e concorrência e a defesa do consumidor. A LGPD estabelece que não importa se a sede de uma organização e/ou o centro de dados esteja localizada no Brasil ou no exterior, se houver o processamento de conteúdo de pessoas que estejam em território nacional, a lei deverá ser seguida à risca. É considerado dado pessoal a informação relacionada à pessoa identificada sobre origem racial ou étnica, convicção religiosa, opinião política, filiação a sindicato ou à organização de caráter religioso, filosófico ou político, assim como dados referentes à saúde, vida sexual ou genéticos[9].

O tratamento de dados pessoais deve ser realizado por dois agentes: o controlador e o operador. O controlador é o responsável pelas decisões do tratamento de dados, já o operador é quem o realiza em nome do controlador. Há ainda o encarregado, que é a pessoa indicada pelo controlador para atuar como elo entre ele, o operador, o titular dos dados e a Autoridade Nacional de Proteção de Dados (ANPD). Isso diz respeito a qualquer atividade que utilize, na operação, a coleta, a produção, a recepção, a classificação, o acesso, a reprodução, a transmissão, a distribuição, o processamento, o arquivamento, o armazenamento, a eliminação, a avaliação, o controle ou ainda a modificação, transferência, difusão ou extração da informação[9].

"Antes de iniciar qualquer tipo de tratamento de dados pessoais, o agente deve se certificar que a finalidade da operação está registrada de forma clara e explícita e os propósitos especificados e informados ao titular dos dados. No caso do setor público, a principal finalidade está relacionada à execução de políticas públicas", detalha a LGPD. O compartilhamento de dados na administração pública não precisa de consentimento. No entanto, deve haver transparência sobre qual dado será compartilhado e com quem. A exceção são as informações sigilosas, que continuarão sendo protegidas[9].

Nos últimos anos, o conceito de *compliance* expandiu-se consideravelmente no Brasil, exigindo, assim, uma segmentação por setor. Nesse sentido, essa prática facilita a construção de programas de *compliance* que considerem as particularidades e os riscos inerentes a cada negócio, além das normas que regulamentam o setor. Dentre os principais tipos de *compliance*, destacam-se: comercial, trabalhista, tributário, fiscal, ambiental, penal, responsabilidade social e administração pública. Cada um desses tipos tem um escopo específico, e entender sua importância para o seu negócio é fundamental. Essa abordagem permite uma atuação mais direcionada para garantir o cumprimento das leis e regulamentos aplicáveis a cada área específica[8].

É importante destacar que **há uma diferença substancial entre *compliance* e auditoria interna**. O *compliance* visa garantir o cumprimento de leis, regulamentos, normas internas e externas e promover a ética e a integridade de uma organização. Ele envolve a implementação de políticas, processos e controles para garantir a conformidade e prevenir riscos. A auditoria interna, por outro lado, é um processo independente e objetivo que avalia a eficácia dos controles internos, processos e operações de uma empresa. Seu objetivo é identificar deficiências, riscos e oportunidades de melhoria. Além disso, as auditorias internas são realizadas por equipes internas ou terceirizadas de acordo com procedimentos e normas específicos. Ao passo que o *compliance* se concentra no cumprimento dos requisitos legais e regulamentares, o objetivo da auditoria interna é avaliar e melhorar a eficácia dos controles e processos internos. Contudo, apesar das diferenças, essas duas funções se complementam e desempenham um papel de extrema importância na governança corporativa e na gestão de riscos de uma organização[8].

O ambiente de negócios global tem se tornado mais arriscado nos últimos anos. Crises financeiras, tensões geopolíticas, turbulências internas e externas... muitos desses fatores estão além do controle das empresas, mas isso não significa que as companhias mais eficientes estejam de braços cruzados diante desse cenário. **Melhorar os sistemas de controle de riscos e de *compliance* tornou-se uma necessidade no ambiente corporativo** e também uma vantagem competitiva na atração de investidores e no custo de capital[10].

Uma pesquisa da International Finance Corporation, de 2010, apontava que 55% dos investidores aceitariam pagar um prêmio de 10% pelas ações de uma empresa com alto nível de governança, que possuísse um elevado grau de transparência, conselhos independentes, que respeitasse os acionistas minoritários, entre outras características. E 38% aceitariam pagar 20% a mais. Esse resultado pode ser testado na prática[10].

Basta comparar a valorização do Ibovespa com o IGC-NM, um índice que reúne as companhias do Novo Mercado da BM&FBovespa e é formado por empresas que possuem um alto nível de governança. Ao passo que, de 2006 até 2017, o crescimento anual médio do Ibovespa foi de apenas 3,5%, o IGC-NM obteve 7,1%. Isso resultou em uma rentabilidade acumulada de 120,1% entre dezembro de 2006 e maio de 2017 contra apenas 47,75% do Ibovespa no mesmo período[10].

A gestão de riscos e *compliance* são dois pilares que fazem parte da boa governança. As empresas vêm investindo cada vez mais no mapeamento de seus riscos operacionais, financeiros, ambientais, entre outros. Um bom mapeamento leva em conta o possível impacto do problema, sua frequência, probabilidade e magnitude. Os riscos identificados servem de insumo para a definição de iniciativas de monitoramento e controle que podem ajudar significativamente no cumprimento de objetivos estratégicos, na segurança, na imagem e no valor econômico da empresa. Isso aumenta a chance de prevenir situações desfavoráveis e aproveitar oportunidades[10].

Definir as expectativas de toda empresa e tê-las atendidas de forma consistente é um desafio difícil. Pensando nisso, são apresentadas três dicas para aplicar políticas permanentes, relevantes e vivas, a fim de ajudar a garantir o *compliance* no local de trabalho sempre que possível[8].

1. **Documente políticas e procedimentos:** Colocar as políticas de *compliance* no papel ou tê-las em algum lugar acessível digitalmente para os funcionários não apenas lhes confere mais autoridade e peso, mas também as torna prontamente disponíveis para os funcionários que procuram se manter atualizados sobre os melhores métodos.
2. **Reforce a comunicação:** A comunicação é um elemento-chave para garantir o *compliance* no local de trabalho. Sessões regulares de treinamento com todos os níveis de gerenciamento e a equipe tornam os códigos claros e memoráveis, reduzindo as chances de situações negativas.

3. **Realize auditorias internas:** Auditorias internas regulares são uma ótima ferramenta para descobrir procedimentos inadequados e ineficazes. As auditorias internas podem se concentrar nos aspectos financeiros, operacionais, tecnológicos ou regulatórios da organização. Por fim, vale destacar que é importante que um auditor interno seja independente ao revisar o *compliance*.

Em suma, o *compliance* é um conjunto de práticas destinadas a garantir o cumprimento de leis e regulamentos. Portanto, por meio dessas políticas, processos e controles internos, o *compliance* garante que as empresas cumpram as obrigações legais, regulatórias e éticas, criando um ambiente confiável para funcionários e stakeholders externos. Como tal, o *compliance* é fundamental para a sustentabilidade e a reputação da organização, bem como para proteger os interesses de todos os envolvidos[8].

Por tudo que vimos até aqui, há temas que devem fazer parte da governança nas empresas e que também são importantes nas práticas ESG. Assim, podemos listar alguns aspectos de **governança** (terceiro pilar do ESG) que devem servir de referência para o Gestor de ESG. Eles foram abordados no livro *A força do ESG* (2024, Alta Books)[11]:

1. Gestão de riscos.
2. Relacionamento com os acionistas e demais investidores.
3. Transparência, ética, *compliance* e planejamento.

Se recordarmos a nossa frase do Capítulo 3: "O marketing é a ferramenta para a **fabricação e venda** dos produtos, ao passo que o ESG impõe os **limites necessários** às atividades da empresa", podemos pensar que a governança impõe uma série de limitantes à atuação da empresa, seja pelas dificuldades que muitas empresas têm de organizar processos e atividades, estabelecer processos de *compliance* ou gestão de riscos ou mesmo na elaboração de relatórios que apresentem de forma clara suas práticas ESG. Muitas vezes, também ocorrem situações conflituosas da companhia com os demais stakeholders, as quais ela não tem habilidade para contornar.

Mais uma vez, peço que entendam a palavra "limitador" como um **bem necessário** para o funcionamento das organizações.

Como abordamos no Capítulo 5, vamos utilizar cada letra do ESG como se fosse uma das cores do semáforo, simbolizando, também, o aspecto de ser um "fator limitante". Nesse caso, o G de Governança é que restringirá a atuação do marketing, como proposta em nossa definição inicial.

Assim, as atividades de marketing se assemelham ao motorista que precisará parar quando o semáforo estiver na cor vermelha. Em nosso caso, a letra G do ESG deverá fazer com que a empresa pare e reflita sobre quais aspectos de governança podem ser importantes ao desenvolver suas estratégias de marketing.

6.2 As vertentes do marketing com afinidade com a governança e suas contribuições para a agenda ESG das organizações

Como dito no tópico anterior, a governança tem o papel de garantir que haja coesão entre qualquer realização da empresa e os objetivos do negócio. Por isso, é importante que ela esteja alinhada com uma visão de desenvolvimento sustentável[6]. Nesse contexto, algumas vertentes do marketing podem auxiliar na governança de uma empresa. Evidentemente, os ramos de marketing **sugeridos** também possuem afinidades com as outras "letras" do ESG (E e S), mas aqui vamos tentar abordar mais os aspectos de governança. Os ramos sugeridos são o endomarketing, o marketing de relacionamento e o marketing digital. Outras vertentes também poderiam ser abordadas, mas acredito que essas seriam as melhores para a nossa discussão.

Imagine o cenário em que seus colaboradores se mantêm comprometidos com o desenvolvimento da empresa e animados a cada meta batida. Isso seria incrível, não é mesmo? É justamente isso o que o endomarketing pode fazer pelo seu negócio. Mas, no mundo prático, as empresas ignoram essa estratégia de gestão, deparando-se com líderes insatisfeitos, com a imagem manchada da organização devido ao alto turnover e com uma lista enorme de saídas prováveis[12].

O **ENDOMARKETING** ou **marketing interno** é um conjunto de ações voltadas para o desenvolvimento de um ambiente de trabalho saudável. Trata-se de uma estratégia de marketing institucional que visa melhorar a imagem da empresa entre seus colaboradores, refletindo-se em mais engajamento, motivação e em um menor índice de rotatividade. Portanto, a sua aplicação é bem diretiva; assim como uma empresa cria estratégias de marketing para encantar os seus clientes, o endomarketing foca em encantar os colaboradores[12].

Para que o endomarketing seja bem feito, tanto o setor de marketing quanto o de Recursos Humanos precisa se alinhar e atuar em conjunto. Por estar mais próximo dos colaboradores, o setor de RH conseguirá entender melhor as necessidades e os desafios do time, ao passo que o marketing pode pensar em estratégias e soluções criativas[12].

As ações do endomarketing são capazes de melhorar as comunicações internas, as trocas de experiências, bem como a cooperação entre os times. Isso ajuda a melhorar a imagem da empresa para os colaboradores e, consequentemente, para o público externo. Imagine uma pessoa que trabalha em um lugar que a motiva e oferece expectativas de crescimento e desenvolvimento. Essa pessoa provavelmente se comprometerá com seus projetos e divulgará os benefícios do seu emprego para as pessoas à sua volta[13].

É assim que as empresas acabam se tornando o sonho profissional de muitas pessoas. Por investir em ações de valorização do seu capital humano, quem olha de fora percebe isso e também terá interesse em fazer parte dessa organização. Portanto, o endomarketing engloba uma promoção da imagem institucional da sua empresa para seus colaboradores e também para candidatos em potencial, que hoje, de certa forma, também são como clientes para a sua marca e que precisam ser encantados[13].

Muita gente **acredita que comunicação interna e o endomarketing são sinônimos, mas essa percepção está um pouco equivocada.** Embora os dois termos envolvam o público interno de uma empresa, a comunicação interna consiste simplesmente no repasse de informações dentro da organização, ao passo que o endomarketing é um conceito muito mais abrangente.

A comunicação interna pode inclusive ser considerada como uma das partes estratégicas do endomarketing que envolve os processos de informação e tem como foco relatar aos colaboradores ações da empresa, como[12]:

- Lançamentos de produtos;
- participação em eventos;
- comunicados oficiais; e
- transmitir as diretrizes estratégicas, como a missão, a visão e os valores.

Já o endomarketing está associado às interações entre a empresa e os funcionários, ou seja, mais do que apenas transmitir informações, ele é responsável pelo planejamento e a implementação de tarefas com foco em melhorar a interação e o engajamento do time. Outra diferença importante entre os dois conceitos é que, ao passo que a comunicação interna é um processo que pensa a curto prazo, o **endomarketing tem uma visão a longo prazo.** Portanto, qual é o principal objetivo do endomarketing? Melhorar a qualidade de vida dos colaboradores atuais e também dos que virão no futuro[12].

E qual a relação do **endomarketing com a governança?**

O endomarketing é uma importante ferramenta que tem como estratégia **aplicar as ideias já definidas pela governança corporativa ao ambiente interno das empresas**, cujo objetivo é construir um relacionamento com o público interno, compartilhando as ideias com a organização e, dessa forma, fortalecendo tais relações. Ele também precisa fortalecer o posicionamento de marketing para o funcionário e para o cliente, pois isso o transformará em um aliado do negócio e no responsável pelo desempenho e sucesso da organização. Assim, a empresa verá o seu funcionário como um cliente na relação de trabalho que é uma "troca", caracterizando uma ação de marketing[14].

Para que o endomarketing possa se harmonizar ao objetivo da governança corporativa — que também é desenvolver equipes de alta performance —, é necessário que a organização esteja atenta às competências dos funcionários[14].

Outra vertente do marketing que tem afinidade com a governança é o **MARKETING DE RELACIONAMENTO.**

No passado, quando um cliente se dirigia a uma padaria, por exemplo, ele era atendido pelos empregados ou pelo dono, que o chamavam pelo próprio nome. Todos na empresa tinham conhecimento de várias informações a respeito desse cliente: onde morava, o tamanho de sua família, os tipos de pães e bolos de que mais gostava e que mais comprava, a frequência de sua ida à padaria etc. Dessa forma, a empresa conhecia seus gostos e preferências e era capaz, justamente por isso, de oferecer produtos que satisfaziam suas necessidades. Suas compras eram anotadas em uma caderneta e, no final do mês, o cliente saldava sua dívida[15].

A personalização do atendimento ao cliente era vital para o sucesso dos empreendimentos no passado. Ser capaz de oferecer produtos que correspondessem aos anseios dos clientes, prestar um atendimento personalizado ao cliente, inclusive chamando-o pelo nome, e oferecer crédito por meio de uma caderneta de compras eram características comuns[15].

Embora ainda possa ser visto, principalmente em cidades menores e do interior, esse modo de agir foi abandonado pelas empresas à medida que se tornaram maiores, mais produtivas e mais competitivas. Para as empresas modernas, dever-se-ia sacrificar o atendimento personalizado em prol de maiores benefícios aos consumidores, como redução nos custos, agilidade no atendimento e oferecimento de produtos padronizados. Mas e o consumidor? Ele estaria disposto a esse tipo de sacrifício?[15]

Mais do que a compra de um produto qualquer, o consumidor busca também atenção, profissionalismo e dedicação no atendimento prestado pela empresa. Ele compra o produto em si (atributo tangível) e também um conjunto de atributos intangíveis. No exemplo da padaria do passado, o cliente comprava o pão ou bolo e também recebia da empresa um tratamento personalizado, que começava pelo atendimento pelo próprio nome. Além disso, os empregados conheciam suas preferências, falavam sobre coisas do dia a dia do bairro ou da cidade e ainda eram capazes de fornecer-lhe crédito, deixando tudo anotado em uma caderneta[15].

No entanto, as empresas cresceram e foram se distanciando do atendimento personalizado aos clientes. Seria possível a uma empresa que tem mais de centenas de clientes, por exemplo, efetuar um atendimento e uma prestação de serviços personalizado sem comprometer os custos, a produção e demais atividades? Essa é a proposta do marketing de relacionamento, que visa à retomada da aproximação dos clientes sem o comprometimento das funções exercidas pelas grandes empresas modernas[15].

O marketing de relacionamento é a tentativa de atrair, manter e intensificar o relacionamento com clientes finais, revendedores, fornecedores, governos e entidades não governamentais, estabelecendo uma visão a longo prazo com o objetivo de beneficiar a todos. Ele pode ser entendido também como um processo contínuo de identificação e criação de valores com clientes individuais, compartilhando benefícios entre a empresa e os clientes[16, 17, 18].

O marketing de relacionamento enfoca o planejamento de fora para dentro da empresa, ou seja, é traçado a partir da perspectiva do consumidor. Graças à informatização surgiram ferramentas capazes de possibilitar a coleta de dados sobre cada consumidor individualmente e, com isso, traçar estratégias para o atendimento de suas necessidades.

Muitas empresas buscam apenas o lucro no curto prazo e entendem que o relacionamento com o cliente ocorre tão somente no momento das vendas. No entanto, outras empresas já perceberam que o estabelecimento de uma gestão de relacionamento com os clientes se mostra bastante lucrativo, pois considera-se o potencial de vendas que podem ser feitas para determinado cliente ao longo de sua vida, além de produtos correlacionados que podem ser vendidos.

Uma empresa deve se concentrar na fatia de clientes, não na fatia de mercado. Aumentar a fatia de mercado significa vender a maior quantidade possível de um produto a um maior número possível de clientes. Em contrapartida, voltar-se para a fatia de clientes é assegurar que aquele que compra o produto da empresa só comprará a sua marca e se satisfará com esta escolha, evitando utilizar qualquer produto concorrente[19].

Para conhecer melhor o cliente, a empresa precisa de quatro atributos principais e capacidades[16]:

- Infraestrutura tecnológica que apreenda, armazene e processe os dados necessários do cliente, levando essas informações para os tomadores de decisão na empresa.

- Cultura e liderança que se baseie no conhecimento do cliente, enfatizando sua importância para o sucesso dos negócios.
- Estratégias da empresa para recrutar, treinar e manter empregados que vejam o cliente como o elemento essencial de seu trabalho e do sucesso da empresa.
- Processos de negócio, recompensas e reconhecimento que valorizem o relacionamento com o cliente.

O papel principal do marketing de relacionamento é gerar clientes comprometidos, que tenham uma ligação emocional com o produto ou serviço da empresa. A empresa deve estar constantemente atendendo ou excedendo as expectativas dos clientes e, para que isso ocorra, é fundamental identificar as preferências de cada um.

Uma empresa que possui centenas ou milhares de clientes será capaz de identificar apenas os dados e as preferências de cada um se possuir um banco de dados completo, aliado a um sistema informatizado que possibilite o cruzamento de informações e, consequentemente, o oferecimento de produtos e serviços personalizados. Uma das possibilidades é a implantação de um CRM (Customer Relationship Management ou Gerenciamento do Relacionamento com os Clientes) na empresa que integre marketing de relacionamento com as ferramentas de informatização[15].

A informatização tornou possível às grandes empresas, possuidoras de milhares de clientes, fazerem negócios com cada cliente de forma personalizada. O computador registra os dados e gera as informações individuais dos clientes, permitindo à empresa personalizar seu atendimento. Com a queda no custo de processamento de informações, a empresa passa a ter condições de acompanhar as compras e transações de milhares de clientes simultaneamente. No entanto, é necessário que essas informações sejam úteis e estejam disponíveis para os tomadores de decisão na empresa, sejam esses gerentes, vendedores ou mesmo atendentes de crédito. Dessa forma, o marketing de relacionamento passa a ser uma opção para resgatar, pelo menos em parte, a antiga forma de se relacionar com os clientes, como visto no exemplo da padaria[15].

Às vezes, uma empresa se preocupa com a aparência de seu sistema de informação sem o devido cuidado com a parte essencial, que é a construção de teias que permitam gerenciar o relacionamento. Por exemplo, muitas empresas contratam excelentes profissionais para projetar páginas na internet, mas se descuidam de contratar bons empregados para ajudar na solução de problemas, no recebimento de mensagens, no apoio a recursos de navegação, no processamento de pedidos, dentre outros componentes que representem a finalidade do marketing de relacionamento. A integração entre os recursos propiciados pela informática e as ferramentas do marketing de relacionamento deve ser explorada com intensidade, podendo culminar em um CRM[15].

O CRM pode ser definido como a integração de todas as áreas de uma empresa — principalmente vendas, call center, marketing, logística e internet — com as bases de dados da organização, cuja finalidade é administrar os contatos com a carteira de clientes, contribuindo para fidelizá-los e torná-los mais lucrativos. A implementação de ferramentas que possam identificar os hábitos de compra de um cliente individual por meio de seu histórico de compras deve possibilitar a projeção de seu potencial futuro, inclusive em relação à compra de outros produtos oferecidos pela empresa. Estabelecer uma visão de CRM pode levar uma empresa a obter diferenciais competitivos no mercado de forma mais rápida[18].

É fácil percebermos que o **marketing de relacionamento e o CRM são excelentes ferramentas para auxiliar a empresa em sua governança**, e é por isso que eles devem ser considerados nas práticas ESG da organização.

Outra vertente do marketing que tem afinidade com a governança é o **MARKETING DIGITAL**.

O marketing digital corresponde às atividades de comunicação realizadas pelas organizações utilizando a internet e a telefonia celular para difundir e comercializar seus produtos e serviços, objetivando a conquista de novos clientes, a manutenção dos atuais e a melhora de sua rede de relacionamentos. Busca-se o uso de canais de distribuição eletrônicos para atingir os consumidores mais rapidamente, de maneira personalizada e com mais eficiência[20].

Embora o termo "marketing digital" seja consagrado, essas atividades de comunicação devem tão somente ser entendidas, na prática, como o uso das ferramentas de marketing (o marketing tradicional) aplicadas ao meio digital. Assim, o "marketing digital" corresponde ao uso das tecnologias de informação e comunicação (TIC) no processo de criação, comunicação e oferta de valor aos consumidores, bem como no gerenciamento das relações com os clientes e demais stakeholders. O crescimento da internet e a possibilidade da "presença virtual" de empresas e pessoas, seja por meio de sites ou redes sociais, por exemplo, leva a uma inversão do vetor de marketing por meio da "era da busca"[20].

Ao passo que no marketing tradicional as ações de promoção e comunicação das organizações ocorriam no sentido da "empresa para o consumidor", na "era da busca" é o consumidor que busca a empresa ou a marca que deseja. Dessa forma, a "presença digital" de uma empresa/marca pode determinar seu sucesso, facilitando sua localização por parte dos usuários e potenciais clientes. Assim, o objetivo é aumentar a visibilidade da empresa por meio da internet e, principalmente, maximizar o potencial de conversão de visitantes em clientes[21].

Dessa forma, a maior facilidade de acesso à informação pelos consumidores, principalmente com o uso de computadores e da internet, aliada à agilidade nas entregas proporcionada pelo avanço dos meios de transporte e das comunicações, mudaram o perfil do consumo. Os consumidores passaram a ter uma gama maior de informações e conhecimento a respeito de produtos, serviços e empresas e podem comparar diversos atributos na hora de realizar uma compra. O marketing precisou se adaptar a essas mudanças para poder oferecer produtos com valor superior a um cliente cada vez mais informado e consciente de seus direitos[20].

A promoção de produtos ou marcas por meio de mídias digitais é uma das principais maneiras que as empresas têm para se comunicar com o público de forma direta, personalizada e no momento certo. Philip Kotler — considerado o pai do Marketing — conceitua marketing como "o processo social por meio do qual pessoas e grupos de pessoas satisfazem desejos e necessidades com a criação, oferta e livre negociação de produtos e serviços de valor com outros". Porém, as maneiras de fazer isso acontecer sofrem mudanças quase que diariamente. Por isso, atualmente é impossível falar de marketing e ignorar que a maior parte da população mundial está conectada à internet e faz compras online[22].

É por isso que o marketing digital é a principal forma de fazer e conceituar o marketing nos dias de hoje. O termo é usado para resumir todos os seus esforços de marketing no ambiente online. Usando canais digitais — como blogs, sites, motores de busca, mídias sociais, e-mail e outros —, as empresas tentam solucionar as dores e os desejos de clientes e potenciais clientes[22].

O marketing digital pode ser realizado por pessoas, empresas, universidades, ONGs, associações e igrejas. Mas também existem fatores culturais, psicológicos, geográficos e jurídicos que influenciam as pessoas na hora de comprar ou vender um produto ou serviço, e cada um deve fazer o que pode, empregando os recursos à sua disposição, para encontrar as oportunidades certas nesse meio[22].

Se você parar para pensar que o Marketing sempre busca se conectar com o público-alvo no lugar certo e no momento exato e que as pessoas estão mais conectadas do que nunca, vai perceber que o marketing digital passa a ter uma importância estratégica fundamental para todo negócio, independentemente do tamanho da companhia. Pensando no conceito geral de Marketing, que busca entender e atender às necessidades dos clientes — muitas vezes antes mesmo de o público saber que tem uma dor ou uma demanda específica —, observamos que as ações foram se aprimorando ao longo do tempo. Canais clássicos, como revistas, jornais e televisão, perderam espaço para as mídias digitais[23].

As pessoas passaram a ter menos paciência para ações interruptivas, como os comerciais de televisão. Sem contar que esse tipo de publicidade é mais caro e menos mensurável do que o marketing digital. A intenção de uma compra, na maior parte dos casos, como mostramos, começa online, olhando sites e buscando preços mais competitivos ou até mesmo comparando as vantagens de uma marca em relação a outra. É raro alguém ir diretamente a uma loja física para fazer a aquisição. Dessa maneira, os conceitos de Marketing também evoluíram[23].

6.3 Vamos falar de algumas notícias e iniciativas de governança que podem ser inseridas nas estratégias de marketing?

O Brasil é considerado o país do futebol, tendo sediado a Copa do Mundo duas vezes. A última delas, realizada em 2014, exigiu um grande investimento.

De um total de doze estádios disponíveis para 2014, seis deles foram totalmente construídos no período para receber o evento. Do restante, alguns foram reconstruídos substituindo antigas estruturas e outros apenas reformados. O Maracanã, por exemplo, foi construído em 1950 para receber o mundial, sendo inaugurado poucos dias antes do início dos jogos. Já para a Copa de 2014, como outros, ele precisou passar por uma grande reforma.

Agora imaginem que, se um **estádio de futebol**, que, em teoria, serve apenas para abrigar as equipes e os jogos, ele também tivesse uma finalidade social, **contendo consultórios médicos e setores destinados a exames**, por exemplo?

Parece surreal e difícil de imaginar, não é? O local que proporciona essa integração esporte-saúde está situado no Estádio Municipal Sylvio Raulino de Oliveira, mais conhecido como Raulino de Oliveira. Após as mudanças, ele também passou a ser chamado de **Estádio da Cidadania**, justamente por proporcionar diversos serviços à comunidade. Como tenho parentes na cidade de **Volta Redonda**, no Estado do Rio de Janeiro, pude constatar *in loco* a importância que o estádio tem no atendimento das pessoas. É realmente incrível que tenhamos esse **belo exemplo de governança** no Brasil, e isso deve ser divulgado e valorizado por todos nós. Busquei alguns números de atendimento para reforçar o que estou dizendo.

De janeiro a outubro de 2023, por exemplo, a Policlínica da Cidadania Bernardino de Souza, que funciona no Estádio Raulino de Oliveira (Estádio da Cidadania), no bairro Nossa Senhora das Graças, em Volta Redonda, realizou **mais de 88 mil consultas divididas em treze especialidades médicas, além de mais de 32 mil exames**[25].

Diariamente passam pela policlínica cerca de 4 mil pessoas, que são atendidas por médicos angiologistas, dermatologistas, endocrinologistas, fonoaudiólogos, gastroenterologistas, hematopediatras, neurologistas, nutricionistas, ortopedistas, otorrinolaringologistas, pneumologistas, reumatologistas e urologistas. Para ser atendido, o paciente deve receber o encaminhamento de um médico das Unidades Básicas de Saúde (UBS) ou de Saúde da Família (UBSF). O atendimento na Policlínica da Cidadania é de segunda a sexta-feira, das 7h às 18h[25].

O complexo de saúde recebeu mais de R$2,7 milhões em investimentos importantes para melhorar o atendimento. Foram adquiridos pela Secretaria Municipal de Saúde (SMS), para equipar o Centro de Imagem Gecy Vieira Gonçalves, três mamógrafos e um aparelho de ultrassonografia, todos equipamentos de última geração. Por meio do Centro de Imagens, a Policlínica também oferece exames de RX, tomografia e ultrassonografia. Os exames de alto custo são encaminhados para autorização do Dipa (Departamento de Controle, Regulação, Avaliação e Auditoria)[25].

"Assim como a policlínica, temos investido em outras estruturas da saúde pública em Volta Redonda. Já entregamos mais de 30 unidades básicas revitalizadas; a Policlínica da Mulher foi reformada e equipada com um ultrassom de última geração, com imagens em 4D, dentre outros importantes investimentos. E está em andamento a compra de oito novos equipamentos de radiologia, sendo dois destinados ao Centro de Imagem do estádio. O trabalho é constante para melhorar o atendimento aos pacientes do SUS (Sistema Único de Saúde)", ressaltou a secretária municipal de Saúde[25].

O prefeito de Volta Redonda lembrou que o governo municipal vem investindo na saúde desde que reassumiu a administração municipal. "Antes mesmo de iniciar o mandato, começamos a reestabelecer parcerias com instituições para ampliar nosso atendimento, por conta da pandemia. E assim que retornamos à prefeitura, iniciamos um trabalho de reconstrução da saúde e que, com parceiros como o Governo do Estado, tem trazido resultados positivos para a população, como a Policlínica da Mulher reformada, o Hospital da Criança sendo construído, mais leitos no Hospital do Retiro e a ampliação do (Hospital) São João Batista", destacou ele[26].

Deley de Oliveira, ex-deputado federal e atual assessor especial do governo municipal, diz que se orgulha bastante de ter participado da reconstrução e de ter levado a ideia da reforma para o prefeito Neto na época. "Tivemos uma equipe composta por pessoas de vários departamentos da prefeitura como o Instituto de Pesquisa e Planejamento Urbano (IPPU) e criamos um estádio diferente, que **deveria ter sido referência para vários estádios da Copa do Mundo**. Hoje, é um patrimônio espetacular, que perde por ter sofrido muito no governo anterior, mas aos poucos estamos recuperando todo o seu potencial. Logo vamos rever a frequência, que na nossa época era de 5 mil pessoas por dia no estádio", disse Oliveira[26].

"É um estádio que temos muito orgulho porque ele fala mais de cidadania, de saúde do que do próprio jogo de futebol. Fico feliz, apesar de ter encontrado o estádio em estado lamentável, pois a construção e os equipamentos por serem de boa qualidade resistiram ao tempo. O estádio merece ser bem cuidado, pois é um patrimônio da cidade", afirma a secretária municipal de esporte[26].

Os polos de Saúde, Educação e Serviço Social estão localizados embaixo das arquibancadas do estádio, que abriga uma Policlínica de Saúde com dezessete especialidades médicas e um moderno centro de imagens para realização de exames. A Ótica da Cidadania oferece óculos gratuitos. Há ainda um espaço para fisioterapia e um centro de reabilitação de cardíacos. Todos os serviços são administrados pela Prefeitura de Volta Redonda e mantidos com apoio do Governo do Estado e do Sistema Único de Saúde (SUS)[26].

O Estádio também disponibiliza um projeto inédito no Brasil: a Academia da Vida. Trata-se de uma escola específica para atender cerca de setecentos alunos da terceira idade por ano, com aulas de português, matemática, informática, teatro e trabalhos artesanais. Um polo de ensino à distância do Cederj está instalado no estádio e oferece ensino gratuito superior para milhares de estudantes de todo o Estado do Rio de Janeiro[26].

Também inaugurada em 2004, a Academia de Musculação da Melhor Idade conta com professores especializados, funcionando no período das 7h às 20h de segunda a sexta-feira. Pelo local, já passaram mais de 10.013 inscritos nestes 17 anos. A aluna mais idosa da academia tem hoje 92 anos, e a média de idade de alunos é de 71 anos[26].

O bom exemplo do Estádio da Cidadania de Volta Redonda **repercutiu em outras unidades da federação** antes da Copa do Mundo, como no caso do Estado do Maranhão.

O deputado Hélio Soares, através de indicação, pediu à Mesa Diretora da Assembleia Legislativa que encaminhe ofício à governadora do Maranhão solicitando providências no sentido de determinar à Secretaria de Estado de Esportes e Lazer (Sedel) que autorizasse desenvolver, em caráter de urgência, um projeto que adequasse o Estádio Castelão em "Estádio da Cidadania". A sugestão era que, no espaço do estádio, fossem integradas: atividades para idosos, universidade à distância, academia de reabilitação para pessoas com problemas físicos e para pessoas da terceira idade, shopping do cidadão, ótica da cidadania (óculos de graça para a população carente), Centro de Reabilitação para Cardíacos, Núcleo de Tratamento de Doenças Virais, Biblioteca Virtual, Centro de Imagens e Policlínica da Cidadania, com acesso gratuito para o cidadão. Hélio Soares disse, na época, que o Estádio Castelão deve seguir o exemplo do único Estádio com essas características no Brasil e que cumpre rigorosamente com o Estatuto do Torcedor, o Estádio Municipal General Sylvio Raulino de Oliveira, também chamado de "Estádio da Cidadania"[27].

Mas, ao que tudo indica, o projeto não foi para frente.

Ainda assim, é interessante ver um exemplo real de desenvolvimento de uma estrutura de saúde feita pelo Poder Público. Resgatarei aqui uma das definições de governança apontadas no início do presente capítulo. Vejam como o exemplo do estádio atende bem ao tema:

Governança é um sistema interno de processos, controles e procedimentos que a organização usa para se governar, tomar decisões, seguir a lei e atender às necessidades de todas as partes interessadas[2].

Mas se as organizações públicas devem possuir uma governança eficaz, o mesmo deve se dar com as organizações privadas, sendo que, muitas vezes, elas também precisam estabelecer regras de convivência delas com os demais stakeholders. Elas são chamadas de **códigos de conduta**.

Por exemplo, a Suzano, uma das maiores empresas da área florestal no Brasil, possui um documento, disponibilizado em seu site, sobre as diretrizes que ela estabelece em seu código de conduta. A empresa destaca que o "Código de Conduta tem por objetivo gerar compromissos com os(as) conselheiros(as), diretores(as), administradores(as), gestores(as), acionistas, colaboradores(as), empregados(as) terceirizados(as), fornecedores(as), clientes, pessoas ou entidades com quem nos relacionamos, e partes interessadas da Suzano S.A. e suas controladas e coligadas, com os princípios éticos que norteiam a nossa conduta empresarial, além de disseminá-los para a nossa rede de relacionamento. E temos o compromisso com a transparência, equidade, prestação de contas e responsabilidade corporativa, bem como garantir os direitos humanos no âmbito das nossas operações"[28].

No documento, a Suzano faz uma breve apresentação e oferece um glossário que explica diversos temas importantes do código de conduta: assédio moral, assédio sexual, comitê de gestão de conduta, conflitos de interesses, dados pessoais, dados pessoais sensíveis, desenvolvimento sustentável, desvio comportamental, discriminação, fraude, governança corporativa, importunação sexual, LGPD, medida disciplinar, mercado de capitais, novo mercado, patentes, privacidade e proteção de dados pessoais, stakeholders, Suzano S/A, titulares de dados pessoais e tratamento de dados pessoais. No tópico Princípios Éticos a empresa aborda governança corporativa, privacidade e proteção de dados pessoais, integridade, igualdade, transparência, uso e proteção do patrimônio da companhia, valorização profissional e desenvolvimento sustentável. No tópico Gestão do Código de Conduta, a companhia explica a finalidade da gestão do código e destaca o que caracteriza a violação do mesmo. Por fim, o documento apresenta informações sobre a ouvidoria externa e o termo de compromisso[28].

Ao escrever sobre código de conduta, eu imediatamente me lembrei de um caso que tomou repercussão no Brasil e que tem a ver com essa discussão.

Uma torcedora palmeirense foi agredida e expulsa de um vagão do metrô após se recusar a retirar a camisa do time. Ela estava acompanhada de uma amiga no momento da agressão, que ocorreu em uma estação da Linha Vermelha, ligação entre as zonas Oeste e Leste e o meio de acesso ao estádio do rival alvinegro, em Itaquera, São Paulo. As imagens do ataque, que viralizaram, mostram as duas mulheres, vestidas com a camisa alviverde, **sendo intimidadas por uma terceira mulher**, vestindo a camisa do Corinthians, acompanhada de um grupo grande de homens, também corintianos[29].

A ofensiva às palmeirenses teve início quando a mulher corintiana exigiu que elas retirassem a camisa. A corintiana também retirou o boné de uma das mulheres, mas logo depois a palmeirense conseguiu recuperá-lo. Como uma delas se recusou a cumprir a ordem, os corintianos as empurraram para fora do vagão quando o metrô parou na estação seguinte[29].

A triste manchete seria mais uma entre tantas de violências de torcida se não viesse acompanhada de uma outra notícia: **a mulher identificada como agressora foi demitida da empresa que trabalhava, após a repercussão do caso.**

Em nota, a empresa da área da saúde diz ter recebido denúncias sobre o envolvimento de uma funcionária no caso. Após apuração interna, ela foi desligada do quadro. "O **Comitê de Conduta**, que recebeu as denúncias por meio de nosso canal oficial apurou as informações e tomou as medidas necessárias. Lamentamos a atitude da profissional, que não faz mais parte do quadro de funcionários da empresa", diz o texto publicado nas redes sociais da empresa[30].

A **transparência** é outro tema importante em uma boa governança.

Em pesquisa realizada pelo CDP, organização internacional sem fins lucrativos que administra um sistema de divulgação ambiental, o Brasil foi representado por onze empresas que são referências em **transparência ambiental**, dentre elas a Klabin, a Marfrig e as Lojas Renner. A pesquisa contou com mais de 23 mil organizações participantes, mas apenas 396 (1,7%) tiveram nota máxima e configuram na "A List" de pelo menos um dos seguintes temas: florestas, mudanças climáticas e segurança hídrica. Em florestas, tiveram destaque as brasileiras Dexco e Empresas CMPC. Já em mudanças climáticas, CEMEX, Companhia Brasileira de Alumínio (CBA), Compass Gás & Energia, CPFL Energia, EDP Brasil, Grupo Bimbo, Lojas Renner, M Dias Branco, Marfrig, Tim Brasil e Votorantim Cimentos foram as brasileiras presentes na categoria[31].

Vale ressaltar que a Klabin teve destaque nas três categorias, sendo a única brasileira presente em segurança hídrica. Além disso, essa é a terceira vez consecutiva que a empresa está entre as dez empresas com nota "triple A" (empresas mencionadas nas três categorias). Sete negócios brasileiros estiveram presentes no ranking pela primeira vez, como foi o caso de Compass Gás & Energia, CPFL Energia, Lojas Renner, M Dias Branco, TIM Brasil, Marfrig e Votorantim Cimentos. Algumas empresas como a Klabin e a Companhia Brasileira de Alumínio seguiram na lista, além da presença das latino-americanas Cemex, Grupo Bimbo e Empresas CMPC[31].

Esse grupo de empresas representa 0,7% do total de respondentes da América Latina, partindo de oito empresas em 2022 para quatorze no ano seguinte. No Brasil, o sexto país do mundo com o maior número de empresas reportando dados ambientais, o número de empresas presentes no ranqueamento de transparência dobrou, indo de apenas cinco em 2022 para onze em 2023. "Na região, o crescente número de organizações que conquistaram a classificação máxima reflete o maior engajamento de empresas que são líderes em seus segmentos de atuação e podem influenciar a transformação de suas cadeias produtivas. Temos potencial para nos tornarmos um excelente modelo global de desenvolvimento sustentável", afirma a diretora-executiva do CDP Latin America, Rebeca Lima[31].

Para obter a maior nota, as empresas precisam divulgar publicamente as suas iniciativas e estratégias para lidar com o desmatamento, as mudanças climáticas e a questão hídrica. As empresas que constam na "A List" têm metas com base na ciência para reduzir os gases do efeito estufa (GEE) e planos de transição ligados ao aumento máximo de temperatura de 1,5 ºC, como compromissos com o desmatamento, a rastreabilidade de commodities e formas de lidar com a água[31].

Em 2023, foi exigida a verificação de 100% das emissões dos escopos 1 e 2 (emissões diretas e indiretas) e 70% das emissões do escopo 3 (emissões da cadeia produtiva). Antes, eram exigidas a verificação de apenas 70% de todos os escopos. No Brasil, a nota do CDP passou a integrar a pontuação de empresas que querem entrar na carteira do Índice de Sustentabilidade Empresarial (ISE) da B3. "Alcançar a nota A demonstra que as empresas estão respondendo ao chamado de aumento de ambição, isto é, entregar mais ações concretas em menos tempo. Neste processo, os investidores e a sociedade têm um papel importantíssimo de exigir comprometimento em práticas sustentáveis", afirma Lima[31].

A indústria da moda, que é a segunda maior poluidora do mundo, também se destaca no quesito transparência. O Instituto Fashion Revolution Brasil mantém o compromisso de trabalhar para promover transformações e elencar no **Índice de Transparência da Moda Brasil (ITMB)**, no qual as marcas do setor são apontadas ao acentuar ou mitigar os desafios socioambientais. Em 2023, sessenta das principais marcas e varejistas do mercado brasileiro foram analisadas e classificadas a partir de dados divulgados publicamente sobre suas políticas, práticas e impactos. O ITMB foi elaborado pelo Fashion Revolution CIC e o Instituto Fashion Revolution Brasil, contando com o apoio financeiro do Labora – Fundo de Apoio ao Trabalho Digno, do Fundo Brasil de Direitos Humanos e de parceiros financiadores[32].

A fim de abranger diferentes tópicos referentes à atuação das marcas, o ITMB conta com mais de 250 indicadores diferentes em temas como direitos humanos e da natureza, igualdade de gênero e racial e descarbonização. Os indicadores estão distribuídos em cinco seções: políticas e compromissos; governança; rastreabilidade; conhecer, comunicar e resolver; tópicos em destaque. "Para além da prestação de contas para a sociedade, os dados obtidos por meio do Índice de Transparência têm o potencial de atuar como um catalisador para promover soluções em direção à sustentabilidade e à moda justa e circular, desencadeando uma transformação sistêmica no setor da moda", afirma Isabella Luglio, Coordenadora Educacional do Instituto e do Índice no Brasil[32].

Pela primeira vez desde a primeira edição da pesquisa, em 2018, seis marcas pontuaram acima de 60%, com a C&A com 70%, seguida por Malwee com 68%, Dafiti com 67%, Renner e Youcom, ambas com 65%, e Havaianas com 62%. Além disso, em 2024 houve a maior média geral já alcançada: 22% do total de pontos disponíveis. Isso também se reflete na pontuação média em cada uma das cinco seções do questionário, que também foram recordes. No entanto, quase metade das marcas avaliadas (48%) ainda carece de transparência, obtendo menos de 10% do total de pontos. Dessas marcas, dezesseis zeraram a pontuação: Besni, Brooksfield, Carmen Steffens, Cia. Marítima, Colcci, Di Santinni, Dumond, Fórum, Havan, Leader, Lojas Avenida, Lojas Pompéia, Marisol, Moleca, Sawary e TNG. Vale ressaltar que grande parte das marcas zeradas permanece estagnada nessa posição desde que elas foram incluídas no Índice, o que acaba resultando em uma queda da média geral, afetando o progresso de todas[32].

Ainda de acordo com o Índice, há baixo nível de presença, pertencimento e emancipação financeira nos espaços de atuação de profissionais racializados e de grupos minorizados. Apenas 12% divulgam a distribuição por raça dos trabalhadores das instalações de fornecedores de corte/costura/acabamento, e 97% não publicam suas ações com foco na promoção da igualdade racial e étnica nas instalações de fornecimento. Além disso, apesar de as mulheres representarem a maior parte da força de trabalho na indústria da moda, a transparência em relação à equidade de gênero nas operações de fornecimento permanece estagnada desde 2021. Menos de um terço das marcas (30%) divulga a distribuição por gênero dos trabalhadores nas instalações de fornecedores diretos, e somente 3% publicam suas ações com foco na promoção da igualdade racial e étnica nas instalações dos fornecedores[32].

Embora haja um aumento na quantidade de marcas que divulgam sua pegada de carbono (45% das empresas divulgam as emissões de suas próprias instalações e 40% as emissões referentes a sua cadeia produtiva), os demais indicadores relacionados com a crise climática apresentaram pouco crescimento, mantendo-se baixos: 98% das marcas não publicam metas científicas de descarbonização tanto de curto quanto de longo prazo. "**A transparência é o primeiro passo para que a moda possa efetivamente contribuir para a justiça climática.** Isso implica, portanto, que as marcas divulguem suas ações concretas de descarbonização e de enfrentamento à emergência climática e assegurem os direitos dos trabalhadores mais vulneráveis ao longo de toda a cadeia de produção", diz Fernanda Simon, diretora do Instituto[32].

O relatório aponta ainda que as roupas, originadas de recursos naturais, podem ter impactos negativos na biodiversidade brasileira, especialmente em biomas como a Amazônia e o Cerrado, que sofrem com o desmatamento para a produção de couro e algodão. Apesar de quase metade (43%) das marcas divulgar políticas de biodiversidade e conservação para suas próprias operações, os números apontam que ainda há pouca transparência quando buscamos divulgações sobre a implementação de práticas de agricultura regenerativa (8%) e compromissos mensuráveis e com prazo determinado para o desmatamento zero (10%)[32].

REFERÊNCIAS DO CAPÍTULO

1. ALVES, R. R. *ESG:* o presente e o futuro das empresas. Petrópolis: Vozes, 2023. 276 p.

2. O que é o G do ESG e qual a importância crescente da governança no Brasil. *Exame*, 14 abr. 2023. Disponível em: https://exame.com/negocios/o-que-e-o-g-do-esg-importancia-crescente-governanca-brasil/. Acesso em: 1 mar. 2024.

3. BRADLEY, B. *ESG Investing For Dummies.* New Jersey, USA: John Wiley & Sons, Inc., 2021. 346 p.

4. O IBGC. *IBGC – Instituto Brasileiro de Governança Corporativa*, [202-?]. Disponível em: https://www.ibgc.org.br/quemsomos. Acesso em: 1 mar. 2024.

5. LANDRISCINA, G. Conheça os quatro princípios da governança corporativa. *IBGC – Instituto Brasileiro de Governança Corporativa*, 27 jan. 2020. Disponível em: https://

www.ibgc.org.br/blog/principios-de-governanca-corporativa. Acesso em: 1 mar. 2024.

6 ESG: o que é governança? Governança Corporativa é o core das boas práticas de ESG nas empresas, entenda o motivo. *Ambipar*, [202-?]. Disponível em: https://ambipar.com/latam/pt/noticias/esg-o-que-e-governanca/. Acesso em: 1 mar. 2024.

7 REANI, V. É preciso estar em compliance digital! Mas o que significa compliance? *OAB Campinas*, [202-?]. Disponível em: https://oabcampinas.org.br/e-preciso-estar-em-compliance-digital-o-que-significa-compliance/. Acesso em: 1 mar. 2024.

8 Compliance: o que é, categorias, vantagens e como colocar em prática. *Exame*, 15 jun. 2023. Disponível em: https://exame.com/invest/guia/o-que-e-compliance-e-como-funciona/. Acesso em: 1 mar. 2024.

9 ESFERA BRASIL. Entenda o que é e quais são os limites da LGPD. *Exame*, 12 abr. 2023. Disponível em: https://exame.com/esferabrasil/entenda-o-que-e-e-quais-sao-os-limites-da-lgpd/. Acesso em: 1 mar. 2024.

10 Gestão de riscos e compliance fazem a diferença. ***Época Negócios***, 20 fev. 2019. Disponível em: https://epocanegocios.globo.com/Publicidade/Petrobras/noticia/2017/06/gestao-de-risco-e-compliance-fazem-diferenca.html#:~:text=As%20exig%C3%AAncias%20de%20compliance%20no,pelo%20Congresso%20Americano%20em%202002. Acesso em: 1 mar. 2024.

11 ALVES, R. R. *A força do ESG:* por que, a partir de agora, as empresas serão realmente sustentáveis? Rio de Janeiro: Alta Books, 2024. 208p.

12 RIBEIRO, A. Endomarketing: o que é, qual a importância e 7 estratégias. *RH Portal*, 7 maio 2018. Disponível em: https://www.rhportal.com.br/artigos-rh/endomarketing-nas-empresas/. Acesso em: 1 mar. 2024.

13 Endomarketing: exemplos e estratégias. *Blog Abler*, 17 maio 2022. Disponível em: https://blog.abler.com.br/endomarketing/. Acesso em: 1 mar. 2024.

14 BUSSLER, N. R. C.; BAGGIO, D. K.; FABRICIO, A.; SAUSEN, J. F. C. L.; RODRIGUES, B.; FROEMMING, L. M. S. A governança corporativa e o endomarketing: o caso da cooperativa médica Alpha. *Ciências Sociais em Perspectiva,* v. 16, n. 31, p. 154-168, jul./dez. 2017.

15 ALVES, R. R.; JACOVINE, L. A. G.; NARDELLI, Á. M. B. *Empresas verdes:* estratégia e vantagem competitiva. Viçosa, MG: Editora UFV, 2011. 194 p.

16 GORDON, I. *Marketing de relacionamento:* estratégias, técnicas e tecnologias para conquistar clientes e mantê-los para sempre. 4. ed. São Paulo: Futura, 2000. 249 p.

17 HAWKINS, D. I.; MOTHERSBAUGH, D. L. *Comportamento do consumidor:* construindo a estratégia de marketing. 13. ed. São Paulo: Grupo GEN-Atlas, 2018. 608 p.

18 MADRUGA, R. *Guia de implementação de marketing de relacionamento e CRM:* conquistar, reter e encantar clientes. 2. ed. São Paulo: Atlas, 2010. 248 p.

19 PEPPERS, D.; ROGERS, M. *Marketing um a um:* marketing individualizado na era do cliente. Rio de Janeiro: Campus, 1994. 394 p.

20 ALVES, R. R. *Consumo consciente:* por que isso nos diz respeito? 2. ed. Curitiba, PR: Appris, 2022. 248p.

21 GABRIEL, M. *SEM e SEO:* dominando o marketing da busca. 2. ed. São Paulo: Novatec, 2012. 248p.

22 PEÇANHA, V. O que é marketing digital? Tudo sobre o conceito, como fazer e como começar sua estratégia de marketing online em 2024. *Rock Content*, 25 nov. 2020. Disponível em: https://rockcontent.com/br/blog/marketing-digital/. Acesso em: 1 mar. 2024.

23 CURVELO, R. O que é marketing digital? *HubSpot*, 24 ago. 2023. Disponível em: https://br.hubspot.com/blog/marketing/marketingdigital. Acesso em: 1 mar. 2024.

24 A construção de estádios para a Copa 2014 e o mercado segurador. *CEDOM – Centro de Documentação e Memória do Mercado Segurador*, 17 dez. 2022. Disponível em: https://cedom.cnseg.org.br/curiosidades/a-construcao-de-estadios-para-a-copa-2014-e-o-mercado-segurador/#:~:text=De%20um%20total%20de%20doze,estruturas%20e%20outros%20apenas%20reformados. Acesso em: 1 mar. 2024.

25 Policlínica da Cidadania realizou mais de 88 mil consultas em 2023 em Volta Redonda. *Jornal A Voz da Cidade*, 4 nov. 2023. Disponível em: https://avozdacidade.com/wp/policlinica-da-cidadania-realizou-mais-de-88-mil-consultas-em-2023-em-volta-redonda/. Acesso em: 1 mar. 2024.

26 Após 17 anos, Estádio da Cidadania segue dando exemplo dentro e fora do campo. *Prefeitura Municipal de Volta Redonda*, 16 abr. 2021. Disponível em: https://www.voltaredonda.rj.gov.br/noticias/3458-ap%C3%B3s-17-anos,-est%C3%A1dio-da-cidadania-segue-dando-exemplo-dentro-e-fora-do-campo/. Acesso em: 1 mar. 2024.

27 Deputado propõe adequação no Estádio Castelão para beneficiar a população. *Assembleia Legislativa do Estado do Maranhão*, 27 abr. 2013. Disponível em: https://www.al.ma.leg.br/noticias/22230. Acesso em: 1 mar. 2024.

28 Código de conduta. *Suzano*, 2021. Disponível em: https://s201.q4cdn.com/761980458/files/doc_downloads/Livreto-CodConduta_Suzano_PT.pdf. Acesso em: 1 mar. 2024.

29 STUMPF, F. Mulher palmeirense é agredida em metrô por corintianos em SP. *Metrópolis*, 28 set. 2018. Disponível em: https://www.metropoles.com/brasil/mulher-palmeirense-e-agredida-em-metro-por-corintianos. Acesso em: 1 mar. 2024.

30 Torcedora do Corinthians suspeita de agredir palmeirense no Metrô é demitida de empresa. *G1*, 28 set. 2018. Disponível em: https://g1.globo.com/sp/sao-paulo/noticia/2018/09/28/torcedora-do-corinthians-suspeita-de-agredir-palmeirense-no-metro-e-demitida.ghtml. Acesso em: 1 mar. 2024.

31 BASTOS, F. Klabin, Marfrig e Lojas Renner: quais empresas estão na lista global de transparência ambiental. *Exame*, 6 fev. 2024. Disponível em: https://exame.com/esg/klabin-marfrig-e-lojas-renner-quais-empresas-estao-na-lista-global-de-transparencia-ambiental/?fbclid=PAAaZrymQ_osrdZqTj6j5R59cwro6zbKiex0RzNRH2ndh0AeEFEqvrAlMEwEo_aem_ARYcB0p0EobFwbke-RdFLYCuCi86myeRtrD5siPN2w29AwzON8dw4LJqcSO4_zDDRJE. Acesso em: 2 mar. 2024.

32 FILIPPE, M. Índice de Transparência da Moda Brasil tem 60 varejistas; média geral cresce, mas avanço é lento. *Exame*, 31 dez. 2023. Disponível em: https://exame.com/esg/indice-de-transparencia-da-moda-brasil-tem-60-varejistas-media-geral-cresce-mas-avanco-e-lento/?fbclid=PAAaYn4ziRFVIqLQryYJlre72fvDDWykdcthf51J-g5W8GyEiH2hyMKOmi3Z8_aem_AYzER1z6GcPDC6Iz2Ckpk1VAncwoRdUTZ0tIgvp5IpDlY6xPZid3CTDv5ZEybmsHXRk. Acesso em: 2 mar. 2024.

Muitas vezes, a organização **já pratica o ESG**, mas **falta colocar as ações** realizadas sob o "guarda-chuva" do ESG

7.1 O "guarda-chuva" do ESG

Tempos atrás, eu estava ministrando uma palestra virtual para a universidade federal em que eu trabalho, e o objetivo era falar sobre a minha experiência no exterior, quando fiz pós-doutorado na Espanha, e também discorrer sobre a minha trajetória acadêmica. O evento fazia parte de um projeto de extensão bem interessante em que se procurava levar à comunidade acadêmica, e também ao público em geral, mais informações a respeito do trabalho executado pelos professores. Logicamente, em determinado momento, falei sobre os livros que publiquei, e, nesse contexto, foi inevitável falar brevemente sobre o ESG. Então, a organizadora do evento me perguntou:

> "Professor, como a nossa universidade, mesmo sendo um órgão público, pode implementar as práticas ESG?"

Muitas vezes, as práticas ESG já existem. O que falta é **colocar essas informações sobre o "guarda-chuva do ESG"**.

Expliquei que a universidade já tinha uma série de práticas que poderiam se enquadrar dentro das três dimensões do ESG, tais como:

- Na **dimensão ambiental**, anos antes, a universidade havia adquirido painéis solares, o que ajudou a reduzir sobremaneira a sua conta de energia elétrica. Também foi implementado um controle maior sobre as impressões realizadas pelos servidores, diminuindo consideravelmente a quantidade de papel utilizada. Por meio do Sistema Eletrônico de Informações (SEI), muitos dos processos da instituição que tramitavam usando papel passaram a ser digitais.
- Na **dimensão social**, a universidade já conta há anos com políticas de quotas para negros, indígenas, quilombolas, estudantes do ensino médio, entre outros. O aluno ingressante também tem a possibilidade de se candidatar ao "plano permanência", composto por auxílio alimentação, programa de moradia estudantil, programa de apoio ao transporte e programa de auxílio creche. A universidade também possui o Projeto de Apoio Social e Pedagógico (PASP), Apoio Psicológico ao Estudante, entre outros[1]. Isso sem contar os projetos de ensino, pesquisa e extensão que a universidade possui, em alguns casos com atividades junto à comunidade. Durante a pandemia da Covid-19, por exemplo, em parceria com as prefeituras da região, um dos *campi* da universidade realizava cerca de 150 análises por dia em laboratório, beneficiando toda a comunidade naquele momento crítico[2].
- Na **dimensão governança**, o SEI facilitou bastante a organização dos processos da universidade, além de favorecer a transparência deles. Nesse ambiente, por exemplo, são armazenadas as atas assinadas pelos responsáveis, que também ficam à disposição dos membros da comunidade acadêmica. Muitas dessas atas também estão disponíveis no site da universidade para todos os interessados. Esse é mais um aspecto da governança que preza pela prestação de contas e transparência. Além disso, o ingresso para trabalhar na universidade se dá por meio de concursos públicos, que seguem editais aprovados nas instâncias da instituição e de acordo com as normas jurídicas. Também é importante destacar que os produtos adquiridos e os serviços prestados por terceiros

na universidade ocorrem por meio de concorrências públicas ou licitações — mais um elemento que favorece a governança da universidade.

O que faltava era colocá-las sob o que chamo de "guarda-chuva do ESG" e tornar isso público a fim de que as partes interessadas (stakeholders) pudessem conhecer e acompanhar o seu progresso.

Muitas organizações provavelmente já possuem algumas práticas ESG, mas talvez seja necessário organizar os processos, ver o que efetivamente tem sido feito na área e mapear o que ainda falta. Esse é um trabalho que exige um profissional que tenha amplo domínio sobre as atividades da companhia ou que, pelo menos, seja capaz de buscar informações dos diversos setores da organização. Feito isso, **basta colocar as práticas sob o "guarda-chuva do ESG" nas correspondentes dimensões E, S ou G.**

Ao mapear as atividades executadas pela organização nas três dimensões (E, S e G), também é possível visualizar o que está faltando e, consequentemente, o que deveria ser feito em termos de ESG. No entanto, é preciso que a companhia tenha uma visão crítica a respeito dos três elementos associados ao ESG, os quais são bastante comentados no livro *A força do ESG* (2024, Alta Books)[3]: a gestão de riscos, o capitalismo stakeholder e a geração de valor.

Geralmente, as empresas consideram "riscos" os pontos frágeis, ou os pontos a serem melhorados, em seus procedimentos e fluxos internos no tocante a segurança, perdas, quebras na cadeia produtiva etc. Contudo, "está surgindo" um aspecto adicional, ligado justamente à sustentabilidade e ao ESG, que visa **"rever" todo o método de trabalho** sob a ótica aqui sugerida, com **vistas a melhorias e a correções**.

No contexto da sustentabilidade, o "cerne" não costuma ser um fator ou aspecto que "pare a produção", mas sim que a ajude a melhorar[4].

Trata-se de uma prática cada vez mais frequente e que auxilia muitíssimo em vários aspectos, sendo o principal e mais frequente deles a exposição de que o ESG é para todos; uma vez que esse "exercício" é implementado, as organizações percebem de forma mais clara que o assunto "é ligado a elas". Com a ampliação dos debates, eventos, artigos, palestras e estudos sobre sustentabilidade, a resistência de empresas e executivos que não estavam "focados" em melhorias nesse aspecto vem sendo reduzida, mas ainda é possível encontrar empresas que erroneamente acreditam "não precisarem melhorar e nem rever nada"[4].

A experiência demonstra que "tais organizações" costumam ter essa impressão (errônea) **sem de fato avaliar os detalhes de suas práticas** e sem refletir sobre seus procedimentos e fluxos. Em geral, essa reação "apressada" ocorre apenas por deficiência de percepção e não costuma derivar de análise real da sua operação[4].

Temos discutido muito entre pesquisadores, estudiosos e consultores especializados em sustentabilidade os aspectos práticos que mais ajudam as organizações e possíveis "dicas" para as que ainda não criaram o seu programa. E, na maioria dos casos, chegamos a uma conclusão semelhante: o mais importante é realmente começar a avaliar a prática de cada organização, pois apenas após uma primeira avaliação da situação de cada empresa é que será possível pensar nos "próximos passos". Somente depois de uma **primeira "revisão" de processos** é que será possível, de fato, tentar avaliar o quão preparada e "correta" a empresa já está[4].

A base da questão da sustentabilidade está (de fato) na conscientização por parte das empresas de que elas são responsáveis pelo que fazem (e pelo que não fazem) pelo ambiente e pelo planeta e na consequente "decisão" de serem responsáveis, coerentes e consistentes na construção de sua própria prática, conforme a sua realidade. A maioria das empresas "não se nega" propriamente a atuar correta ou sustentavelmente, mas muitas ainda não se deram conta da amplitude do tema e, em função disso, dos pontos que precisam corrigir/melhorar. Essa **verificação da "realidade" é fundamentalmente específica e individual** para cada empresa — inclusive conforme os seus valores e princípios, a sua cultura e o seu propósito[4].

Essa necessidade de contínua revisão e análise nos leva a um tema importante para o ESG: a materialidade.

7.2 A importância da Matriz de Materialidade

Sempre que preciso de uma definição mais precisa de uma palavra, recorro ao bom e velho dicionário. Eu me recordo que isso aconteceu ao me aventurar no ESG e me deparar com a palavra **materialidade**.

O dicionário Michaelis nos traz que materialidade é a "qualidade do que é material. Circunstância material que constitui um fato, abstraindo-se os motivos, como no caso de materialidade do crime"[5].

Trazendo para a nossa realidade do ESG, materialidade é aquilo que é visível, palpável, que conseguimos enxergar na organização. Então, vemos que **alguns temas tratados na empresa podem fazer parte de mais de uma dimensão do ESG**, o que é perfeitamente normal, e está tudo bem. Muitas vezes, temos que escolher a dimensão que achamos que mais prevalece dentro do ESG, a que tem maior materialidade.

Materialidade significa analisar **quais questões são as mais importantes a serem abordadas pelas empresas**. Além disso, a matriz permite gerar oportunidades por meio da identificação de temas relevantes para o negócio, possibilitando a geração de valor. Com a matriz, visualiza-se melhor quais são os pontos de destaque e demandam priorização, engajamento, ação e investimento[6].

O termo e o conceito de stakeholders se relaciona com qualquer indivíduo ou organização que, de alguma maneira, é impactado pelas ações de uma empresa. Mas você deve estar se perguntando: o que tem a ver Matriz de Materialidade com os stakeholders? Tudo. Ela leva em consideração **quais temas são os mais relevantes para eles**. Ou seja, os pontos de maior preocupação da organização precisam ser definidos a partir dos interesses das partes interessadas. Assim, no processo de aplicação da Matriz de Materialidade, os stakeholders devem ser entrevistados. O intuito é mapear e analisar o que eles consideram mais importante ou quais prioridades devem ser trabalhadas pela organização[6].

Quando estava preparando esta parte do livro, que diz respeito à materialidade, encontrei um gráfico que achei bem interessante e que mostra justamente um exemplo de temas que são mais relevantes para os stakeholders, ou seja, que possuem maior materialidade. Além disso, o eixo das abscissas apresenta o **"grau de importância para o stakeholder"** e no eixo das ordenadas mostra o **"grau de impacto para a empresa"**, tornando bem rica a análise e auxiliando na tomada de decisão do gestor. O gráfico mostra um exemplo que o autor adaptou de We.Flow e que se encontra a seguir[7].

A Matriz de Materialidade é uma das ferramentas mais úteis para ajudar as organizações a priorizar questões importantes para buscar impacto. Por meio da evolução do pensamento estratégico nas últimas décadas, as empresas passaram a fazer uso dessa ferramenta para identificar questões importantes a serem trabalhadas no curto e médio prazo. Apesar de a Matriz de Materialidade ser essencial para a tomada de decisão estratégica, muitas empresas ainda não a usam adequadamente[7].

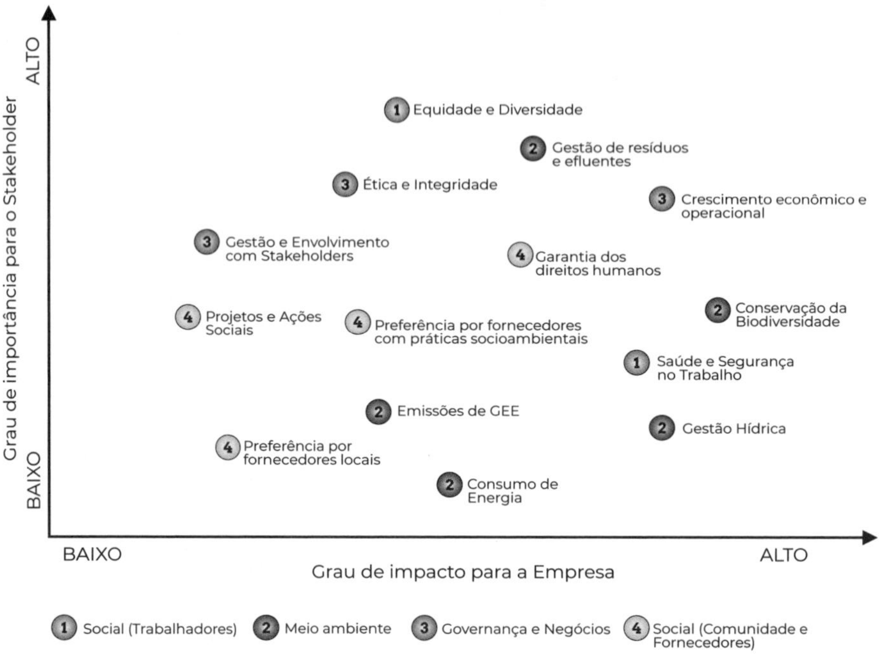

É fundamental lembrar que a matriz é um processo de avaliação que **classifica os temas materiais mais importantes para um negócio com base na avaliação de sua importância para as partes interessadas e nos riscos e oportunidades associados a eles[7].**

A Matriz de Materialidade é, portanto, a base para o desenvolvimento de estratégias de gestão, processos e iniciativas que se concentram na orientação das principais questões da organização. Ao longo da execução dessas estratégias, essa ferramenta também serve para acompanhar o progresso e definir os resultados esperados[7].

O objetivo da matriz é ser uma ferramenta de análise que permite às empresas se concentrarem nas questões que são realmente importantes para elas. É uma abordagem sistemática e lógica que ajuda as organizações a identificar os temas mais importantes a serem abordados e como eles se relacionam com o desempenho da empresa. Abaixo estão alguns pontos críticos sobre a importância da Matriz de Materialidade[7]:

- A Matriz de Materialidade **prioriza os principais temas e focos que as empresas enfrentam.** Isso ajuda a garantir que os esforços das organizações sejam direcionados para áreas que trarão o maior retorno.

- Permite que as empresas **identifiquem, avaliem e gerenciem os riscos da melhor forma possível**, possibilitando que as organizações tomem as decisões corretas, levando em conta todos os fatores envolvidos.
- Ajuda as empresas a **cumprirem as metas e diretrizes de sustentabilidade de forma mais eficaz.** Por meio dela, as organizações conseguem realizar uma análise completa de seus temas críticos e, assim, melhorar o desempenho em relação aos requisitos ambientais, sociais e de governança.

Como resultado, a Matriz de Materialidade oferece às empresas a oportunidade de se concentrarem nos temas mais importantes e relevantes para elas, além de se prepararem para os desafios futuros. Dessa forma, ela se torna uma grande aliada, ajudando as empresas a obterem o sucesso que estão buscando. A relação entre a Matriz de Materialidade e o ESG é evidente no sentido em que a Matriz **auxilia as empresas a alinharem suas estratégias de sustentabilidade com os critérios ESG.** Ao identificar os temas materiais, a empresa pode direcionar seus esforços para abordar questões ambientais, sociais e de governança que sejam mais relevantes para o seu negócio e seus stakeholders[7].

Assim, vemos que o resultado esperado da matriz de materialidade é identificar os temas de alta prioridade tanto para stakeholders quanto para a empresa. Após visualizar potenciais questões de sustentabilidade, consideradas relevantes para a cadeia de valor de uma organização, você deve realizar uma análise a partir de duas óticas[6]:

- Qual é o potencial de cada questão de impactar positiva ou negativamente o crescimento organizacional?
- Qual é a importância de cada questão para as partes interessadas?

Para a aplicação com foco na sustentabilidade e temas ESG, deve-se mapear, engajar e mobilizar os principais stakeholders da organização. Assim, por intermédio de entrevistas e reuniões, deve-se aplicar a matriz, buscando compreender e definir quais são as maiores prioridades tanto para a empresa quanto para a rede das partes interessadas. São essas questões, ações ou temas que devem ser priorizados no planejamento, visando à geração de valor para o empreendimento. Lembre-se que uma análise de materialidade é uma metodologia que uma empresa pode usar para identificar e estimar possíveis ações de meio ambiente, social e governança (ESG) que possam impactar o negócio e seus stakeholders[6].

Alguns passos importantes a serem seguidos podem nos ajudar a construir uma matriz de materialidade[8]:

1. **Identificar temas:** Por meio do engajamento com stakeholders internos e externos, benchmarking de sustentabilidade e uma análise de mídia, é possível conseguir identificar todos os temas que potencialmente tem um impacto no negócio.
2. **Avaliar o impacto no negócio:** Por meio da análise de como cada tema ajuda, por exemplo, a reduzir custos, aumentar a participação no mercado ou criar um poder de precificação, a metodologia permite determinar a relevância de cada tema para o negócio da empresa.
3. **Avaliar a percepção dos stakeholders:** Por meio de pesquisas e conversas com stakeholders externos é possível entender quais temas são os mais relevantes para stakeholders importantes, como clientes, ou para a maioria dos stakeholders em geral.
4. As avaliações permitem a montagem de uma matriz "impacto no negócio" x "importância para stakeholders", em que temas que têm alta relevância tanto para os stakeholders externos quanto para a empresa são priorizados.

A construção da Matriz de Materialidade precisa ser feita com muita atenção, abrangendo todos os aspectos realmente importantes dentro da análise das práticas ESG.

A falha nesse processo pode causar frustração aos gestores de sustentabilidade ao se depararem com Matrizes de Materialidade que, na essência, não refletem as reais e verdadeiras demandas estratégicas do negócio. A consequência? São criadas duas agendas paralelas: a agenda de negócio (foco do CEO e demais diretores) e a agenda de sustentabilidade (foco da área e comitê de sustentabilidade). Quando isso ocorre, a Matriz de Materialidade torna-se uma ferramenta decorativa da estratégia. Essa insatisfação tem sua raiz em um erro fundamental: a criação de uma Matriz de Materialidade que opera distante das dinâmicas centrais do negócio e das expectativas de seus stakeholders, refletindo apenas o viés de especialistas que não estão no dia a dia do negócio[9].

A consequência dessa dissociação vai além de uma simples falha de alinhamento — ela representa um custo tangível para as empresas. **O investimento em um processo de materialidade deveria resultar em insights acionáveis, direcionar a gestão de riscos e potencializar as oportunidades de inovação.** No entanto, quando as empresas erram ao não integrar suas estratégias de negócio e sustentabilidade, elas enfrentam prejuízos em múltiplas frentes. Ao abordarmos a Matriz de Materialidade como se fossem duas agendas paralelas — uma da sustentabilidade e outra do negócio —, negligenciamos a essência da sustentabilidade corporativa: a integração plena entre as operações empresariais e o compromisso com a responsabilidade social e ambiental[9].

7.3 A divulgação das atividades de ESG por meio de relatórios é a "cereja do bolo" para criar uma conexão com os stakeholders e é uma excelente ferramenta de marketing

Se a empresa já identificou e catalogou suas práticas ambientais, sociais e de governança sob o **"guarda-chuva do ESG"** e se já identificou as práticas que realmente apresentem **materialidade**, ou seja, que ocorrem de fato e que são importantes para a estratégia da companhia, agora é hora de **comunicar**, ou seja, tornar todo esse material disponível aos stakeholders, evidentemente salvaguardando uma ou outra informação considerada confidencial.

É por meio da comunicação que a organização torna transparentes suas intenções reais e **mostra de que forma elas estão alinhadas com o conceito ESG.** É fácil perceber quando a empresa já atua em uma comunicação ESG. Suas comunicações são mais questionadoras, ela se coloca de forma menos impositiva, não agressiva, e passa total segurança em suas mensagens. A comunicação é autêntica e consciente, visando inspirar, não impor. As empresas ESG usam as várias formas de se comunicar para demonstrar que se importam, de fato, com o mundo. Na comunicação, devem demonstrar que estão preparadas não apenas para falar, mas também para ouvir. Nesse sentido, as instituições genuínas devem levar ao público uma "voz" muito mais carregada na emoção que na ansiedade, porque ela se conecta com a intenção real de mostrar claramente o caminho que a empresa está escolhendo[10].

A "voz" da empresa ESG se ocupa em engajar seus ouvintes, e, para isso, se esforça para adequar o vocabulário de modo a ser compreendida. É preciso mostrar que a fala está — antes de tudo — alinhada com suas estratégias e ações. Isso não se faz somente com ação afirmativa, como plantar árvores, doar recursos para ONGs etc. É preciso ser genuinamente ESG. O propósito deixa a "voz" dos interlocutores mais segura, porque eles acreditam verdadeiramente no caminho escolhido e traçado. De nada vale afirmar ser ESG, mas continuar fazendo, por exemplo, suas publicidades sem esse valor, gerando produtos e serviços que não revelam esses valores[10].

Uma pesquisa da Associação Brasileira de Comunicação Empresarial (Aberje), divulgada no ano passado, avaliou respostas de 79 empresas de vários setores da economia sobre como o papel da comunicação é estratégico na agenda ESG das empresas. Segundo a pesquisa, a área de comunicação está presente em 100% dos comitês responsáveis por ESG nas companhias que têm esse tipo de estrutura para cuidar desses pilares, e 95% das empresas respondentes acreditam que o foco e as ações em ESG deverão aumentar nos próximos anos. Além disso, ela indica que os três principais meios usados pelas organizações para informar suas ações na área de sustentabilidade são conteúdo em canais digitais (89%), conteúdo em canais próprios para públicos estratégicos (75%) e mídias sociais (72%). Entre as mídias, deu-se ênfase ao LinkedIn (68% usam esta rede) e ao Instagram (52%)[10].

Assim, uma das formas mais acessíveis de acesso às informações e materiais disponibilizados pelas empresas é em seu site institucional. Ao lado de informações gerais da companhia e de suas marcas e produtos, muitas empresas colocam uma aba, ou menu, destinado a informações sobre sustentabilidade ou ESG, reportando diversos assuntos como gestão ambiental, as certificações que a empresa possui ou até mesmo relatórios de sustentabilidade que podem apresentar as práticas ESG e sua materialidade e importância nas atividades realizadas na organização.

Podemos dizer que, para ser ESG, é preciso fazer uso de uma escuta interessada e sem julgamentos para obter coerência em suas ações. O cliente de hoje está muito mais crítico e passou a analisar a comunicação de outra forma. Não é difícil para ele fazer conexões entre as ações e as comunicações que as empresas realizam. O desalinhamento resulta em um *gap* entre a imagem e a essência. Portanto, a preocupação com esse "tom de voz" deve focar a comunicação de suas realidades constantemente e, mais do que nunca, esse tom de voz deve expressar a verdade, a transparência e a real intenção de ser ESG por propósito, e não por modismo[10].

O ESG deve ser uma mentalidade compartilhada por todas as áreas da organização, desde o chamado C-Level até as atividades mais banais do dia a dia, a fim de se tornar, de fato, um valor integrado à cultura organizacional. O trabalho da comunicação interna também é fundamental no fomento dessa mentalidade[11].

"Afinal, é justamente ela que guia os profissionais de uma organização para uma cultura mais responsável", diz Sandra Bonani, diretora de Influência do Grupo Trama Reputale. Ela complementa relatando que "é necessário ter consistência e primeiro comunicar ao colaborador. Depois, levar as informações de ESG para fora da empresa." Como um valor integrado à cultura organizacional, trata-se evidentemente de um movimento que flui de dentro para fora da organização[11].

E como trabalhar o ESG na estratégia de comunicação da sua empresa? A seguir, algumas sugestões a respeito[12]:

- **Avaliação da realidade ESG da empresa:** O time de comunicação pode capitanear uma avaliação crítica de como a companhia está posicionada em relação aos princípios ESG. Mas atenção: essa iniciativa normalmente funciona bem quando outros departamentos são convidados a colaborar, fornecendo dados ou participando do debate. Uma boa escolha é fazer um benchmarking com outras empresas que já estão avançadas no tema, além do estudo de casos de sucesso em segmentos de mercado diferentes do qual a organização está inserida.

- **Educação e conscientização da comunidade interna:** A comunicação também pode gerar a conscientização da comunidade interna à necessidade de adequação aos princípios ESG. É bom estar ciente de que, em muitos casos, serão necessárias transformações drásticas. Ou seja, processos, atividades, relações trabalhistas e outras frentes devem mudar, o que implica fazer um bom trabalho de mudança cultural — o que não acontece da noite para o dia.
- **Diálogo com stakeholders:** Quanto ao trabalho feito "para fora", também cabe à comunicação estruturar campanhas de diálogos com os variados públicos interessados na responsabilidade socioambiental do negócio. Para tal, além de estabelecer o discurso e apresentar fatos, dados, histórias e personagens, também é importante definir os canais onde a temática será comunicada. Esse é um caso, por exemplo, a se trabalhar com a mídia tradicional, mas também pode se encaixar nas redes sociais e até no conteúdo de influenciadores.
- **Definição de indicadores e mensuração de resultados:** Outra iniciativa da comunicação é a definição de parâmetros para dimensionar o quanto os fatores ESG impactam na forma de o mercado e a sociedade verem a empresa. Isso está muito relacionado à mensuração da reputação corporativa, não podendo se limitar apenas a fatores subjetivos. O ideal, nesse caso, é definir medidas que quantifiquem a percepção dos diferentes stakeholders quanto ao comprometimento ESG da organização.
- **Monitoramento da opinião pública:** Feito tudo isso, paralelamente, a comunicação deve monitorar a percepção da opinião pública em relação às iniciativas ESG da marca. Para tal, uma boa escolha seria investir em uma ferramenta de monitoramento integrado de mídias. Com ela, é possível automatizar atividades de "ronda" para torná-las ágeis e eficientes, acompanhando o ritmo das menções tanto em ambientes comunicacionais virtuais como físicos (TV, rádio e impressos).

Muitas tendências positivas sugerem que a **"reputação ESG" — não apenas o comportamento condizente com as práticas do ESG — é de importância crescente para as empresas.** Assim sendo, nada mais indicado do que a comunicação se ocupar do tema gerando consciência, definindo parâmetros, dialogando com as partes interessadas no tema, entre outras iniciativas[12].

É bem verdade que o comprometimento real e substancial com as causas socioambientais e de governança requer profundas mudanças culturais em muitas empresas. No entanto, o primeiro passo pode ser dado pelos comunicadores, o que, inclusive, lhes ajudará a ampliar o valor de suas atividades para a organização[12].

Como dito antes, **uma das estratégias de comunicação é divulgar os relatórios de sustentabilidade que contêm ações ESG.** Vou trazer o exemplo de duas grandes empresas brasileiras: a Suzano, da área florestal, e a Ypê, de produtos de limpeza.

O site da Suzano apresenta diversos menus, sendo que um deles é dedicado à sustentabilidade. Nesse menu há o item "sustentabilidade", que contempla vários temas, tais como estratégia de sustentabilidade, cadeia de valor, relatório de sustentabilidade, indicadores de sustentabilidade e finanças sustentáveis. No item "pessoas", os assuntos são desenvolvimento social, programas sociais, editais, comunidades vizinhas, diversidade, equidade e inclusão, direitos humanos, voluntariado, saúde e segurança. Por fim, no item "planeta", os temas são meio ambiente, diversidade, ecofuturo, biomas, clima, carbono, energia e água. Também há um canal do tipo "fale conosco" e como acessar a ouvidoria da empresa. Para acessar de forma mais aprofundada cada um dos temas, basta o usuário clicar no nome correspondente[13].

Escolhendo o tema "relatórios de sustentabilidade", vamos nos deparar com os três relatórios mais recentes — mas também é possível acessar o de anos anteriores. No relatório em si, após a mensagem do presidente da companhia, são apresentadas informações gerais da organização, como sua atuação destacada em bioprodutos, bem como suas principais marcas em celulose, papéis e embalagens, bens de consumos e biocompósitos. O documento mostra a presença global de suas fábricas, áreas florestais e escritórios, não apenas no Brasil, mas também na Argentina, nos Estados Unidos, na Áustria e na China, além das certificações obtidas[14].

O relatório mais recente disponibilizado no site da empresa enquanto escrevia este livro era referente ao ano de 2022. A Suzano enfatizava nele que, nesse ano, o mercado externo absorveu 93% de suas vendas de celulose, sendo esse o seu principal produto, gerando 83% da receita líquida. O papel e outros produtos correspondiam a 17% dessa receita. A companhia revelou números importantes referentes ao que ela chama de capital financeiro, capital manufaturado, capital natural, capital humano, capital intelectual e capital social e de relacionamento. Vou apresentar alguns desses números. Em relação ao **capital natural**, por exemplo, são 2,6 milhões de hectares de terras, dos quais 1 milhão de hectares são destinados à conservação e 93.594 hectares são áreas de alto valor de conservação (AAVC). A empresa afirma ter promovido a remoção de 22 milhões de tCO_2e da atmosfera desde 2020 e utilizar 88% de energias renováveis em suas atividades. No item **capital humano**, são 18.543 colaboradores próprios e 24.132 contratados de terceiros. As mulheres ocupam 23,6% das posições de liderança, sendo que 20,9% de pessoas negras ocupam esses postos. Ademais, são 755 mil horas de capacitação e desenvolvimento. No tema **capital intelectual** são 112 projetos em desenvolvimento e 65 patentes registradas. E na parte de **capital social e de relacionamento**, são 276 mil pessoas beneficiadas por programas de desenvolvimento social, 29.633 pessoas retiradas da linha de pobreza desde 2020 e 32 ações de seu programa Voluntariar[14].

No relatório de sustentabilidade da Suzano podemos encontrar também menções a diversos prêmios e reconhecimentos que a empresa recebeu em 2022. Eu chamo atenção para dois deles que têm relação com o ESG: o de Responsabilidade ESG, com a primeira colocação na categoria Madeira, Papel e Celulose na pesquisa anual da Merco, com mais de 3,8 mil entrevistados (conquistado pelo segundo ano consecutivo); e o ESG Model Enterprise Award, que foi a premiação no Festival Internacional Verde Zero Carbono 2022, em Pequim, na China, como empresa modelo por contribuições nas áreas de energia verde, redução de emissões de carbono, inovação em tecnologia e proteção ao meio ambiente. Ainda no documento, a companhia destaca a sua “visão de longo prazo” com três objetivos principais: continuar a ser referência no setor em eficiência, rentabilidade e sustentabilidade da floresta ao cliente; ser uma agente transformadora na expansão em novos mercados para a biomassa; ser uma referência em soluções sustentáveis e inovadoras para a bioeconomia e serviços ambientais a partir da árvore plantada[14].

A parte de sustentabilidade do relatório da Suzano tem vários aspectos relacionados ao ESG. A empresa explica como são os canais de relacionamento com os stakeholders, destacando que conduz as suas pesquisas anuais para entender qual é a percepção do público externo e interno sobre a companhia e os **temas materiais** de sustentabilidade. Para ratificar seu compromisso, a organização detalha os fóruns que participou e quais foram os compromissos assumidos na área socioambiental[14].

Sobre materialidade, o conteúdo abordado no relatório priorizou os temas identificados como materiais em 2021 durante o processo de avaliação dos aspectos mais relevantes para o negócio sob a perspectiva dos diferentes públicos de interesse da companhia — com ênfase na análise dos impactos de cada tema. O processo foi realizado com base nas orientações da Global Reporting Initiative (GRI) e do International Integrated Reporting Council (IIRC, ou Conselho Internacional de Relatório Integrado) [14].

Para a Suzano, a **metodologia para a atualização da materialidade** seguiu quatro etapas[14]:

1. **Identificação:** Análise de fontes secundárias para o levantamento dos principais temas da organização: documentos internos (relatórios anuais, materialidade anterior, análise de *gaps* e aderências dos últimos anos); documentos externos (estudos e pesquisas relevantes sobre o setor, ***frameworks* de aspectos ESG**, a estratégia de outras empresas, estudos de impacto – International Finance Corporation (IFC), World Economic Forum (WEF) e The Nature Conservancy (TNC), entre outros).
2. **Priorização:** Consulta de percepções dos públicos de interesse para priorizar temas: entrevistas com lideranças; pesquisa de percepção com 48 stakeholders-chave (clientes, investidores/ analistas, academia/organizações multilaterais/formadores de opinião, ONGs, associações/órgãos representativos, fornecedores); análise de estudos setoriais de identificação de impactos no setor, de organizações relevantes (SASB, IFC, WEF, TNC, FSC®).
3. **Análise:** Análise dos resultados (**Matriz de Materialidade** e lista de temas): identificados oito temas materiais.
4. **Validação dos resultados**: Apresentação da análise dos resultados e decisão da organização: validação com alta gestão e Conselho de Administração. |GRI 2-14|

É interessante notar que na página 18 do relatório de sustentabilidade da Suzano foi feita uma relação entre os **temas materiais com os Objetivos de Desenvolvimento Sustentável (ODS)** alcançados. A empresa destaca que o relatório está em conformidade com as Normas 2021 da Global Reporting Initiative (GRI) e leva em consideração os princípios do International Integrated Reporting Council (IIRC), em linha com os dezessete Objetivos de Desenvolvimento Sustentável (ODS) definidos pela Organização das Nações Unidas. Apresenta também as métricas do Sustainability Accounting Standards Board (SASB) para os setores de papel e celulose, manejo florestal e recipientes e embalagens; as **métricas do Capitalismo Stakeholder, do Fórum Econômico Mundial (World Economic Forum – WEF)**; assim como a Task Force on Climate-Related Financial Disclosures (TCFD). |GRI 2-2, 2-3|[14]

Já o **relatório de sustentabilidade da Ypê** destaca que o olhar da empresa está no futuro, com visão, missão e valores que moldam a sua cultura de sustentabilidade. "Abraçamos os Objetivos de Desenvolvimento Sustentável (ODS), da ONU, e aplicamos os princípios ASG (Ambiental, Social e Governança) em tudo que fazemos", destaca o documento. A **Matriz de Materialidade** é uma ferramenta que ajuda a Ypê a conhecer e priorizar temas com maiores impactos econômicos, ambientais e sociais para o nosso negócio. Nela, a organização concentra os seus em oito temas materiais vitais[15]:

1. **Compromisso com a gente:** O compromisso com a nossa gente é um valor inegociável. Por isso, desenvolvemos diversos programas e treinamentos para capacitar e desenvolver nossos colaboradores. *Exemplo de ações:* Desenvolvimento de programas de educação; a empresa recebeu o Selo GPTW (Great Place to Work) pelo segundo ano consecutivo, reconhecendo a Ypê como uma das melhores empresas para se trabalhar; o Selo Women on Board, em colaboração com a ONU Mulheres, a empresa ampliou a participação das mulheres em seus conselhos administrativos e consultivos. O Conselho de Administração da Ypê, por exemplo, possui representatividade de quase 40% de mulheres, o que é cerca de 2,5 vezes maior do que a média nacional; programa de voluntariado, que são iniciativas direcionadas à comunidade, que não apenas geram impactos positivos, mas também reforçam princípios essenciais como cidadania, ética, governança e cooperação.
2. **Responsabilidade e consumo consciente:** A Ypê desenvolve diversos projetos por meio de parcerias com outras instituições em prol da sociedade e meio ambiente.

Exemplo de ações: Uma das parcerias da empresa é com a Fundação SOS Mata Atlântica, uma ONG ambiental brasileira atuante desde 1986 na promoção de políticas públicas para a conservação da Mata Atlântica. Juntos, a organização está envolvida em projetos como Florestas Ypê, Observando os Rios e Rios Sem Plástico, visando à preservação ambiental. Também é mantido um vínculo sólido com o Serviço Espírita de Proteção à Infância (SEPI), uma instituição assistencial sem fins lucrativos que, há quase cinco décadas, atende anualmente cerca de 760 crianças e adolescentes, refletindo o nosso compromisso com o cuidado e o desenvolvimento das futuras gerações. Outros projetos apoiados pela empresa são a Associação para Crianças e Adolescentes com Câncer (TUCCA), que é um projeto para elevação das taxas de cura e melhora da qualidade de vida de jovens carentes com câncer; a Mansão do Caminho, que oferece atividades assistenciais para cerca de 5 mil pessoas diariamente; e os Jogos de Educação Financeira, na qual apoia a implementação de Jogos de Educação Financeira em escolas públicas dos municípios onde se localizam as suas unidades produtivas.

3. **Recursos hídricos e água:** Preservamos e incentivamos o uso racional da água desde a nossa fundação. Temos diversas iniciativas que reforçam a importância de nossos recursos hídricos.
   Exemplo de ações: "A água é a essência da nossa trajetória, e cuidar dela está no coração do que fazemos. Na medida em que expandimos os negócios, a nossa responsabilidade também aumenta. Hoje temos várias iniciativas dentro e fora das fábricas", diz a empresa. Um dos projetos é a captação de água da chuva. Desde 1977, é captada a água da chuva em Amparo (SP), e essa prática cresceu com o tempo. Em 2012, foram adotadas várias medidas para diminuir em 19% o uso de água em sua produção. Hoje, as unidades de Anápolis (GO) e Simões Filho (BA) também contam com telhados projetados para a captação dessa água e com tanques para armazenamento e uso posterior nos processos fabris. Com isso, em 2022 foram economizados 20.140,71m^3 de água vindos de concessionárias e poços, contribuindo para o uso racional desse recurso natural. Outro projeto é o reuso do efluente tratado. As unidades da Ypê contam com Estações de Tratamento de Efluentes (ETEs),

que tratam toda a água proveniente dos processos produtivos e esgoto doméstico. Após a sua potabilização, a água resultante do processo de tratamento é reutilizada nas instalações das próprias unidades em processos industriais ou jardinagem. Apenas em 2022, a Ypê deixou de consumir 1.192.213m^3 de água de rios e poços, o que contribui para a preservação dos recursos hídricos e representa ganhos econômicos para a empresa.

4. **Uso de materiais e insumos sustentáveis:** Para fomentar o uso de materiais e insumos sustentáveis, temos uma área dedicada aos projetos, design e desenvolvimento de embalagens.
   Exemplo de ações: Na Ypê, há uma área de Pesquisa & Desenvolvimento de novos produtos, embalagens e sustentabilidade que atendem às necessidades da sociedade e não agridem o planeta. Um dos projetos são as linhas sustentáveis. Foi assim que nasceu a linha Ypê Green, criada depois de muita pesquisa para atender à crescente busca por produtos de limpeza que provocam um menor impacto ao meio ambiente. Além da Green, foi lançada a linha de sabonetes vegetais Flor de Ypê, formulados com óleos de origem vegetal, sem adição de ingredientes de origem animal e certificados pela Sociedade Vegetariana Brasileira (SVB). Outro projeto é a redução do uso de plástico nas embalagens. "A Ypê trabalha duro para reduzir cada vez mais o uso de plásticos nas embalagens. Graças à nossa área de Inovação e Sustentabilidade, foi possível diminuir consideravelmente a quantidade de insumos usados em nossos produtos. Por exemplo, reduzimos em 34,4% a massa do frasco do Amaciante Tradicional de 5L. Já no Lava-Roupas Líquido Tixan Ypê, diminuímos 28% na massa da tampa dosadora, e 20% na espessura da embalagem primária da Lã de Aço", diz a empresa. Outra iniciativa é o uso de matérias-primas recicladas nas embalagens. "Além da nossa busca constante pela redução do uso de plástico, estamos aumentando cada vez mais o nosso uso de matérias-primas já recicladas nas embalagens. Há mais de 20 anos, usamos resina PET reciclada na fabricação das nossas embalagens. Além disso, as caixas de papelão que transportam os nossos produtos também são fabricadas, em média, com 30% de material reciclado de outras embalagens", informa a companhia.

5. **Relacionamento com cliente:** Estamos presentes em 94% dos lares brasileiros. Por isso, buscamos diariamente formas de melhorar a experiência e o atendimento aos nossos clientes.
6. **Cadeia de valor e fornecimento responsável:** Trabalhamos constantemente para garantir uma cadeia de valor ética, com os mesmos padrões de conformidade e atendimento da legislação.
   "A gente se empenha sempre para garantir uma cadeia de valor ética. Cumprimos as regras e a legislação, sem tirar nem pôr. Também melhoramos a forma como escolhemos nossos parceiros, o que ajuda na segurança, na transparência e na estratégia da nossa marca. Além disso, impulsionamos o desenvolvimento de soluções sustentáveis e encorajamos nossos fornecedores a adotarem as melhores práticas em suas próprias cadeias de suprimentos. Afinal, trabalhar juntos em prol do bem-estar e do planeta é o nosso objetivo constante", afirma a Ypê.
7. **Ética, integridade e combate à corrupção:** Somos reconhecidos pela Controladoria Geral da União (CGU) como Empresa Pró-Ética 2020-2021, assumindo o compromisso público e voluntário em favor da ética nos negócios e de combate à corrupção.
   Desde 2020, a Ypê também é signatária do Pacto Empresarial pela Integridade e Contra a Corrupção, iniciativa do Instituto Ethos, que busca promover um mercado mais íntegro e ético.
8. **Energia e clima:** Sempre buscamos alternativas que desacelerem as mudanças climáticas, reduzindo o consumo de energia elétrica não renovável e adotando logísticas de menor impacto ambiental.
   Exemplo de ações: "Buscando fazer a nossa parte na luta contra as mudanças climáticas, estamos empenhados em reduzir o consumo de energia não renovável e adotar opções logísticas mais amigas do ambiente, como cabotagem, ferrovias e veículos elétricos. Investimos R$26,5 milhões em um sistema que utiliza biomassa, um combustível renovável, para gerar calor na produção de lava-roupas em pó nas nossas fábricas de Amparo (SP) e Salto (SP). Essa iniciativa reduziu nossas emissões de gases de efeito estufa em incríveis 50% entre 2017 e 2019. Queremos continuar inovando para proteger o planeta que todos compartilhamos", destaca a organização.

REFERÊNCIAS DO CAPÍTULO

1 Assistência estudantil. *UNIPAMPA – Universidade Federal do Pampa*, [202-?]. Disponível em: https://sites.unipampa.edu.br/ingresso/assistencia-estudantil/. Acesso em: 2 mar. 2024.

2 São Gabriel mantém convênio para testagem da Covid-19. *Jornal do Comércio*, 15 dez. 2020. Disponível em: https://www.jornaldocomercio.com/_conteudo/jornal_cidades/2020/12/770326-sao-gabriel-mantem-convenio-para-testagem-da-covid-19.html. Acesso em: 2 mar. 2024.

3 ALVES, R. R. *A força do ESG:* por que, a partir de agora, as empresas serão realmente sustentáveis? Rio de Janeiro: Alta Books, 2024. 208p.

4 O mapeamento e a gestão de riscos ESG nas organizações: uma visão prática. *LEC – Legal Ethics Compliance*, [202-?]. Disponível em: https://lec.com.br/o-mapeamento-e-a-gestao-de-riscos-esg/. Acesso em: 2 mar. 2024.

5 MATERIALIDADE. *In*: *Michaelis*, [202-?]. Disponível em: https://michaelis.uol.com.br/moderno-portugues/busca/portugues-brasileiro/materialidade/. Acesso em: 2 mar. 2024.

6 Qual a relação da matriz de materialidade com ESG? *SEBRAE*, 4 maio 2023. Disponível em: https://sebrae.com.br/sites/PortalSebrae/artigos/qual-a-relacao-da-matriz-de-materialidade-com-esg,3ef1daaaba757810VgnVCM1000001b00320aRCRD. Acesso em: 2 mar. 2024.

7 PEDRA, D. Matriz de materialidade: o que é + como construir em 5 passos. *Siteware*, 25 jul. 2023. Disponível em: https://www.siteware.com.br/blog/metodologias/matriz-de-materialidade/. Acesso em: 2 mar. 2024.

8 GONÇALVES, T. ESG: 04 passos para definir a matriz de materialidade. *LinkedIn*, 23 set. 2021. Disponível em: https://pt.linkedin.com/pulse/matriz-de-materialidade-esg-ta%C3%ADs-gon%C3%A7alves. Acesso em: 2 mar. 2024.

9 PARO, P. Matriz de materialidade: o maior erro cometido pelas empresas. *Exame*, 9 nov. 2023. Disponível em: https://exame.com/esg/matriz-de-materialidade-o-maior-erro-cometido-pelas-empresas/. Acesso em: 2 mar. 2024.

10 ALGODOAL, J. Comunicação é a voz das empresas com foco em ESG. *Exame*, 7 fev. 2022. Disponível em: https://exame.com/bussola/comunicacao-e-a-voz-das-empresas-com-foco-em-esg/. Acesso em: 2 mar. 2024.

11 SILVA, L. N. A. Como a comunicação ajuda o ESG na cultura organizacional da empresa. *Trama Comunicação*, 5 fev. 2023. Disponível em: https://www.tramaweb.com.br/comunicacao-esg/. Acesso em: 2 mar. 2024.

12 O que é ESG e como trabalhar o tema na comunicação? *Cortex*, [202-?]. Disponível em: https://www.cortex-intelligence.com/blog/comunicacao/o-que-e-esg. Acesso em: 2 mar. 2024.

13 Suzano. *Suzano*, [202-?]. Disponível em: https://www.suzano.com.br/. Acesso em: 3 mar. 2024.

14 Relatório de sustentabilidade 2022. *Suzano*, [2023?]. Disponível em: https://assets-global.website-files.com/652e86223e44678d24f55b54/65b10980661b879f345c9590_Relat%C3%B3rio%20Anual%20Suzano%202022%20(PT-BR).pdf. Acesso em: 3 mar. 2024.

15 A Ypê e a sustentabilidade. *Ypê*, [202-?] Disponível em: https://www.ype.ind.br/ype/sustentabilidade/. Acesso em: 3 mar. 2024.

Como em tudo na vida, há **os que atacam** o **ESG** e há **os que o defendem**

8.1 As críticas ao ESG e as propostas de Fundos anti-ESG

Tempos atrás, eu estava usando uma de minhas redes sociais e me deparei com um comentário feroz e extremamente contrário ao ESG. Vou reproduzir um trecho desse comentário:

> *"ESG? Piada de mal gosto (risos). BlackRock e até mesmo seu criador já abandonaram essa ideia de "jerico". Como venho dizendo há tempos, empresas trabalham para atender demandas de clientes e assim gerar lucros e ponto final."*

Primeiramente, vemos que o autor tem uma **forte inclinação para o capitalismo shareholder**, que é aquele em que as empresas têm por objetivo o lucro para os seus sócios ou acionistas, custe o que custar. O pensamento de quem escreveu o comentário é bem compreensível, pois, até pouco tempo atrás, as escolas de Administração e de Negócios enfatizavam esse modelo de negócios. Naturalmente, acredito que a formação dele (a exemplo da minha) seguiu esse caminho.

Mas **cada vez mais ganha espaço o capitalismo stakeholder**, que questiona a ambição desmedida do capitalismo shareholder. Um dos defensores do capitalismo stakeholder é Klaus Schwab, autor do livro intitulado *Capitalismo stakeholder* (2023, Alta Cult), em parceria com Peter Vanham. Falamos de Schwab no Capítulo 2. Ele é, nada mais, nada menos, do que o fundador do Fórum Econômico Mundial, ou seja, uma pessoa capacitada a falar sobre economia mundial.

Vamos relembrar o que é capitalismo stakeholder. Ele pode ser entendido como um tipo de capitalismo em que as organizações procuram **criar**

valor a longo prazo considerando as **necessidades de todas as partes interessadas** e a promoção do bem-estar social[1].

É importante relembrar que o capitalismo stakeholder difere fundamentalmente de outras formas de capitalismo, como o "capitalismo shareholder" e o "capitalismo de Estado", de um jeito que supera muitas de suas deficiências. Primeiro, todos aqueles que têm a ganhar e perder na economia podem influenciar no processo decisório, e as métricas otimizadas para as atividades econômicas incluem os interesses sociais mais abrangentes. Ademais, existe um sistema de pesos e contrapesos para que nenhum stakeholder possa se tornar ou permanecer dominante em excesso. Assim, tanto o governo quanto as empresas — os principais atores em qualquer sistema capitalista — otimizam para um objetivo maior do que lucros: a saúde e a riqueza das sociedades em geral, assim como a do planeta e das gerações futuras. Isso faz do capitalismo stakeholder o sistema econômico de preferência e o que deve ser priorizado de agora em diante[2].

Acho que um **primeiro ponto** que o autor do comentário na rede social deveria pensar é se não deveria rever os seus conceitos e, principalmente, considerar as mudanças socioambientais que o mundo sofreu de décadas para cá.

O **segundo ponto** foi a afirmação categórica a respeito do "novo posicionamento" da BlackRock e de seu criador sobre o ESG que, teoricamente, eles estariam abandonando. Falamos bastante sobre a BlackRock no livro *A força do ESG* (2024, Editora Alta Books)[3], mas vamos explicar novamente aqui o que essa organização faz e falaremos sobre um de seus diretores, Larry Fink.

Um dos discursos mais impactantes e que sempre provoca "estilhaços" em todo o mercado corporativo são as cartas anuais de Larry Fink para CEOs. Ele é o presidente do Conselho de Administração e diretor executivo da BlackRock, **a maior gestora de ativos do mundo**. Esse CEO tem sido um dos principais advogados da sustentabilidade corporativa, defendendo em uma das referidas cartas que as novas mudanças no mundo empresarial "não [são] justiça social e sim capitalismo". Em suas próprias palavras, "nós nos concentramos em sustentabilidade não porque somos ambientalistas, mas porque somos capitalistas e fiduciários para nossos clientes". Com esses e outros recados, Fink fez do chamado "capitalismo stakeholder" o tema central de sua carta, intitulada "O Poder do Capitalismo". A característica principal do texto é o pragmatismo, presente em edições anteriores das cartas e responsável pelo grande impacto desses conteúdos no mercado[4].

"Ah, Ricardo, agora entendi o que é a BlackRock. Mas é uma pena que ela desistiu do ESG", dirão vocês. Mas a questão está aí: **A BlackRock NÃO desistiu do ESG. Pelo contrário.** A afirmação do autor do comentário mencionou apenas uma parte da história, a que mais lhe convinha!

Vamos aos fatos.

O presidente-executivo da BlackRock, Larry Fink, que esteve na vanguarda da adoção de padrões ambientais, sociais e de governança corporativa (ESG) pelo mundo dos negócios, parou de usar o termo, **dizendo que se tornou muito politizado**[5, 6].

Mas Fink disse no *Aspen Ideas Festival* que **a maior gestora de ativos do mundo não mudou sua posição sobre questões ESG**. ESG, como todos sabem, é um termo abrangente que engloba uma série de práticas de negócios eticamente responsáveis, desde a redução das emissões de carbono até a repressão à discriminação no local de trabalho. Ele se tornou politicamente polarizador em partes do mundo ocidental, especialmente nos Estados Unidos[5, 6].

Os políticos republicanos têm atacado as metas ESG como uma forma de o mundo corporativo implementar o que eles argumentam ser uma agenda politicamente liberal, provocando uma reação dos democratas que buscam defender as práticas. A controvérsia levou algumas empresas de Wall Street a recuar em compromissos ESG. O abandono de uma aliança climática apoiada pelas Nações Unidas por seguradoras tornou-se o exemplo mais recente no mês passado. A própria BlackRock tem sido alvo de investigações por parte de alguns Estados controlados pelos republicanos e até de um boicote a investimentos no Texas[5].

"Não uso mais a palavra ESG, porque ela foi totalmente armada, pela extrema esquerda e armada pela extrema direita", disse Fink. Mas ele disse que abandonar as referências não muda a postura da BlackRock. A gestora continuará conversando com as empresas nas quais tem participação sobre descarbonização, governança corporativa e questões sociais a serem abordadas, acrescentou[5].

Fink disse em janeiro que a BlackRock perdeu cerca de US$4 bilhões em ativos administrados como resultado da reação contra o ESG, uma pequena fatia de seus US$9 trilhões sob gestão. Ele reiterou na conferência que não houve impacto material nos negócios da BlackRock. "Tivemos um dos melhores anos de todos os tempos, mas estou envergonhado de fazer parte desta conversa", disse Fink, acrescentando que suas cartas anuais aos investidores que abordavam questões ESG nunca tiveram a intenção de ser declarações políticas[5].

Isso quer dizer que o autor do comentário na rede social omitiu (ou não sabia) a segunda parte da história, que era a razão de Larry Fink deixar de usar o termo ESG, mas sem deixar de acreditar no conceito. A polarização política é um fenômeno não apenas nos Estados Unidos, mas em diversas partes do globo, inclusive no Brasil.

Nesse contexto, vemos que **declarações vindas de pessoas influentes podem ser distorcidas de forma a atender aos anseios de quem a modificou.** É uma pena que a internet seja usada dessa forma e, mais do nunca, precisamos sempre estar atentos à veracidade dos fatos. **Em caso de dúvidas, sempre cheque a informação.**

Quando vi o comentário na rede social, a primeira coisa que fiz foi buscar informações a respeito. Para minha surpresa, vi que a informação tinha sido distorcida, não sendo apresentada a situação real sobre o caso.

Ainda assim, **não podemos fechar os olhos e negar que a agenda anti-ESG tem ganhado força** nos Estados Unidos, ameaçando a agenda sustentável de muitos fundos.

Larry Fink, diretor-executivo da BlackRock, em sua Carta Anual aos CEOs de 2020 destacou que "uma empresa não consegue obter lucros de longo prazo sem adotar um propósito" e que a maior gestora de investimento do mundo teria foco no combate às mudanças climáticas. O diretor anunciou que seriam criadas versões sustentáveis de seus principais portfólios e que passaria a adotar critérios ambientais e sociais na hora de decidir em quais empresas investir[7].

Naquela época, pipocavam projetos para mobilizar empresas e instituições financeiras a considerarem seriamente assuntos de sustentabilidade, sociedade e governança em suas decisões. Uma das iniciativas foi o Net Zero Asset Managers, um acordo entre 315 fundos de investimento que, ao todo, administram US$59 trilhões de ativos. A ideia era, **e ainda é**, colaborar com a meta de fazer o planeta se tornar carbono neutro até 2050. Na lista de signatários, algumas das maiores gestoras do mundo: BlackRock, Fidelity e JP Morgan. Com fundos enormes na jogada, o ESG se tornou grande demais para ser ignorado. Afinal, essas gestoras têm participações relevantes em milhares de empresas, com influência pesada na administração de várias delas. A BlackRock, por exemplo, é dona de 6,3% da Apple, 7,1% da Microsoft e 5,8% do Google, que são as três companhias mais valiosas dos Estados Unidos. A onda ESG, então, tomou conta dos mercados (e das manchetes) como nunca. O sentimento era de que começava uma revolução verde bem no coração de Wall Street[7].

8.2 Por que o ESG tem sido tão atacado?

É certo que está havendo uma disputa entre "apoiar o discurso ESG" *versus* "apoiar o discurso anti-ESG" e isso se traduz nos fundos de investimentos que receberão os recursos dos investidores. Eu acredito que são duas as principais razões para isso:

1. O crescimento dos fundos ESG pautados no capitalismo stakeholder, que prega que "as organizações devem **criar valor a longo prazo considerando as necessidades de todas as partes interessadas** e a promoção do bem-estar social[1], certamente incomodou muitas pessoas no mundo financeiro, acostumadas há décadas com a visão simplista e egocêntrica do capitalismo shareholder, pautado pelo objetivo do lucro a qualquer custo. A impressão é que abrir um pouco mão de seus interesses próprios em favor dos interesses das partes interessadas não está no horizonte desse público. Seria uma grande mudança de paradigma, pois essas pessoas sempre entenderam que o mercado serve para gerar lucros para si mesmas. Temas como meio ambiente, questões sociais e aspectos relacionados à governança parecem ser encarados como "problemas dos outros" e não delas.
2. **Questões relacionadas a políticas e à polarização.** Para mim, é um pouco estranho esse comportamento humano. É tipo um "efeito manada", ou seja, "se meu político ou partido favorito é contra ou a favor do ESG, ou de outros temas, eu devo seguir fielmente ao que eles doutrinam e me abster de opiniões contrárias, pois os outros seguidores podem interpretar mal esse meu comportamento". É estranho porque o cidadão "terceiriza" a sua opinião em favor da opinião de seu político ou partido favorito. Ele não é capaz de estudar profundamente o tema e formar a sua própria opinião sem se deixar subjugar aos outros. Dessa forma, como não há estudo sobre o tema, esse cidadão se torna alvo fácil das chamadas *fake news*, ou seja, notícias que foram intencionalmente distorcidas com a intenção de favorecer quem emitiu a mensagem, seja uma pessoa ou uma instituição.

Sobre a primeira razão, a discussão vem de longa data e tem a ver com a importância atribuída a **"valor *versus* propósito"**. O principal argumento contra a adoção de políticas ESG é o de que a função das gestoras de investimento deve ser gerar retornos aos clientes — e só. Ou seja, a ideia do capitalismo shareholder.

Trata-se de um debate centenário. Em 1919, Henry Ford e os irmãos Dodge (fundadores da montadora homônima) protagonizaram o primeiro julgamento a esse respeito. A dupla, acionista minoritária da Ford, acusava seu presidente e proprietário de negligenciar a remuneração dos investidores. Ford vinha cortando o preço de seus veículos e aumentando o salário de seus funcionários, o que reduzia os dividendos aos acionistas. O tribunal deu a vitória aos Dodge, e a Ford foi obrigada a pagar dividendos extras. O caso costuma ser utilizado para exemplificar um modelo de governança conhecido como *shareholder primacy*, que prega que os interesses dos acionistas devem ser a prioridade de uma empresa. A ideia foi cunhada pelo economista Milton Friedman, que afirmava que a única função social de um negócio é gerar lucro[7].

Já a filosofia ESG adota outro princípio, o do capitalismo stakeholder, que é a noção de que uma empresa deve seguir os interesses de todas as partes envolvidas no negócio — investidores, empregados, clientes e, por extensão, a sociedade como um todo. Na versão contemporânea de Ford *versus* Dodge, alguns investidores e legisladores argumentam que as gestoras de fundos não devem escolher ativos que reduzam o lucro dos acionistas em nome de uma pauta social ou ambiental[7].

Agora vamos nos aprofundar um pouco mais nas questões políticas dos discursos anti-ESG, que é o **segundo motivo que apontei**.

A filosofia de investimento ESG é comum em Wall Street, mas virou o novo palco da polarização política em Washington. Os republicanos, à direita, atacam a sigla e buscam restringi-la legalmente. Ao mesmo tempo, os democratas abraçam a pauta. Só que os republicanos entendem a sigla como uma preocupação com pautas que eles consideram "de esquerda" ou "progressistas" demais. Entre os tópicos que acabam caindo no guarda-chuva do ESG, os que mais desagradam os republicanos, são os ligados à diversidade e às mudanças climáticas. Também afirmam que a sigla é uma ideologia que machuca setores importantes da economia americana, como o de petróleo[8].

Não é apenas um discurso. Vários tesoureiros estaduais têm retirado bilhões de dólares de fundos como a BlackRock, e pelo menos sete estados já aprovaram leis limitando o uso do ESG nas decisões que envolvem dinheiro público. Na Flórida, por exemplo, fundos de aposentadoria só podem usar critérios estritamente financeiros para aplicar a grana dos cidadãos, banindo o ESG na prática. A batalha escalou para a esfera federal. Uma norma do governo democrata incentiva que gestores de fundos de aposentadoria considerem o ESG para aplicar o investimento dos aposentados americanos. Os republicanos votaram para reverter a lei. O presidente democrata usou o poder de veto para derrubar a medida dos opositores[8].

Defensores do ESG dizem que considerar fatores sociais, ambientais e de governança na hora de investir não é necessariamente uma medida altruística — seria um tipo de avaliação de risco, porque as empresas que não levam em conta esses temas tendem a ficar para trás. Ao mesmo tempo, os críticos lembram que muitas companhias fingem se adequar aos critérios só para não sair mal na fita — são os casos de *greenwashing* — e que a regra acaba se tornando vazia, para inglês ver[8].

Assim, nos EUA, o movimento é capitaneado por políticos republicanos, que têm conseguido sancionar leis que dificultam a implementação de regras ESG no mercado, e o principal alvo são os fundos de investimentos. O argumento é que essas instituições estariam empregando seu poder econômico para implementar uma agenda política. Também que, ao assinar acordos ambientais, os fundos formariam uma espécie de "cartel" que prejudicaria as empresas de alguns setores, infringindo as leis antitruste do país[7].

A indústria do petróleo é um ponto-chave, pois, segundo o argumento, as metas de descarbonização afetariam o desempenho das empresas do ramo e, consequentemente, lesariam a economia dos estados que vivem da extração da commodity. Dos cinquenta estados norte-americanos, quinze já aprovaram leis para frear o que chamam de "boicote ESG" e pelo menos mais doze têm planos de fazer o mesmo, de acordo com a Bloomberg. A pressão está fazendo as instituições financeiras recuarem em suas metas ESG ou, pelo menos, falarem menos sobre elas[7].

Embora as práticas de ESG se apliquem a tudo, desde a diversidade entre os líderes nas empresas até os controles de corrupção, é o "E" na sigla — a ideia de que o setor privado precisa considerar seu impacto no meio ambiente — que despontou como o principal alvo dos republicanos.

As autoridades em estados governados por republicanos afirmam que isso levaria ao desinvestimento em empresas de combustíveis fósseis, responsáveis por receitas fiscais e empregos em seus estados, tornando-se um dos principais alvos de comentaristas e políticos de direita[9].

"O ESG foi capturado pela mira da guerra cultural nos EUA", disse Alexandra Mihailescu Cichon, vice-presidente executiva da RepRisk, uma empresa que ajuda as empresas a monitorar seus objetivos em ESG. "Tornou-se uma questão de progressistas *versus* conservadores, democratas *versus* republicanos."[9]

Na **batalha das ideias**, sempre em curso na sociedade, todos querem influenciar o maior público possível, sejam os parlamentares, o Poder Executivo, a mídia, os acadêmicos, as organizações, os influenciadores e os comunidades em geral. Temos, na verdade, um **conflito quase de cunho filosófico sobre os fins e os meios envolvendo o ESG, o mundo político e a esfera corporativa**, criando situações de dilemas reais ou construídos[10].

O movimento da sustentabilidade também tem uma narrativa muito consistente **lastreada pela ciência**, pelas demandas das pessoas que buscam justiça social e racial, pela necessidade de mais resiliência, pela garantia de acesso aos direitos humanos nas cadeias globais de suprimentos, de vencer as desigualdades econômicas, de ter compromissos com uma economia de baixo carbono e outros expressos na Agenda 2030 da ONU. Isso tudo tem a ver com negócios, embora nem todos percebam isso e achem que não passa de política[10].

É o caso da Lei 14.611/2023, sancionada no Brasil, sobre a igualdade salarial entre homens e mulheres, já prevista na Constituição e na legislação trabalhista, mas sem aplicação prática, uma vez que os salários seguem díspares entre empregados e empregadas para a mesma função em muitas corporações. De acordo com o Instituto Brasileiro de Geografia e Estatística (IBGE), a diferença salarial entre os gêneros no país fica em 22%. A obrigatoriedade de salários iguais ofertados a homens e mulheres está diretamente ligada ao ODS-5 (Igualdade de gênero), com vinculação ao pilar Social do ESG, mas também ao pilar da Governança, porque envolve transparência na forma como as empresas estão gerindo seus negócios e talentos[10].

A politização do ESG passa, portanto, por uma narrativa, que consegue reescrever suas vantagens e riscos, expor mudanças e apontar disputas que contribuirão — ou não — para sua permanência ou transformação. O mundo está repleto de exemplos de como as ideias podem influenciar o universo corporativo à medida que determinados grupos compartilham das mesmas "crenças". No Texas, por exemplo, o maior produtor de petróleo e gás dos Estados Unidos, a narrativa contra o ESG potencializou mudanças. O estado determinou, por meio de legislações, que 10 empresas e 348 fundos de investimentos não poderão mais fazer negócios com o governo estadual pelos seus compromissos sustentáveis[10].

As narrativas contra o ESG têm o poder de se materializar. Em 2023, parlamentares republicanos nos Estados Unidos apresentaram quase cem projetos de lei que restringem o incremento do ESG. No ano anterior, o número de propostas legislativas era de quase quarenta, e já há trinta legislações anti-ESG, impedindo restrições a políticas contra combustíveis fósseis e armas de fogo. Em vários estados caminham investigações contra agências de risco que trabalham com métricas ESG. Agora há uma tentativa do Partido Republicano de elaborar uma lei federal contra o ESG. O foco é que os fundos fiquem centrados em lucros, sem se voltar para questões sociais, como diversidade, equidade e inclusão, crise climática, dentre outros temas[10].

Há muitas questões fluidas que envolvem as narrativas em torno do ESG. Provavelmente não se sabe qual é o maior grupo nessa disputa, mas **cabe às partes interessadas se colocarem diante das narrativas controversas envolvendo o ESG e valorizar o que é fundamental.** Se a identidade do grupo anti-ESG foi construída a partir de um conjunto de discursos que estabeleceram a todos os que comungam das mesmas ideias um lugar no mundo corporativo, ele esquece de levar em conta que os empresários ficam sujeitos ao cumprimento de uma série de leis que estabelecem direitos sociais, ambientais e de governança[10].

Acho que vocês perceberam que **o problema não é o ESG** e suas demandas proeminentes, como a urgência das questões ambientais, os progressos sociais clamados pelas mudanças na sociedade e os relevantes aspectos da governança, como transparência, prestação de contas e ética. **O problema é o uso político que está sendo feito do ESG** nessa batalha de ideias e ideologias.

Em contraponto aos Estados Unidos, **os investimentos ESG na Europa crescem**, em grande parte lastreados por uma narrativa positiva e fortes regulamentações que impedem o *greenwashing*, mais presente em território norte-americano. Em pesquisa, o PichBook afirma que os investidores americanos têm maior preocupação de que os investimentos ESG tragam resultados negativos — 42% contra 20% dos investidores europeus. No Brasil, uma pesquisa de 2024 da Amcham aponta que o ESG tem adesão de 82% dos executivos brasileiros e que as práticas devem ser lideradas pelo C-Level das empresas[10].

Portanto, a despeito das narrativas e ardis históricos e de seus argumentos e seus efeitos, a **agenda pró-ESG se mostra estrategicamente forte para esvaziar as teses belicistas** de que os critérios ambientais, sociais e de governança estão prejudicando os investidores, as corporações e a sociedade, sendo uma resposta inconteste da esfera corporativa à construção de um mundo que ressignifique a igualdade entre todos os seres humanos, independentemente de seus marcadores sociais[10].

É importante ter em mente que as diretrizes de ESG não estão moldando apenas a paisagem empresarial futura, mas também o destino do nosso mundo. Assim, apesar da existência de resistências, o aumento da pressão exercida pelos principais stakeholders — funcionários, clientes e investidores — pode motivar as empresas a adotar práticas mais éticas e sustentáveis[10].

Na verdade, a questão vai além da simples decisão entre uma postura pró-ESG ou anti-ESG. Trata-se de uma **reflexão fundamental para a preservação da vida em nosso planeta.** O ESG é mais do que uma estrutura para decisões corporativas; é um compromisso com a sobrevivência e o florescimento de todas as formas de vida na Terra. Além das controvérsias políticas e econômicas, devemos nos lembrar de que nosso planeta é único e insubstituível. É o berço e o sustento da vida como a conhecemos, e todos nós — incluindo as empresas e os governos — temos a responsabilidade de garantir sua conservação para as futuras gerações. Esta é a verdadeira essência do ESG: um investimento na sustentabilidade do nosso futuro compartilhado[10].

8.3 O ESG não é a solução de todos os problemas, mas é uma das melhores ferramentas de que dispomos

Uma pergunta recorrente é: **Quer dizer que o ESG vai morrer?** Ou como perguntam nas palestras, nas consultorias e nas aulas: a moda passará? A resposta é um sonoro "não", pois a **BlackRock não mudou a sua posição sobre as questões ESG.** E continuará conversando com suas empresas que possuem participação sobre as temáticas de aquecimento global, carbono, governança corporativa e temas sociais. Anualmente, as cartas do CEO da Black Rock para os CEOs de outras empresas têm direcionado para as questões do ESG, e essa avalanche cultural de gestão também está afetando as filiais das multinacionais, os investidores internacionais e as multinacionais brasileiras, além de todo o mercado nacional e internacional[11].

E o reforço para a temática está vindo da parte técnica também, pois a IFRS Foundation, a organização que estabelece as regras mundiais para o padrão contábil mais adotado pelas empresas de capital aberto do planeta, acabou de lançar o padrão global para a sustentabilidade nos balanços.

O International Sustainability Standards Board (ISSB) está trabalhando há mais de um ano e meio com um conjunto de regras, abrindo-se inclusive para consulta pública antes de "bater o martelo" para este padrão. No início, não será obrigatório, mas vários países, como Brasil, Canadá, Reino Unido, Cingapura, Nigéria e Chile, estão estudando a viabilidade de implementação. Aqui no país, os reguladores locais seriam a Comissão de Valores Mobiliários (CVM) e o Banco Central, fortalecendo assim ainda mais as práticas e criando padrões, indicadores e normas para combate ao *greenwashing*[11].

E para sedimentar ainda mais a sobrevida do tema, o Relatório Panorama ESG Brasil 2023, da Amcham e Humanizadas, apresentou que 82% dos empresários do país acreditam na liderança ativa dos CEOs na agenda. Essa pesquisa, realizada com 574 executivos e executivas de grandes e médias empresas, apontou que há ainda a necessidade de capacitação de lideranças e colaboradores (48%), ações de conscientização (47%), entre outros. E 47% das empresas respondentes são referência de mercado na temática ou estão adotando práticas ESG, além de 31% que estão planejando implementar a agenda ESG[11].

Ou seja, esses conjuntos de indicadores, que precisam fazer parte das entregas das metas, além da lucratividade, estão cada dia mais dentro das organizações. Os riscos associados a essas três letrinhas também podem derrubar grandes empresas e esvaziar o valor da marca em alguns segundos nas bolsas se elas não tomarem cuidado. Esses são alguns dos argumentos que fazem com que o fortalecimento do ESG seja uma realidade[11].

Temporário ou não, **o surgimento dos fundos anti-ESG parecer ser um movimento concentrado nos Estados Unidos**. Os condutores da pesquisa do HSBC sobre o interesse em ESG disseram não observar um crescimento do sentimento anti-ESG fora do país norte-americano. Na Europa, para comparar, houve a entrada de US$20 bilhões nos fundos ESG ao longo de 2022, por exemplo, *versus* US$19 bilhões nos fundos convencionais. A tendência no resto do mundo, incluindo no Brasil, tem sido a de promover regulações mais firmes sobre o que pode ser considerado ESG. A ideia é barrar o *greenwashing*[7].

André Camargo, presidente do Instituto Brasileiro de Direito Empresarial, explica que o mercado tem passado por **três ondas de regulação**. A **primeira** diz respeito à nomenclatura dos fundos de investimento. O objetivo é evitar que as instituições usem palavras como "ESG", "verde" ou "sustentável" indiscriminadamente. No Brasil, em dezembro de 2022, a Comissão de Valores Mobiliários (CVM) aprovou uma resolução que define critérios para nomear fundos ESG. Agora, as instituições devem explicar como sua política de investimento resulta em benefícios ambientais, sociais ou de governança, além de indicar a metodologia por trás da qualificação do fundo[7].

A **segunda** onda tem a ver com o compartilhamento de informações. Ou seja, fazer com que as companhias e instituições financeiras tornem públicos os dados sobre suas políticas ESG. Colocada em vigor em 2023, outra resolução da CVM torna obrigatório que empresas de capital aberto justifiquem suas métricas ESG, além de publicar os dados na internet[7].

O **terceiro** movimento aprofunda a divulgação das métricas, integrando-as aos resultados financeiros da companhia. Essa ainda não chegou ao Brasil, mas avança lá fora: em janeiro de 2023, a União Europeia, o maior mercado ESG no mundo, promulgou uma lei que obriga as grandes empresas a apresentarem relatórios de sustentabilidade, documentos esses que deverão ser verificados por auditorias independentes[7].

É incontestável que o planeta tem tido problemas com aquecimento global e mudanças climáticas, sem falar nas alterações que a sociedade sofreu nas últimas décadas e que exigem melhorias no aspecto social. Feita essa observação, uma pergunta importante deve ser feita aos que criticam o ESG:

Se o ESG não serve para os críticos, o que eles propõem colocar em seu lugar para o combate aos inadiáveis problemas socioambientais que enfrentamos?

A crítica construtiva tem mais valor quando é acompanhada por sugestões que possibilitem uma situação melhor do que a atual. Se não concordo com tal coisa, o que posso propor em seu lugar que será bem melhor? Criticar apenas por criticar, sem sugerir algo melhor, tem menos valor.

8.4 Os limites impostos pelo ESG devem ser entendidos como um "bem necessário" ao marketing

O ESG não é um sistema perfeito e tem muitos desafios pela frente, mas os limites que impõe às organizações devem ser vistos como um "bem necessário" ao marketing e, por conseguinte, a toda a sociedade.

Neste tópico, vou apresentar alguns desafios que a Agenda ESG possui. Um deles, muito usados pelos críticos, tem a ver com empresas que possuem práticas ESG, mas que causam problemas sociais e ambientais por meio de suas atividades ou condutas. A imagem que passam para os críticos é que elas "dizem praticar o ESG, mas, no fundo, praticam exatamente o contrário".

Infelizmente, existem casos de *greenwashing*, que realmente precisam ser combatidos. E também existem casos de erros das empresas, que devem ser averiguados e, em caso de comprovação, elas devem responder tanto em termos jurídicos como em relação às consequências que sofrerão no mercado, tal como esperado por suas práticas ESG. **Como os stakeholders vão lidar com essa quebra na relação de confiança?**

Para ilustrar uma situação do tipo, vamos lembrar de um dos casos mais emblemáticos de uma empresa que atua com práticas ESG, mas que teve um episódio que colocou em xeque o seu compromisso com o tema.

Em dezembro de 2023, Maceió decretou estado de emergência após o alerta de "risco iminente de colapso" da mina 18 de uma mineradora, próximo à lagoa, no bairro de Mutange, na capital de Alagoas. Tremores de terra foram registrados na região. A Defesa Civil de Maceió reforçou o monitoramento e criou um gabinete de crise[12].

As 35 minas da companhia começaram a ser fechadas em 2019, depois que a empresa foi responsabilizada pelo surgimento de rachaduras em casas e ruas de alguns bairros de Maceió no ano anterior. O abalo foi causado pelo deslocamento do subsolo, causado pela extração de sal-gema, um cloreto de sódio utilizado pela empresa para produzir soda cáustica e policloreto de vinila (PVC). Com o registro de novos tremores, as atividades na Área de Resguardo foram paralisadas. Os sismos sentidos nos últimos dias foram registrados em áreas já desocupadas. Por segurança, a Defesa Civil recomenda que seja evitada a circulação de pessoas e de embarcações na lagoa perto de Mutange[12].

"A Defesa Civil de Maceió informa que os últimos sismos ocorridos se intensificaram e houve agravamento do quadro na região já desocupada, próximo ao antigo campo do CSA. Estudos mostram que há risco iminente de colapso em uma das minas monitoradas", alertou o órgão. Em nota, a empresa disse que acompanha, de forma ininterrupta, os dados de monitoramento, que são compartilhados em tempo real com a Defesa Civil[12].

Os problemas em Maceió começaram em 3 de março de 2018, quando um tremor de terra causou rachaduras em ruas e casas e o afundamento do solo em cinco bairros: Pinheiro, Mutange, Bebedouro, Bom Parto e em uma parte do Farol. Mais de 55 mil pessoas foram forçadas a deixar suas casas naquele ano. Com base em estudos feitos com a participação das principais autoridades nacionais e mundiais no tema, a empresa decidiu, em novembro de 2019, propor a remoção preventiva dos moradores e a criação da Área de Resguardo[12].

Esse local fica ao redor dos 35 poços de sal que eram operados nos bairros e que, desde maio do mesmo ano, já estavam paralisados. Foi quando, em novembro de 2019, a companhia também anunciou o encerramento definitivo da extração do minério na região. No total, mais de 200 mil pessoas foram afetadas pelo desastre. "A essa Área de Resguardo foi somada uma área de desocupação mais ampla a partir do Mapa de Linhas e Ações Prioritárias da Defesa Civil e suas atualizações, abrangendo trechos dos bairros do Mutange, Pinheiro, Bebedouro, Bom Parto e Farol", informou a empresa na ocasião[12].

Dados oficiais apontam que 55 mil pessoas tiveram que sair de seus imóveis desde 2018. No entanto, a carta assinada por uma organização criada pelos atingidos diz que esse número é maior, chegando a 60 mil pessoas. Contando os impactos indiretos — como pessoas que ficaram desempregadas com o fechamento de lojas e comércios, por exemplo — a quantidade de afetados chega a pelo menos 200 mil pessoas. As famílias reclamam dos valores pagos pela companhia. Segundo eles, os valores não têm sido justos e têm sido insuficientes para remediar e reparar os danos causados à vida das famílias e comunidades[13].

A tragédia ocorrida na capital alagoana já afetou milhares de vidas diretamente impactadas pela realocação forçada de imóveis e pelo iminente colapso de uma das minas. Isso tem trazido prejuízos para outros alagoanos, mesmo que distantes da região afetada. O setor turístico, que passa atualmente pela retomada de fôlego do período pós-pandêmico, enfrenta agora outro grande problema: a desinformação. De acordo com a Secretaria de Estado do Turismo de Alagoas (Setur), o *trade* turístico da capital, que conta com cerca de 3.500 empresas cadastradas no Cadastur, emprega cerca de 20 mil pessoas somente em Maceió. É estimado que outros 60 mil empregos indiretos em atividades que dão suporte ao setor, como agricultores, pequenas indústrias, ambulantes e artesãos alagoanos **possam ser prejudicados por uma possível diminuição do fluxo turístico** em plena alta temporada[14].

Para a secretária de Estado do Turismo de Alagoas, Bárbara Braga, é necessário lidar com transparência e responsabilidade nessa crise. "A prioridade do Governo de Alagoas sempre foi de preservar vidas e por isso toda a área afetada diretamente pelo afundamento do solo foi desabitada. Entendemos a seriedade de todos os problemas causados pela empresa, mas não podemos criar, em cima dessa situação, uma segunda crise para o estado. Nossa economia é totalmente dependente do setor turístico, que também funciona por aqui como uma grande ferramenta de transformação social, gerando um número enorme de empregos", ressaltou a secretária[14].

Uma das consequências em relação ao ESG sofrida pela empresa é que a B3, que é a bolsa de valores brasileira sediada na cidade de São Paulo, a excluiu da carteira de seu Índice de Sustentabilidade Empresarial (ISE B3). O índice funciona como uma **ferramenta de análise de sustentabilidade das empresas de capital aberto** listadas na bolsa. Ele visa avaliar a sustentabilidade das companhias com base em indicadores de ESG[15].

A decisão ocorreu em meio à situação de emergência decretada pela Prefeitura de Maceió decorrente de tremores de terra registrados em bairros da cidade. Devido à ocorrência, a B3 deu início a um Plano de Resposta a Eventos ESG. Segundo a Bolsa, a decisão considerou os quatro pilares divulgados no Plano: o primeiro deles foi o impacto ESG da crise, seguido pela gestão da crise feita pela companhia e o impacto de imagem da crise na empresa, considerando, por fim, a resposta da petroquímica à crise[15].

Os desafios não estão apenas relacionados com as práticas ESG das empresas, mas também com o seu próprio ambiente interno.

Uma reportagem do jornal *O Estado de São Paulo* (*Estadão*) mostra que colocar ESG em prática é a tarefa mais difícil da agenda para 80% dos CEOs do país. O maior desafio dos principais CEOs brasileiros não tem sido mais entender o que de práticas ESG deve ser implementado, mas como. Segundo eles, as dificuldades vão desde a falta de uma regulação e de políticas públicas focadas na agenda sustentável até a principal delas: a falta de financiamento, segundo o levantamento da Bain, divulgado com exclusividade ao *Estadão*. "É transversal na fala dos CEOs que a conta não fecha", afirma Daniela Carbinato, a sócia da empresa que acompanhou o estudo[16].

Ela destaca que, embora esses projetos sejam vistos como agregadores de valor, também são considerados um fator de risco, tendo em vista as dificuldades de dar vida à estratégia de sustentabilidade, estabelecer metas ambiciosas e avançar no atingimento desses objetivos. "Tem muito risco envolvido. Imagina que você é uma empresa de base, tem que mudar todas as suas estruturas para se adequar. Os investimentos novos são muito caros. Sem uma regulação e políticas públicas, eles não saem do papel", afirma Carbinato[16].

Ela explica que as indústrias mais intensivas — as mais extratoras — citam a ausência de um marco **regulatório** e a falta de **políticas públicas**, que cria um ambiente de incerteza e investimentos arriscados. Já para as de varejo, a maior dificuldade é mobilizar a sua cadeia produtiva. Do lado de bens de consumo, ela destaca que comparar as tecnologias sujas de alta escala com as tecnologias verdes de baixa escala acaba sendo um grande impeditivo para o desenvolvimento da agenda verde, considerando que a competição acaba desfavorecendo as novas tecnologias, ainda caras e produzidas em menor escala[16].

Cerca de 80% dos entrevistados reconhecem os avanços de suas organizações, mas declararam estar insatisfeitos com a velocidade da transformação. Segundo eles, todos os fatores citados impedem que a pauta avance de forma rápida. No entanto, os efeitos de adotar a agenda já são vistos como positivos. Mais de 50% dos respondentes apontam que estão começando a sentir os efeitos positivos de ter uma estratégia robusta em sustentabilidade: maior facilidade para atrair capital, amplo acesso a mercados e atração de talentos foram os mais destacados. Eles também apontam que **o risco de "não fazer nada" também é crescente**, seja por perder mercado para os competidores que estão agindo, seja por ficar para trás na corrida por inovações ou acumular um "passivo ambiental" grande demais em suas operações que poderá se traduzir em custos futuros[16].

Para Carbinato, embora essa agenda esteja caminhando lentamente em algumas empresas, o grande diferencial das que conseguiram avançar está no comprometimento e na mesma disciplina que dedicam aos temas fundamentais para o negócio. "Isso inclui metas claras, monitoramento, *accountability* pelas áreas de negócio, alinhamento de incentivos e cultura organizacional", explica a executiva, apontando que as principais diferenças também estão em como essas empresas encaram os ganhos ao investir na agenda ESG. "As empresas que conseguiram contornar a barreira dos 'retornos sobre os investimentos' atuaram com foco na captura de valor no curto prazo"[16].

Talvez uma das razões seja porque as empresas não costumam ter uma área específica sobre ESG.

A popularização do ESG faz com que 61% das empresas brasileiras enxerguem o tema como uma estratégia de negócio. Entretanto, **apenas 39% possuem um departamento específico de ESG** e/ou sustentabilidade, tal como revelado na oitava edição do Estudo de Sustentabilidade da BDO Brasil. Contudo, a disparidade entre o entendimento e a prática não é visto como *greenwashing* por Luana Castilho, gerente de ESG e sustentabilidade. "Muitas das empresas entrevistadas estão tendo um contato estruturado com o tema apenas recentemente. O agregado é um indicador de diferentes níveis de maturidade entre elas", diz em entrevista à *Exame*. Em relação à **transparência**, 37% publicam anualmente Relatórios de Sustentabilidade, sendo que 41% dos materiais elaborados fundamentam-se em metodologias próprias e apenas 24% desses possuem verificação e validação externa[17].

As três principais barreiras para o avanço da sustentabilidade nas empresas, de acordo com o estudo, são: existência de outras prioridades estratégicas (69%) e dificuldade na disseminação da estratégia entre os colaboradores (23%), além de dotação orçamentária ou capilaridade de captação (8%). Além disso, quando o tema é **sustentabilidade**, menos da metade das 150 empresas avaliadas falam com os funcionários sobre o uso consciente de água, e 65% não controlam as emissões de gases estufas por inventário. Porém, há a preocupação de comprar prioritariamente materiais recicláveis (74%) e separar os resíduos para destinação correta, sendo que 63% das empresas respondentes realizam a separação de todos os componentes e apenas 25% de orgânicos e recicláveis[17].

Quando o assunto é **responsabilidade social**, 61% das empresas realizam doações e incentivam os funcionários a ajudarem em causas filantrópicas. Já em **governança**, 61% das empresas reafirmam que boas práticas de governança fazem parte da cultura da empresa, mas apenas 37% afirmam checar ou rastrear se seus fornecedores diretos atuam em consonância com boas práticas de ESG. "Observa-se uma mudança bastante relevante, apesar de incipiente, ao longo das oito edições do estudo. E, o movimento de impacto nas empresas ocorre por conta de stakeholders como acionistas, consumidores, fornecedores, comunidades locais, entre outros." [17]

Há também **desconfiança dos investidores brasileiros**, muitos deles acreditando haver *greenwashing* nos relatórios de sustentabilidade das empresas.

Segundo a Pesquisa Global com Investidores 2023 da PwC, multinacional de auditoria e consultoria, nove em cada dez investidores brasileiros (98%) dizem que os relatórios corporativos de sustentabilidade contêm informações não comprovadas. No contexto mundial, o índice de percepção de *greenwashing* é de 94%. A terceira edição do estudo entrevistou mais de 340 investidores e analistas para entender o que afeta o ambiente de empresas investidoras[18].

"O fato de 94% dos investidores entenderem que os relatórios de sustentabilidade contemplam algum tipo de divulgação não suportada por ações ou fatos (*greenwashing*) é um dado muito emblemático e indica que mudanças são necessárias na forma como as empresas vêm divulgando as informações de sustentabilidade", afirma Mauricio Colombari, sócio da PwC Brasil.

Segundo a pesquisa, preocupações com a economia — e, principalmente, com a inflação — continuam sendo as principais queixas, mas foram minimizadas em 2022. Já em 2023, os riscos climáticos e cibernéticos se tornaram preocupações muito mais presentes entre os entrevistados[18].

"A pesquisa deixa claro que existe uma gama importante de temas que os investidores levam em consideração ao investir em uma empresa. Além dos temas de sustentabilidade, os investidores consideram atributos como a competência e também o histórico da administração. De forma geral, a pesquisa revela uma seletividade cada vez maior, e um desafio para as empresas demonstrarem que estão avançando em assuntos relevantes e diversos", informa Colombari[18].

O estudo ainda diz que 59% dos entrevistados identificaram que os investimentos estão sendo cada vez mais impulsionados pela transformação da tecnologia — e esse tem sido o fator mais provável de influenciar a forma de as empresas criarem nos próximos três anos. A **Inteligência Artificial** (IA), por exemplo, é "muito" ou "extremamente importante" para quase 70% dos entrevistados[18].

A **sustentabilidade também se mantém fundamental para os investidores**: globalmente, 75% afirmam que a forma como uma empresa faz a gestão de riscos e de oportunidades relacionados ao tema é importante para decisões de investimento, mas o percentual diminuiu 4% em relação a 2022. Por esse cenário de certa desconfiança, os investidores recorrem aos reguladores. Cinquenta e sete porcento dos entrevistados ao redor do mundo disseram que as se companhias cumprirem regulamentos e padrões definidos, como os definidos pela Comissão de Valores Imobiliários (CVM), no Brasil, ou pelo ISSB (International Sustainability Standards Board), isso ajuda "bastante" ou "muito" nas tomadas de decisão. Globalmente, os investidores estão mais focados no cumprimento de compromissos ESG[18].

Outro aspecto que precisa ser considerado, segundo Colombari, é que essas normas são substancialmente voltadas para as informações que precisam ser divulgadas, não para as práticas de uma organização em relação aos temas de sustentabilidade. "Acredito que as normas podem ser um instrumento interessante para que as empresas deem alguns passos para trás, e reavaliem, por exemplo, a estrutura de governança para monitorar os temas de sustentabilidade, a estratégia em relação a esses temas e seus riscos", afirma. Os investidores também pretendem obter mais informações sobre o impacto de uma empresa na sociedade ou no ambiente. No Brasil e no mundo, 75% concordam que os negócios devem divulgar o valor monetário do seu impacto no ambiente ou na sociedade. Em 2022, o número estava acima dos 68% e 66%, respectivamente[18].

Existem casos em que as empresas preferem correr o risco (ambiental, social ou de governança), achando que não serão descobertas. Elas fazem um balanço de prós e contras. Em alguns casos, preferem se arriscar e, se for o caso, arcar com as responsabilidades futuras e eventuais multas. Mas, como diriam as nossas avós, "mentira tem perna curta", e, um dia, a verdade vem à tona. Resta saber como se comportarão as partes interessadas (stakeholders) diante disso.

Por isso, é importante que as empresas tenham conselhos de administração atuantes e responsáveis.

"A agenda ESG entrou de maneira definitiva em conselhos de administração e executivos", disse Carlo Pereira, CEO da Rede Brasil do Pacto Global da ONU. Carlo Pereira participou do Interactive Retail Trends, evento pós-NRF organizado pela Gouvêa Experience em São Paulo. O CEO lidera a principal plataforma que reúne o setor empresarial brasileiro com foco em princípios de sustentabilidade e nos Objetivos de Desenvolvimento Sustentável (ODS). Durante a palestra, ele abordou a relação do varejo com o Pacto Global e como avançar o ESG além do discurso. O CEO da Rede Brasil do Pacto Global da ONU contextualizou o momento em que estamos vivendo e destacou tópicos discutidos em Davos, no Fórum Econômico Mundial. "Vimos vários reflexos dos últimos anos, e que ainda vão pesar muito. A gente fala de guerra da Ucrânia, da chamada policrise, que engloba clima, alimento e energia, a questão de saúde e desigualdade e empregos no futuro", cita[19].

O executivo reforçou a ideia de que as questões ambientais estão muito presentes na nossa vida. Diante desse cenário, as empresas passaram a aderir mais à agenda 2030 e aos ODS. "As empresas têm, sim, uma responsabilidade muito grande com relação a tudo que temos hoje no planeta. Não só no impacto negativo, mas, claro, na possibilidade de trazer impacto positivo", complementa[19].

Outro tema tratado sobre Carlo Pereira no painel foi a liderança. Ele mostrou uma pesquisa sobre o que a população espera dos líderes. O levantamento mostrou que 80% das pessoas, no Brasil e no mundo afora, esperam que os líderes atuem e falem sobre temas da sociedade, mesmo que não alinhados ao negócio. "Hoje a liderança empresarial é vista como uma referência para todos os temas da sociedade", destaca Pereira[19].

Ao ser questionado sobre conselhos administrativos e executivos que adicionaram uma cadeira dedicada apenas ao ESG, Pereira comentou que o fundamental é discutir o tema. "Independentemente de ter uma cadeira ou não, esse assunto tem que ser tratado dentro dos conselhos. Eu acho que faz diferença ter gente com esse olhar. É uma demanda cada vez maior e temos que ter clareza para não ficarmos atrás nessas agendas", comenta. E completa: "Os principais temas estão ali nos conselhos." Por fim, o CEO ainda ponderou que, no Brasil, estamos no mesmo nível que a Europa em relação ao tema. "O caminho é entender como as nossas empresas se relacionam com esses temas. O assunto é dinâmico e as exigências da população e dos investidores vão se sofisticando à medida que o assunto fica mais complexo." [19]

Quem tem uma opinião parecida é o CEO da Natura e membro do conselho administrativo da UN Foundation, Fábio Barbosa. "Os conselheiros de administração têm uma importância crescente na evolução das políticas que envolvem sustentabilidade, responsabilidade social e governança nas corporações", diz o CEO. O executivo destacou exemplos recentes, como a pressão do maior fundo de pensão dos Estados Unidos sobre as corporações norte-americanas, bem como a participação de entidades ambientais em conselhos de gigantes como a Exxon Mobil[20].

"Eu mesmo atuo como conselheiro de administração e, do ano passado para cá, tive diversas conversas com conselhos de outras empresas de capital aberto e fechado para entender quais são as demandas desses novos investidores e como colocar esses temas [ESG] como pilares do planejamento estratégico. A pressão dos investidores é real e agora faz parte do cotidiano da área de relação com investidores", detalhou[20].

Barbosa avalia que a sustentabilidade tem sido encampada por convicção, conveniência ou constrangimento, os chamados 3Cs, e que esse tipo de abordagem precisa ser superado. "É necessário que o conselheiro seja cada vez mais diligente, pois o risco reputacional e financeiro que um episódio de *greenwashing* pode causar é relevante", alertou ele, em matéria publicada pelo Capital Reset. De acordo com ele, um dos pontos mais claros para observar o papel dos conselhos de administração é no aspecto de governança[20].

"As metas de sustentabilidade assumidas pela empresa se tornaram compromissos públicos, podendo estar diretamente ligadas ao desempenho das ações, incluindo a participação em índices de sustentabilidade, e até em operações de captação de recursos", completa. Segundo ele, ter uma boa análise dos aspectos de ESG significa ter uma boa análise de risco, pois os efeitos das mudanças climáticas estão presentes e impactam do agronegócio à indústria. Para Barbosa, a "janela de oportunidade está aberta, os investidores estão em busca de empresas com boas práticas de ESG e os pioneiros vão se beneficiar" [20].

8.5 Por que o ESG não é uma moda passageira? E como ele impacta o mundo dos negócios?

Até 2030 o Brasil tem diversas metas de ESG para serem cumpridas, e o mercado sofre "pressão" para que as empresas se atentem a uma agenda cada vez mais sustentável. As tendências e discussões estão aí. Mas será que estamos saindo do discurso para a prática? O que é preciso, afinal, para uma empresa iniciar o seu processo nesse mundo de ESG? A verdade é que ainda falta conhecimento até mesmo sobre o que a sigla significa e as formas que as práticas podem ser utilizadas nos negócios[21].

"Sabendo que todos estão no começo da jornada de transformação, ainda estamos em uma dinâmica de tentativa e erro. Há uma necessidade real de educação e conscientização sobre os temas mais críticos do mercado de uma forma geral e o investimento para o plano de ação sair do papel", afirma Maria Silvia Monteiro, líder de ESG da Bravo, empresa pioneira em tecnologia e consultoria especializada na implementação e oferta de soluções de Governança, Riscos, *Compliance* e ESG. Ainda hoje, muitas organizações não relacionam a sustentabilidade com a longevidade dos negócios e outras não sabem definir a qual área interna o ESG deve se reportar[21].

A questão da agenda ESG é tão profunda que tem movimentado todos os mercados e segmentos. De acordo com um levantamento publicado pela própria Bravo Research, braço de Insights e Inteligência da Bravo GRC, 74% das empresas apontam a faixa de investimentos entre R$50 mil e R$300 mil como um possível orçamento para esta temática, enquanto 14% objetivam investir mais de R$600 mil e 8% acima de R$1 milhão; ademais, 56% das empresas pretendem contratar serviços de consultorias nos próximos dois anos. No entanto, 54% delas não possuem nem uma área dedicada ao ESG, e ainda há uma parcela de 63% que não souberam quantificar a pretensão de investimentos[21].

A especialista chama a atenção para o fato de vermos críticas e julgamentos vorazes pelo baixo nível dessa maturidade nas empresas. Para ela, o lema é aprender enquanto se faz. "A empresa precisa se direcionar para dentro com o compromisso de olhar para o que o contexto externo apresenta. A maioria de nós está aprendendo. Não é demérito não ter ESG implementado.

É algo novo e poucos sabem o que significa, para que serve e, principalmente, como podem dar os primeiros passos para esta direção", analisa. Para iniciar essa jornada, no entanto, é preciso ter autoconhecimento e escuta ativa sobre os problemas da sociedade, identificar o grau de disponibilidade dos líderes em tratar do tema — pois eles são peças-chaves para fazer a ideia sair do papel — e a compreensão de riscos e oportunidades que impactam diretamente a sustentabilidade financeira e a solidez de uma reputação da empresa, o que muitas vezes, segundo ela, acontece somente quando somos forçados a mudar[21].

Muitas marcas entraram de cabeça na onda dos princípios ESG. Em tese, essas companhias que valorizam tais iniciativas podem ter resultados financeiros melhores do que aquelas que ainda não ligam para o tema. Segundo Florian Bartunek, um dos gestores de fundos de investimentos mais renomados do Brasil, o ESG é um caminho sem volta. **"ESG não é moda e o aquecimento global não é uma fábula. Quem não se engajar vai ficar para trás.**" Mas por que tantas empresas, além de investir no tema, também estão apostando em campanhas de publicidade para comunicar suas iniciativas?[22]

Segundo os analistas ouvidos pelo UOL Mídia e Marketing, o aumento nas ações publicitárias está ligado à mudança de ponto de vista do consumidor, cada vez mais antenado no assunto. Um relatório recente da McKinsey aponta que 60% da população que pertence à geração Y (nascidos entre 1980 e 1996) compram mais de marcas com responsabilidade e comprometimento social. Segundo outro estudo, esse da consultoria Morgan Stanley, 86% dos *millennials* (como também são chamados os nascidos nas décadas de 1980 e em parte da de 1990) se interessam por investimento sustentável. Com isso, não basta somente promover as iniciativas relevantes ao tema: hoje, também **é necessário fazer propaganda dessas ações**, mesmo dentro de empresas que cuidam de tais práticas há décadas[22].

Um estudo da Aberje (Associação Brasileira de Comunicação Empresarial), divulgado em 2021, aponta que a maioria das organizações (58%) já promove campanhas sobre questões sociais. Para 32% dos respondentes, as comunicações devem começar ainda em 2024. "Empresas estão sendo cobradas pelos investidores, pelos consumidores e pelo planeta. Algumas perceberam isso mais claramente, há 20, 25 anos. Outras acordaram agora. E a pandemia acelerou muito isso", diz Rodrigo Vieira da Cunha, sócio da agência Profile. Para Rodrigo, entretanto, o jeito de contar tais histórias fará toda a diferença. O executivo afirma que, para ser autêntico, o ideal é que as ações estejam conectadas com o negócio das empresas[22].

"Os consumidores já entenderam o que é de verdade e o que não é. Contar histórias que não foram bem amarradas pode melhorar a reputação da marca naquele instante, mas, no final das contas, vai dar errado. Além disso, há uma ótica de oportunidade nas iniciativas sustentáveis, por exemplo, que podem ser extremamente positivas para as empresas", fala. "**Não é só marketing. O consumidor valoriza as marcas engajadas no tema**, as que de fato fazem algo neste sentido", afirma Alceu Albuquerque, diretor de relações com investidores e de comunicação institucional da Grendene[22].

Para o executivo, a tendência é que as empresas passem a ampliar essa conversa com o público. "O papel, agora, é detalhar nossas iniciativas. Não podemos ser pretensiosos e nem arrogantes. Temos fatos e dados para falar. O desafio talvez seja contar uma história simples, mas com a profundidade de esclarecer os pontos", comenta Carlos Carvalho, gerente de desenvolvimento sustentável da fabricante de calçados, dona das marcas Melissa, Ipanema e Rider[22].

A Grendene lançou, no final do ano passado, a plataforma "Nuar", um espaço virtual que estimula consumidores a "**repensarem formas de consumo** e, ao mesmo tempo, alavancar negócios com melhor pegada ambiental". A novidade foi criada pelo Bergamotta Works, o laboratório de inovação criado pela companhia que desenvolve soluções que aproximem pessoas e negócios de forma sustentável. "Temos este foco há muito tempo, principalmente na questão de sustentabilidade, mas sempre fomos conservadores em divulgar isso. Agora, o investidor quer saber mais sobre o assunto e o consumidor está valorizando produtos mais sustentáveis. Empresas que não tiverem iniciativas mais concretas vão sofrer. **Se a empresa não for ESG, não vai vender**", declara Alceu[22].

"A **comunicação** em torno do tema não é apenas para 'vender mais'. É para as pessoas saberem que, além de ter produtos de qualidade, elas podem ficar tranquilas que estamos conectados com essa preocupação", comenta Eduardo Imperatriz Fonseca, diretor de assuntos institucionais do Grupo Boticário, que não possui ações na Bolsa de Valores, e, por isso, sofre menos pressão sobre o tema. Para Eduardo, entretanto, as empresas precisam tomar cuidado ao falar do assunto. "Se não existir a aderência de comunicação do que fala com o que faz, vira jogada de marketing. Sustentabilidade é muito mais complexo do que simplesmente apagar a luz", conclui o diretor do Boticário[22].

Um exemplo recente do grupo é a parceria com a empresa de energia Raízen. A partir de 2021, todos os perfumes do grupo serão produzidos de bagaço de cana-de-açúcar, também chamado de álcool de segunda geração. O "álcool-ecológico" não usa o açúcar da cana: é feito a partir do bagaço da planta e outros resíduos de biomassa, como restos de madeira, que antes eram descartados[22].

Para Luiza Amorim, consultora da ACT Promoção de Saúde, entretanto, muitas empresas que têm abordado o assunto são grandes poluidoras ou agridem o meio ambiente. "É preciso tomar cuidado para não capitalizar em ações que efetivamente não representam o dia a dia da organização. Além de antiético, é complicado sob a perspectiva da comunicação, pois, eventualmente, os consumidores irão tomar conhecimento das práticas questionáveis das empresas. A sociedade civil está atenta", alerta Luiza[22].

A consultora destaca as empresas do agronegócio, por exemplo. "O setor faz campanhas tentando mostrar coesão, mas vemos que existem muitos 'agros' diferentes: os pequenos produtores, que não têm acesso à grande parte do crédito, empresas que são grandes violadoras de direitos ambientais e indígenas e as que usam agrotóxicos", esclarece[22].

Quando falo que o **ESG impõe limites às atividades das empresas** é porque, sem o ESG, talvez muitas empresas não tivessem agendas positivas.

Esse, claro, não é o caso da Natura, que sempre foi uma empresa proativa, com bons indicadores socioambientais e que agora deu mais um passo importante no quesito social.

A multinacional brasileira Natura cumpriu a meta de estabelecer salários dignos a 100% de seus funcionários, de acordo com informações divulgadas pela *Folha de S. Paulo*. A iniciativa atinge também os trabalhadores de zonas extrativistas dos insumos usados nas fábricas da empresa de cosméticos. O conceito é uma meta estabelecida pela Organização das Nações Unidas (ONU) nos Objetivos de Desenvolvimento Sustentável (ODS)[23].

De acordo com a Organização Mundial do Trabalho (OIT), o **salário digno** leva em consideração em seu cálculo o quanto a população de determinada região precisa de dinheiro para morar com conforto, fazer várias refeições ao dia, garantir o acesso a água potável, educação, saúde, vestimentas, meios de locomoção, entre outras necessidades[23].

Segundo Gleycia Leite, diretora de organização, remuneração e digitalização da multinacional, para determinar a renda digna dos contratados, a Natura utiliza as metodologias do Wage Indicator Foundation, um instituto que realiza pesquisas de custos de vida em diversos países. A nova meta da empresa é ter no mínimo 30% de posições gerenciais ocupadas por públicos sub-representados, como negros, indígenas, população LGBTQIA+ e pessoas com deficiência[23].

Outro bom exemplo na área social vem do Instituto Ronald, ligado ao McDonald's.

O tratamento de crianças e adolescentes com câncer não é algo simples. Além de todo o suporte de saúde, há questões como a empregabilidade dos familiares que apoiam os menores de idade, o acompanhamento escolar, entre outros desafios. Pensando nisso, o Instituto Ronald McDonald avança nas operações de apoio às famílias antes, durante e depois do tratamento, buscando aumentar a média de chances de cura do câncer infantojuvenil no Brasil de 64% para 80% até 2030. "O câncer é a doença que mais mata crianças e adolescentes atualmente. Para mudar essa realidade, trabalhamos em um esquema de jornada", diz Bianca Provedel, diretora executiva do Instituto Ronald McDonald em entrevista à *Exame*[24].

O primeiro passo está no diagnóstico precoce. "É preciso conscientizar profissionais de saúde, familiares e professores que uma febre persistente pode ser algo a mais." Nos últimos quinze anos, o Instituto investiu em capacitação para mais de 34 mil profissionais da rede de saúde básica e pública do Brasil. "Isto é cerca de 10% dos profissionais desta área, que atenderam cerca de 5 milhões de crianças, pois eles são a porta de entrada da maioria da população na jornada de saúde do Sistema Único de Saúde (SUS)." [24]

Já em 2023, a organização ampliou o programa de diagnóstico precoce ao desenvolver um programa dentro de 327 escolas públicas de 305 municípios. Nesse caso, os professores são orientados a conhecer sintomas, conversar com as famílias e redirecionar o contato para a secretaria de saúde local. "Para aumentar as chances de cura, o desenvolvimento de projetos para o diagnóstico precoce é fundamental. E a escola não pode ficar de fora, uma vez que é um dos locais em que a criança passa a maior parte do dia", explica Bianca[24].

Apesar das desconfianças de investidores a respeito dos relatórios de sustentabilidade das empresas e a pouca aplicação prática do ESG por parte dos CEOs, o **ESG orienta a decisão de 99% dos investidores no Brasil**, diz uma pesquisa realizada em 2023.

A agenda ESG é um dos pilares que vem ganhando força e deve entrar ainda mais no *pipeline* de negócios das empresas para 2023, independentemente do setor, tamanho e país de atuação. Além disso, ele se tornou um ponto determinante para investidores tomarem decisões sobre investir ou não em empresas, como reforça a pesquisa global da EY, uma das maiores empresas de consultoria e auditoria do mundo, a Global Reporting and Institutional Investor Survey, que ouviu mais 1.040 líderes financeiros seniores nas empresas e 320 investidores. O posicionamento de executivos de empresas do setor financeiro e investidores com as práticas e desempenho ESG, que vem se tornando mais relevante e sendo cobrado em todos os setores, é um dos principais pontos desse estudo, que mostra que 99% dos investidores utilizam as divulgações ESG das empresas como parte de suas decisões de investimento[25].

O levantamento aponta ainda que 78% dos investidores entrevistados acreditam que as empresas devem fazer investimentos que abordem questões ESG relevantes para seus negócios, mesmo que isso reduza os lucros no curto prazo. Em contrapartida, apenas 55% dos líderes financeiros das empresas entrevistadas acreditam que sua empresa deve abordar questões ESG relevantes para o negócio, mesmo quando o resultado reduza o desempenho financeiro e a lucratividade em curto prazo[25].

Para o sócio líder de serviços na área de Mudanças Climáticas e Sustentabilidade da EY para o Brasil, Leonardo Dutra, esse descompasso é uma questão de maturidade do mercado. "Investir em ESG, além de mitigar riscos, proporciona uma proteção dos negócios ao longo do tempo, e nos mercados com mais maturidade esse benefício a longo prazo é mais percebido", reforça. O executivo ainda completa que "a mentalidade em desarmonia desses dois importantes stakeholders pode impactar as organizações, além de prejudicar o bom funcionamento do mercado de capitais e os esforços coletivos contra as mudanças climáticas"[25].

O estudo identifica que isso acontece porque, enquanto as empresas ainda estão muito focadas no que veem como pressão de curto prazo de certos investidores, os investidores dizem que não recebem informações robustas sobre a estratégia de crescimento de longo prazo de uma empresa. Mais da metade (53%) das grandes empresas pesquisadas — com receita superior a US$10 bilhões por ano — dizem que "enfrentam pressões de ganhos de curto prazo por parte dos investidores, o que impede nossos investimentos de longo prazo em sustentabilidade". Já 80% dos investidores entrevistados dizem que "muitas empresas não conseguem articular adequadamente a justificativa para investimentos de longo prazo em sustentabilidade, o que pode dificultar a avaliação do investimento"[25].

O especialista Ricardo Assumpção, sócio líder de ESG para a América Latina Sul e Chief Sustainability Officer da EY Brasil, explica que existe a equação de difícil resposta em relação aos investimentos ESG: **crescimento de longo prazo ou resultado de curto prazo?** "Se pensarmos que ESG garante competitividade de médio e longo prazo, é fundamental que tenhamos os **conselhos de administração capacitados** com esta matéria e que eles sejam agentes para bancar as estratégias, mostrando ao mercado os dados mais precisos e benefícios do investimento. Em relação ao objetivo dos investimentos ESG: eles têm relação com melhorar o retorno do investimento ou promover o desenvolvimento sustentável? Uma parte relevante de quem compra produtos financeiros lastreados em ESG crê na segunda parte, sendo que, do ponto vista de investidor, é a primeira parte."[25]

Por fim, **os investidores afirmaram que não obtêm das organizações os relatórios** e os insights baseados em dados de que precisam para justificar suas tomadas de decisão de investimento e sua avaliação sobre o crescimento e o perfil de risco de uma empresa. Mais de sete a cada dez afirmam que "**as organizações falham em criar relatórios mais aprimorados**, abrangendo divulgações financeiras e de ESG, informações essas imprescindíveis para a tomada de decisão". Para 76% dos investidores participantes, as empresas são altamente seletivas na escolha das informações sobre ESG que fornecem, despertando assim questionamentos sobre *greenwashing*. "Com isso, a prioridade para as empresas é se alinhar com os investidores e demais partes interessadas nas divulgações ESG e relatórios, usando como insight os três elementos que a pesquisa identificou: foco, responsabilidade e prestação de contas com transparência", diz Dutra[25].

8.6 Considerações finais

As práticas ESG ganharam um senso de urgência em função da pandemia da Covid-19, da grave crise climática e de biodiversidade que sofre o nosso planeta, do comprometimento da segurança alimentar em escala global e do recrudescimento das violações de direitos humanos e das desigualdades sociais em vários países. É importante entendermos a perspectiva evolutiva das práticas ESG para compreendermos o momento histórico que a humanidade passa: de uma transição para uma nova economia sustentável, de mais baixo carbono, circular, inclusiva e regenerativa, o que muitos chamam de "Novo Normal". E essa transição para o "Novo Normal" está apenas no começo. Vai levar décadas para se consolidar[26].

Como em qualquer processo evolutivo, o ESG vem se transformando e se adaptando. Críticas são bem-vindas para consertar erros, da mesma forma que os acertos precisam ser difundidos e replicados. O que fica evidente é que as práticas ESG vieram para ficar, e algumas lições iniciais já podem ser observadas a prtir desse processo evolutivo do ESG. O ESG é muito mais do que um fator de risco e de conformidade: é também uma **questão de cultura, de propósito positivo, de colocar na prática o discurso e de fazer as coisas do jeito certo.** Nesse sentido, os objetivos das organizações devem resolver de forma lucrativa os problemas das pessoas e do planeta e evitar lucrar com a criação de outros problemas para ambos[26].

Os conselhos de administração e os demais tomadores de decisões das organizações devem encarar o ESG como uma oportunidade estratégica, não apenas como um risco estratégico. A transição para uma nova economia sustentável, de mais baixo carbono, circular, inclusiva e regenerativa, é a nova fronteira para a inovação, sendo que o "sustentável" está se tornando o novo "lucrativo". Muita ênfase tem sido dada nas questões climáticas — e com razão. A emergência climática é uma realidade. No entanto, também precisamos pensar no "S" (social). A transição para uma nova economia sustentável nunca será efetiva em um cenário de comprometimento da segurança alimentar em escala global e do recrudescimento das violações de direitos humanos e das desigualdades sociais em vários países[26].

Em função da ocorrência de casos de "*greenwashing*" e "*socialwashing*", espera-se o aumento de investigações, litígios e sanções. O conceito de materialidade será cada vez mais desafiado na elaboração e divulgação de informações ESG (tanto financeiras, como não financeiras). Nesse contexto, as organizações e seus administradores estarão cada vez mais expostos a riscos reputacionais e de quebra de deveres fiduciários[26].

A transição para o "Novo Normal" precisará de muitos recursos financeiros para se viabilizar. As finanças sustentáveis e os investimentos de impacto serão cruciais para essa transição. Conceitos como "*blended finance*" serão mais importantes do que nunca, até porque nenhum tipo de "bolso" individual será suficiente para financiar toda a transição para o "Novo Normal". Temos muito pela frente na evolução do ESG, mas compreender o que já está sendo feito hoje é um passo necessário para preservar as conquistas e acelerar a transição para uma nova economia sustentável, de mais baixo carbono, circular, inclusiva e regenerativa[26].

Empresas e investidores antenados nas novas tendências perceberam que a sobrevivência de seus negócios depende da continuidade do bem-estar da espécie humana, fortemente ameaçada pela crise climática iminente. Ao mesmo tempo, os pequenos investidores, cada vez mais comuns nas bolsas de valores pelo mundo, analisam esses relatórios e as estratégias de ESG adotadas pelas empresas para escolher qual será o direcionamento de seus aportes.

A situação atual também **empodera o consumidor** como nunca antes. Eles podem abandonar decisões de compra por produtos que não consideravam o impacto social negativo em comunidades e que contribuem com o esgotamento de recursos naturais e mudanças climáticas. O amplo conceito de propósito e engajamento social tem ganhado novos traços com a pandemia da Covid-19 e influenciado cada vez mais os consumidores a escolherem marcas que apoiem causas e tenham direcionamentos de menor impacto negativo.

Para o consumidor atento às questões ambientais, o ESG é uma boa forma de acompanhar as práticas de governança e sustentabilidade de uma empresa, verificando se os valores que ela defende e pratica correspondem aos seus. Sendo assim, é possível adquirir produtos e serviços de empresas que demonstram, de forma transparente, seu nível de comprometimento com a responsabilidade social, respeito aos direitos humanos e a questões ambientais.

Ao pensarmos no "E" de ESG, vêm à nossa cabeça temas como meio ambiente, mudanças climáticas, aquecimento global, enchentes, secas, produtos sustentáveis, economia de água e energia limpa.

Quando o tema é o "S" de ESG, os temas principais em que pensamos são diversidade, inclusão, responsabilidade, respeito, comunidade, ansiedade climática, entre outros.

Se o tema for o "G" de ESG, visualizaremos transparência, ética, prestação de contas, legitimidade, *compliance*, comunicação, propósito, gestão de riscos e o capitalismo stakeholder.

Mas a expressão que talvez melhor se aplique às letras mágicas do ESG seja a **RELAÇÃO DE CONFIANÇA**, abordada no Capítulo 2 deste livro, justamente por mostrar o comprometimento da empresa com o seu papel no planeta e sua responsabilidade para com as demais partes interessadas, os stakeholders.

Resgatando um pouco do que dissemos lá atrás, como pensamos o relacionamento entre empresa e fornecedor? A empresa compra diversos produtos e tem a expectativa de eles chegarem até determinada data, visto que seus estoques podem estar terminando. E o fornecedor espera receber o pagamento pela mercadoria. Há uma relação de confiança que, em muitos casos, vem de anos a fio. Mas e se o fornecedor atrasar sistematicamente a entrega das mercadorias? E se a empresa começar a atrasar os pagamentos ao fornecedor? Essas são situações que podem minar a relação de confiança entre dois ou mais agentes. Poderemos estabelecer o mesmo raciocínio para a relação entre empresa e clientes; e, para contemplar uma gama maior de situações, entre a empresa e os stakeholders.

E onde há a conexão entre "relação de confiança" e ESG? Exatamente nesse último ponto que comentei: na relação dela com os stakeholders. Para isso, vamos lembrar do **capitalismo stakeholder**, que pode ser entendido como um tipo de capitalismo em que as organizações procuram **criar valor** a longo prazo, considerando as necessidades de todas as **partes interessadas** e a promoção do **bem-estar social**[1].

A relação da empresa com os stakeholders deve ser a melhor possível, sempre pautada em transparência, confiança e idoneidade. Devemos nos lembrar de que os stakeholders são todos os atores que influenciam ou são influenciados por uma organização. Em geral, eles correspondem a governos, empregados, clientes atuais e potenciais, fornecedores, credores, a comunidade em geral, sindicatos, investidores, acionistas, sócios, organizações não governamentais (ONGs), concorrentes, imprensa, entre outros.

Vamos pensar na **fábula modificada de "A raposa e as uvas"**, apresentada no Capítulo 1. Como seria se o elefante (dono da parreira de uvas) não estabelecesse uma relação de confiança com os seus clientes, principalmente com os mais fiéis, como a dona Raposa? Como seria se não houvesse uma relação de confiança mútua entre o elefante e a girafa, sua funcionária?

E se a raposa não pudesse confiar que poderia devolver as uvas caso estivessem verdes?

Em suma, podemos resumir que:

Mesmo que não se queira usar o termo ESG (ou se acredite que ele será substituído por outro), o seu conteúdo dificilmente deixará de ser vital para a sobrevivência das empresas.

E por que eu digo isso? Basta refletirmos sobre as observações a seguir:

- Como deixar de considerar a **DIMENSÃO AMBIENTAL** na estratégia empresarial após diversos eventos climáticos que provocaram grandes perdas econômicas às empresas de diversas partes do mundo?
- Como não considerar a **DIMENSÃO SOCIAL** após todas as transformações sociais das últimas décadas, bem como o **empoderamento** de diversos atores sociais (o empoderamento das chamadas minorias, das mulheres, do consumidor, das redes sociais, entre outros)?
- Como fechar os olhos para a **DIMENSÃO GOVERNANÇA** em temas tão sensíveis e importantes como ética, transparência, prestação de contas, gestão de riscos, *compliance*, códigos de conduta, conformidade, entre outros?

Para terminar, gostaria de mencionar frases de três importantes personagens da história e cujo conteúdo tem muito a ver com o marketing e o ESG.

Mudar de práticas convencionais para práticas mais sustentáveis e que estejam atentas às questões sociais e de governança dá muito trabalho. Mas é fundamental fazer essa transição. Peter Drucker (1909–2005), professor e consultor, considerado o "pai da administração moderna" dizia com propriedade que *"se você quer algo novo, precisa parar de fazer algo velho"*. O mundo com base em práticas convencionais é a forma "velha, antiga" de se trabalhar. O "novo" é trabalhar com práticas ESG, e o ser humano é o animal mais inteligente do planeta. Nós somos capazes de fazer isso com maestria.

Por certo, ainda será necessário, durante algum tempo, conciliar práticas ESG com as práticas convencionais e os discursos anti-ESG. A frase atribuída ao pensador e filósofo chinês Confúcio (551 a.C. – 479 a.C.) nos ajuda a ter pensamentos mais positivos em relação a essa situação: *"Você não pode mudar o vento, mas pode ajustar as velas do barco para chegar aonde quer."* E "ajustar as velas" significa migrar para práticas socioambientais e de governança mais atentas às expectativas dos stakeholders.

Por fim, a resistência a mudanças é natural no ser humano. Provar que é possível fazer a mesma coisa de forma mais eficiente e sustentável é o desafio. Mas, como diria um dos maiores expoentes do entretenimento mundial de todos os tempos, Walt Disney (1901–1966):

> *"Se você pode sonhar, você pode fazer!"*

REFERÊNCIAS DO CAPÍTULO

1 Capitalismo de Stakeholders: conceitos, princípios e pilares. *Amcham Brasil – Câmara Americana de Comércio para o Brasil*, 1 ago. 2023. Disponível em: https://www.amcham.com.br/noticias/sustentabilidade/capitalismo-de-stakeholders-conceito-principios-e-pilares#:~:text=O%20que%20%C3%A9%20capitalismo%20de,promo%C3%A7%C3%A3o%20do%20bem%2Destar%20social. Acesso em: 3 mar. 2024.

2 SCHWAB, K.; VANHAM, P. *Capitalismo stakeholder:* uma economia global que trabalha para o progresso, as pessoas e o planeta. Rio de Janeiro: Alta Cult Editora, 2023. 278p.

3 ALVES, R. R. *A força do ESG:* por que, a partir de agora, as empresas serão realmente sustentáveis? Rio de Janeiro: Alta Books, 2024. 208p.

4 MAEDA, D. Não é 'justiça social'. É capitalismo: o poder de uma carta de Larry Fink. *Exame*, 19 jan. 2022. Disponível em: https://exame.com/bussola/nao-e-justica-social-e-capitalismo-o-poder-de-uma-carta-de-larry-fink/. Acesso em: 3 mar. 2024.

5 BINNIE, I. Larry Fink, CEO da BlackRock, diz que parou de usar termo ESG devido à politização. *CNN Brasil*, 26 jun. 2023. Disponível em: https://www.cnnbrasil.com.br/economia/larry-fink-ceo-da-blackrock-diz-que-parou-de-usar-termo-esg-devido-a-politizacao/. Acesso em: 3 mar. 2024.

6 Estados Unidos: CEO da BlackRock decide parar de usar o termo ESG; segundo ele, o termo foi distorcido politicamente. *Centro de Informações Sobre Empresas e Direitos Humanos*, 26 jun. 2023. Disponível em: https://www.business-humanrights.org/pt/%C3%BAltimas-not%C3%ADcias/estados-unidos-ceo-da-blackrock-decide-parar-de-usar-o-termo-esg-segundo-ele-o-termo-foi-distorcido-politicamente/. Acesso em: 3 mar. 2024.

7 BARROS, C. Anti-ESG ganha força nos EUA e ameaça agenda sustentável de fundos. *Você S/A*, 11 ago. 2023. Disponível em: https://vocesa.abril.com.br/sociedade/

anti-esg-ganha-forca-nos-eua-e-ameaca-agenda-sustentavel-de-fundos. Acesso em: 3 mar. 2024.

8 CARBINATTO, B. ESG vira palco de batalha política nos EUA. *Você S/A*, 14 abr. 2023. Disponível em: https://vocesa.abril.com.br/sociedade/esg-vira-palco-de-batalha-politica-nos-eua. Acesso em: 3 mar. 2024.

9 GELLES, D. Como investimentos ESG viraram alvos de políticos conservadores. *E-Investidor*, 4 mar. 2023. Disponível em: https://einvestidor.estadao.com.br/comportamento/investimentos-esg-alvo-conservadores/. Acesso em: 3 mar. 2024.

10 MOREIRA, A. A. L. P. ESG, anti-ESG e a politização do tema. *Práticas ESG*, 25 jul. 2023. Disponível em: https://praticasesg.com.br/esg-anti-esg-e-a-politizacao-o-tema/. Acesso em: 3 mar. 2024.

11 Nakagawa, M. O ESG vai morrer? *Exame*, 15 jul. 2023. Disponível em: https://exame.com/esg/o-esg-vai-morrer/. Acesso em: 3 mar. 2024.

12 Por que Maceió tem risco de desastre ambiental e o que há nas minas da Braskem. *UOL*, 30 nov. 2023. Disponível em: https://noticias.uol.com.br/ultimas-noticias/agencia-estado/2023/11/30/por-que-maceio-tem-risco-de-desastre-ambiental-e-o-que-ha-nas-minas-da-braskem.htm. Acesso em: 3 mar. 2024.

13 Maceió: indenização paga pela Braskem por danos materiais é apenas 12% do valor devido, dizem vítimas da empresa. *Greenpeace*, 11 dez. 2023. Disponível em: https://www.greenpeace.org/brasil/blog/maceio-indenizacao-paga-pela-braskem-por-danos-materiais-e-apenas-12-do-valor-devido-dizem-vitimas-da-empresa/. Acesso em: 3 mar. 2024.

14 MEDEIROS, T. Setur explica impacto do crime ambiental da Braskem no turismo de Maceió. *Governo de Alagoas*, 6 dez. 2023. Disponível em: https://alagoas.al.gov.br/noticia/setur-explica-impacto-do-crime-ambiental-da-braskem-no-turismo-de-maceio#:~:text=O%20crime%20ambiental%20causado%20pela,que%20distantes%20da%20regi%C3%A3o%20afetada. Acesso em: 3 mar. 2024.

15 ORÉFICE, G. B3 retira Braskem do Índice de Sustentabilidade Empresarial. *Meio & Mensagem*, 5 dez. 2023. Disponível em: https://www.meioemensagem.com.br/marketing/braskem-b3. Acesso em: 3 mar. 2024.

16 CAPIRAZI, B. Colocar ESG em prática é tarefa mais difícil da agenda para 80% dos CEOs do país. *Estadão*, 21 dez. 2023. Disponível em: https://www.estadao.com.br/economia/governanca/ceos-tirar-sustentabilidade-tarefa-dificil-esg/. Acesso em: 3 mar. 2024.

17 FILIPPE, M. Maior parte das empresas considera o ESG importante; uma minoria possui área dedicada ao tema. *Exame*, 12 jul. 2023. Disponível em: https://exame.com/esg/maioria-das-empresas-acham-esg-importante-mas-minoria-tem-departamento-dedicado-ao-tema/?fbclid=PAAabmIIoBq_9D_AMA8YQ40X_DOPVQj9RDrjn5uX0g1zK83bJoICWOqbb04M54_aem_AUCFuccZY-

nMynURJhpLWc_F_ogMxK8NSqipvlmFE7Lk5XCUqEgiaGMEpLbRk2HWbzc. Acesso em: 3 mar. 2024.

18 BASTOS, F. Para 98% dos investidores brasileiros, há *greenwashing* nos relatórios de sustentabilidade. *Exame*, 9 jan. 2024. Disponível em: https://exame.com/esg/para-98-dos-investidores-brasileiros-ha-greenwashing-nos-relatorios-de-sustentabilidade/. Acesso em: 3 mar. 2024.

19 AUDININO, M. ESG precisa ser pauta definitiva dos conselhos executivos e de administração. *Mercado e Consumo*, 1 fev. 2023. Disponível em: https://mercadoeconsumo.com.br/01/02/2023/eventos/esg-precisa-ser-pauta-definitiva-nos-conselhos-executivos-e-de-administracao/?cn-reloaded=1&cn-reloaded=1. Acesso em: 3 mar. 2024.

20 Conselhos são peça-chave nas estratégias ESG, diz Fábio Barbosa, da Natura. *Além da Energia*, 9 set. 2022. Disponível em: https://www.alemdaenergia.engie.com.br/conselhos-sao-peca-chave-nas-estrategias-esg-diz-fabio-barbosa-da-natura/. Acesso em: 3 mar. 2024.

21 Guerra e pandemia aceleram mercados para fazer ESG sair do papel. *Infor Channel*, 16 ago. 2022. Disponível em: https://inforchannel.com.br/2022/08/16/guerra-e-pandemia-aceleram-mercados-para-fazer-esg-sair-do-papel/. Acesso em: 3 mar. 2024.

22 PEZZOTTI, R. Moda ou necessidade? Por que marcas investem em marketing sobre ESG? *UOL*, 9 abr. 2021. Disponível em: https://economia.uol.com.br/noticias/redacao/2021/04/09/moda-ou-necessidade-empresas-precisam-comunicar-suas-iniciativas-de-esg.htm. Acesso em: 3 mar. 2024.

23 Natura exclui remuneração mínima e estabelece 'salário digno' a 100% dos funcionários. *Metro 1*, 5 jan. 2024. Disponível em: https://www.metro1.com.br/noticias/economia/144925,natura-exclui-remuneracao-minima-e-estebelece-salario-digno-a-100percent-dos-funcionarios. Acesso em: 3 mar. 2024.

24 FILIPPE, M. Como o Instituto Ronald McDonald quer aumentar a taxa de cura do câncer infantojuvenil para 80%. *Exame*, 3 jan. 2024. Disponível em: https://exame.com/esg/como-o-instituto-ronald-mcdonald-quer-aumentar-taxa-cura-do-cura-do-cancer-infantojuvenil-para-80/?fbclid=PAAaaHSeXyu84O5eG6yl4VrEEFAfSJce9Wvm4F1JBd2jKiWJG5bLaQe_cACFY_aem_AToReSo4pu-UvVX0OE8chyzs-KQ2Dlp69fajgpjf9hoIzY-xvBSFS4GT593DfK6VNzM. Acesso em: 3 mar. 2024.

25 ESG direciona decisão de 99% dos investidores do Brasil, diz pesquisa. *Exame*, 11 jan. 2023. Disponível em: https://exame.com/bussola/esg-direciona-decisao-de-99-dos-investidores-no-brasil-diz-pesquisa/. Acesso em: 3 mar. 2024.

26 BONAMIN, A. ESG e seu processo contínuo de evolução. ***Época Negócios***, 16 dez. 2023. Disponível em: https://epocanegocios.globo.com/colunas/coluna/2023/12/esg-e-seu-processo-continuo-de-evolucao.ghtml. Acesso em: 3 mar. 2024.

Índice

D

E

N

O

P

Q

R

Impressão e Acabamento | Gráfica Viena
www.graficaviena.com.br